元税務職員が調査事例から
アドバイス

償却資産の固定資産税申告Q&A

(株)総合鑑定調査 主席研究員・
元横浜市償却資産専任職
笹目孝夫

ぎょうせい

はじめに

本書は、固定資産税の償却資産の実務について、Q＆A形式で解説するとともに、QからAへと至る過程については、著者である「講師」と想定読者である「生徒」との対話形式で解説することとしています。

このような形式を採用したのは、Q＆A形式で問題点が明確になったとしても、その解説が著者による一方的なものであれば、なかなか理解を深めることは難しいと考えたからです。

講師は元地方公共団体の税務職員、生徒は企業の若手経理担当者という設定です。

書物を読むこととは、著者と読者との対話とも言われます。

読者諸賢におかれましては、絶えずQに対するAを考えながら、ぜひご自身も生徒になった気持ちで、講師と生徒との対話に耳を傾け、理解を深めてくだされば幸いです。

令和２年７月

株式会社 総合鑑定調査 主席研究員
元横浜市償却資産専任職
笹目　孝夫

目　次

はじめに …… i

凡　例 …… vi

プロローグ …… vii

第１章　償却資産の課税客体 ・ 1

1-1　償却資産とは／ 1
1-2　税務会計における減価償却資産と固定資産税における償却資産の比較／ 4
1-3　四つの要件／ 6
1-4　事業用の意義／ 8
1-5　「事業の用に供すること」の意義／ 12
1-6　資産の性質上損金又は必要な経費に算入されるべきものであれば足りるもの／ 16
1-7　その取得価額が少額である資産その他政令で定める資産／ 19
1-8　法人税又は所得税を課されない者が所有するもの／ 24

第２章　償却資産の範囲 ・ 27

2-1　一組・一式の考え方等／ 27
2-2　少額資産、即時償却資産、３年間一括償却資産／ 30
2-3　建設仮勘定／ 33
2-4　償却済資産・簿外資産／ 35
2-5　贈与された資産、減価償却を行っていない資産（任意償却）／ 38
2-6　清算法人の資産、建設業等で使用する仮設資材、常備する専用部品／ 40
2-7　住宅展示場・仮設建物／ 43
2-8　貸与資産・用途廃止資産／ 45

2-9　代物弁済、家庭用との兼用備品／ 47
2-10　棚卸資産・繰延資産／ 49
2-11　書画・骨董／ 52
2-12　劣化資産・貴金属素材の資産・ガスメーター／ 54
2-13　生　物／ 56
2-14　艀・漁網・遠洋漁船／ 58
2-15　無形減価償却資産・ソフトウェア／ 62
2-16　自動車／ 64
2-17　自動車に附設された機器／ 69
2-18　土地との区別・舗装、庭園、土留め等／ 73
2-19　土地との区別・芝生、池、ゴルフコース、緑化施設／ 75
2-20　家屋との区分　家屋の認定基準（その１）／ 78
2-21　家屋との区分　家屋の認定基準（その２）／ 81
2-22　家屋との区分　家屋の認定基準（その３）／ 84
2-23　家屋との区分　固定資産家屋評価基準／ 87
2-24　家屋との区分　家屋の評価に含まれる建築設備　三つの要件／ 90
2-25　家屋との区分　建築設備「家屋の所有者が所有するもの」／ 94
2-26　家屋との区分　建築設備「家屋に取り付けられ、
家屋と構造上一体となっているもの」／ 97
2-27　家屋との区分　建築設備「家屋の効用を高めるもの」／ 101
2-28　家屋との区分　「認定基準」「建築設備」補足／ 105
2-29　家屋との区分　電気設備／ 108
2-30　家屋との区分　太陽光発電／ 111
2-31　家屋との区分　給排水設備・給湯設備／ 114
2-32　家屋との区分　ガス設備／ 116
2-33　家屋との区分　空調設備／ 117
2-34　家屋との区分　消火設備・防災設備／ 119
2-35　家屋との区分　衛生設備・運搬設備／ 121
2-36　家屋との区分　特殊設備など／ 123

第３章　償却資産の課税団体 ・ *126*

3-1　課税団体の原則／ *126*
3-2　移動性・可動性資産の意義／ *128*
3-3　移動性・可動性資産　賦課期日／ *129*
3-4　移動性・可動性資産　主たる定けい場又は定置場／ *131*
3-5　移動性・可動性資産　長期に本邦外にある船舶等／ *134*
3-6　配分資産／ *137*

第４章　償却資産の納税義務者 ・ *140*

4-1　償却資産の所有者／ *140*
4-2　特定附帯設備／ *144*
4-3　所有権留保付売買資産／ *153*
4-4　信託された償却資産／ *154*
4-5　所有者が死亡した場合の納税義務者／ *157*

第５章　償却資産の評価 ・ *160*

5-1　「前年前」「前年中」取得／ *160*
5-2　償却資産の償却方法／ *163*
5-3　時価・償却可能限度額等／ *165*
5-4　取得価額　付帯費／ *167*
5-5　取得価額　圧縮記帳／ *169*
5-6　取得価額　相続／ *171*
5-7　取得価額　割賦販売・リース資産／ *173*
5-8　取得価額　共有物・自家消費／ *175*
5-9　取得価額　適格合併・非適格合併／ *177*
5-10　取得価額　自己の建設、製作又は製造／ *180*
5-11　取得価額　贈与・交換ほか／ *182*
5-12　取得価額　無償贈与・評価替え／ *184*
5-13　取得価額　消費税／ *186*
5-14　取得価額　取得価額が明らかでない償却資産／ *188*

5-15　取得時期　工場等における機械及び装置／ 190
5-16　取得時期　許認可が必要な償却資産／ 192
5-17　取得時期　建設仮勘定、合併／ 194
5-18　取得時期　取得時期の不明な償却資産／ 196
5-19　耐用年数　原則／ 198
5-20　耐用年数　開発研究用・公害防止用償却資産／ 200
5-21　耐用年数　用途・種類等／ 203
5-22　耐用年数　貸与・賃借等／ 205
5-23　耐用年数　船舶／ 207
5-24　耐用年数　法定耐用年数改正・用途変更の耐用年数の取扱い／ 210
5-25　耐用年数　耐用年数の短縮／ 212
5-26　耐用年数　中古資産／ 215
5-27　耐用年数　合併等により受け入れた資産、他／ 220
5-28　改良費／ 222
5-29　増加償却／ 225
5-30　陳腐化償却／ 228
5-31　取替資産／ 231
5-32　評価額の最低限度額／ 234
5-33　評価額及び物価の変動に伴う取得価額の補正／ 236

第6章　税負担についての特例　・ 241
6-1　税負担の特例の種類（非課税・特例等）／ 241
6-2　人的非課税／ 244
6-3　用途非課税　その１／ 248
6-4　用途非課税　その２／ 251
6-5　課税標準の特例／ 254
6-6　公益等による課税免除及び不均一課税／ 260
6-7　減　免／ 263

あとがき…… 269

凡　例

本文中、法令を引用する場合は、主に以下の略語によることとした。

地方税法 → 地法
地方税法附則 → 地法附則
地方税法施行令 → 地令
地方税法施行令附則 → 地令附則
地方税法施行規則 → 地則
地方税法施行規則附則 → 地則附則
地方税法の施行に関する取扱について（道府県税関係） → 取扱通知（県）
地方税法の施行に関する取扱について（市町村税関係） → 取扱通知（市）
市町村条例 → 条例
固定資産評価基準（昭和38年12月25日、自治省告示第158号） → 評価基準
所得税法 → 所法
所得税法施行令 → 所令
所得税法施行規則 → 所則
所得税基本通達 → 所基通
法人税法 → 法法
法人税法施行令 → 法令
法人税法施行規則 → 法則
法人税基本通達 → 法基通
減価償却資産の耐用年数に関する省令 → 耐用年数省令
耐用年数の適用等に関する取扱通達 → 耐用年数通達

なお、法令については、令和２年５月１日時点の条文、項目番号になっている。そのため、時の経過で税法の条文、項目番号のずれが発生することがある。また、「償却資産の範囲」、「課税客体」、「償却資産の評価」、「税負担についての特例」等の課税判断も同様の時点での一般的解釈を記述してあるため、個別の事例を判断するときは、必ず、最新の地方税法、地方税法等の一部を改正する法律、総務省ＨＰ、通知文等、それら第一情報と最新の裁判判例、そして、提出資料、現況調査などで判断する各自治体への確認をお願いする。

プロローグ

講師 これから、Q＆A形式で、償却資産の固定資産税の申告と実地調査手法などを、地方自治体の税務職員だけではなく、広く中小企業及び大企業の経理担当者や税理士の方々も対象に、基礎的なことから講義をしていきたいと思います。

所得税や法人税のような国税の申告については、巷には、本もたくさん出版されています。しかし、償却資産は、国税と同じように申告が必要で、同じように税務職員が調査にも入る税目なのに、詳しい出版物はありません。特に、実地調査の手法については、出版されているものは皆無だと思います。

また、大企業の経理担当者や、税理士のようなプロの人たちも、国税には詳しくても、地方税、それも償却資産については、よくわかっていないまま申告していることが多いというのも現実です。

曖昧な理解で償却資産の申告をしていて、時に、何千万、何億円もの追徴税額が発生してしまうということもあります。

これから始まる講義で、皆さんに償却資産について、基礎から理解していただければと思います。

生徒 えっ、すみません。基本的なことですが、償却資産の固定資産税についても国税のように税務調査があったのですか。

講師 公平で公正な税務行政を行うために、地方税でも税務担当者による調査は義務付けられています。

地方税は、実地調査という言い方をしますが、内容は、国税と同じような調査です。税務職員が、企業へ訪問して、法人税別表、決算書などを見せていただき、現物資産の状態を確認しながら、提出された償却資産の申告内容が正しいかどうかを精査するのが、彼らの主な調査です。

生徒 罰則もあるのですか。

講師 あります。検査拒否、虚偽の申告の懲役や罰金、偽りその他不正の行為の加算金もあります。

生徒 国税と同じですね。

講師 そうなのです。申告漏れや、誤った申告をしていると、国税と同じように、多額の追徴税額が発生するのです。

国税との違いは、償却資産の場合は、悪意の税逃れの人がいるというより、制度をよく理解していないために、不申告になってしまう、制度を知っていても中身が不案内なため申告漏れ資産が発生してしまうということのほうが多いかもしれません。

そこで、この講義を利用して、しっかり学んでください。

この講義では、誤って増額される話ばかりではなく、償却資産の非課税や特例についても説明しますので、すでに償却資産の申告をされている方も、税額が減額になる要素があるかもしれません。確認していただき、節税にも役立ててほしいと思います。

生徒 Qに解答しながら、間違いだらけの償却資産の固定資産税申告にならないように、しっかり学びたいと思います。よろしくお願いします。

〈参考〉

地方税法 **（固定資産税に係る検査拒否等に関する罪）**

第354条　次の各号のいずれかに該当する者は、１年以下の懲役又は、50万円以下の罰金に処する。

一　前条の規定による帳簿書類その他の物件の検査を拒み、妨げ、又は忌避した者

二　前条第一項の規定による物件の提示又は提出の要求に対し、正当な理由がなくこれに応ぜず、又は偽りの記載若しくは記録をした帳簿書類その他の物件（その写しを含む。）を提示し、若しくは提出した者

三　前条の規定による徴税吏員、固定資産評価員又は固定資産評価補助員の質問に対し答弁をしない者又は虚偽の答弁をした者

2　法人の代表者又は法人若しくは人の代理人、使用人その他の従業者がその法人又は人の業務又は財産に関して前項の違反行為をした場合においては、その行為者を罰する外、その法人又は人に対し、同項の罰金刑を科する。

第1章 償却資産の課税客体

1-1　償却資産とは

Q

次のうちで、正しい言い方はどれか。

1　償却資産税

2　固定資産税　（償却資産）

3　固定資産税　減価償却資産

生徒 「償却資産税」ではないのですか。この税は企業会計上の償却資産と同じと考えてよいのでしょうか。

講師 そもそも、「償却資産税」という税目はありません。地方税法の固定資産税は、土地、家屋、償却資産の三つに分かれます。償却資産なら、固定資産税（償却資産）が正しい表現です。

書籍やネット上でも、一部、誤った表記が氾濫しています。これは、これから先、税法を読んでいくなかで、重要な要素になります。

生徒 それは、どういうことですか。

講師 法律というのは、言葉の一つひとつが重要になります。法律のかっこ書き、「又は」「若しくは」、「その他」「その他の」など、細かな表現でも、全てにルールや意味があります。特に法律の意義は重要です。

地方税法は、たいてい、法律の条文の最初に、その法律の言葉の意義を明確にしています。いったい、その言葉が何かを、はっきりさせる。それから、説明しますよ、と法律は言っているのです。

例えば、地方税法の自動車に関するものでも、自動車税、自動車取得税、軽自動車税など複数ありますが、この場合でも、同じ「自動車」

でも、それぞれの税目で、対象になる自動車が微妙に異なっています。

高速道路でも、すべてのバイクが走行できるわけではないのと同じです。

生徒 地方税法を読むたびに不思議なのですが、地方税法341条１項（固定資産税）では、土地は、田、畑、宅地など、家屋は、住家、店舗などと例示しているのに、償却資産だけが、ずいぶんと条文が長いうえに異なる書き方をしていますよね。

講師 少し長いですが、ゆっくり考えながら、内容を理解してください。

地方税法では、償却資産の意義を次のように規定しています。

「土地及び家屋以外の事業の用に供することができる資産（鉱業権、漁業権、特許権その他の無形減価償却資産を除く。）で、その減価償却額又は減価償却費が法人税法又は所得税法の規定による所得の計算上損金又は必要な経費に算入されるもののうちその取得価額が少額である資産その他の政令で定める資産以外のもの（これに類する資産で法人税又は所得税を課されない者が所有するものを含む。）をいう。

ただし、自動車税の課税客体である自動車並びに軽自動車税の課税客体である原動機付自転車、軽自動車、小型特殊自動車及び二輪の小型自動車を除くものとする。」

生徒 ………………。

講師 なお、この定義に、付け加えるなら、平成20年４月１日以降に締結されたリース取引に係るリース資産で、その所有者が取得した際の取得価額が20万円未満のものについては、平成20年４月１日以降、課税客体たる償却資産から除かれています。

（注　平成20年４月１日より前に締結されたリース契約で、平成20年４月１日以降に取得したものは含まれない。）

生徒 すみません。なんか、ぜんぜんわかりません。すごく長い条文ですし……。

講師 この長い条文が、実は、すごく重要になってくるのです。

そして、この文章は完璧に美しい。償却資産の本質について、全部を表現している完全な文章でもあるのです。

生徒 完全な文章ですか。そもそも、固定資産税で申告する減価償却資産は、企業会計、法人税等の税務会計上のそれとは違うということなのでしょうか。

講師 申告する減価償却資産は、企業会計、税務会計の減価償却資産とは、必ずしも一致していません。

生徒 どこが同じで、どこが違っているのですか。（１－２へつづく）

＊　＊　＊　＊　＊　＊

〈Answer〉

「2　固定資産税　（償却資産）」

〈参考〉

地方税法

（固定資産税に関する用語の意義）

第341条　固定資産税について、次の各号に掲げる用語の意義は、それぞれ当該各号に定めるところによる。

一　固定資産　土地、家屋及び償却資産を総称する。

二　土地　田、畑、宅地、塩田、鉱泉地、池沼、山林、牧場、原野その他の土地をいう。

三　家屋　住家、店舗、工場（発電所及び変電所を含む。）、倉庫その他の建物をいう。

四　償却資産　土地及び家屋以外の事業の用に供することができる資産（鉱業権、漁業権、特許権その他の無形減価償却資産を除く。）でその減価償却額又は減価償却費が法人税法又は所得税法の規定による所得の計算上損金又は必要な経費に算入されるもののうちその取得価額が少額である資産その他の政令で定める資産以外のもの（これに類する資産で法人税又は所得税を課されない者が所有するものを含む。）をいう。ただし、自動車税の課税客体である自動車並びに軽自動車税の課税客体である原動機付自転車、軽自動車、小型特殊自動車及び二輪の小型自動車を除くものとする。

1-2　税務会計における減価償却資産と固定資産税における償却資産の比較

Q

次のうちで、正しい考え方はどれか。

1　企業会計の固定資産と固定資産税（償却資産）は同じである。

2　税務会計の固定資産と固定資産税（償却資産）は同じである。

3　企業会計、税務会計の固定資産と固定資産税（償却資産）は異なっている。

講師 まず、言葉を整理しましょう。

企業会計というときは、企業が決算書を作るときの会計、税務会計というときは、法人税、所得税のときに使う会計だと思ってください。

それを確認したあと、法人税等の税務会計における減価償却資産と、地方税法（固定資産税）における償却資産の意義を比較してみます。

生徒 いくつも相違点があるのですか。

講師 あります。まず、建物についてです。税務会計において減価償却資産とされていて、固定資産台帳に載るのは、事業用の資産だけですね。

しかし、地方税法（固定資産税）では、建物は、非事業用のものであっても、事業用であっても家屋の税金として課税されていますよね。

生徒 確かに、自宅の土地と家は、事業に使っていません。固定資産台帳もありません。それでも、納税通知書は来ますね。

講師 では、次に、その建物の中にある資産がすべて家屋で課税されているか、償却資産の申告をするものはないかということです。つまり、大きな建物の受変電設備などは、もともと家屋の評価には含まれていないので家屋の納税通知書には含まれていない。

事業用建物の資産であれば、償却資産として、申告が必要な資産のひとつになるということなのです。

生徒 この他にも、難しい事例はあるのですか。

講師 あります。建物でいえば、内装は、自己所有か、テナントの所有かで、申告の有無が分かれます。

例えば、店舗テナントのつけた内装工事などは、多くの自治体が家屋としては課税せず、テナント側が償却資産として申告することが必要です。事業用の建物の附属設備については、附属設備の種類、実態等により家屋の一部として家屋に含めて評価するか、償却資産として別個に取り扱うかを区分することとなってくるのです。

生徒 この他にも、ありますか。

講師 他にもあります。無形減価償却資産は、償却資産とはなりません。しかし、工事負担金や、デザイン料などでも、機械の運搬費、据付費用のような付随費用であって、固定資産台帳に記載されるようなものであれば、有形固定資産として申告対象と考えられます。

生徒 なるほど。

講師 では、生き物はわかりますか。馬は償却資産の申告が必要だと思いますか。

生徒 馬は申告対象にならないのではないですか。

講師 馬といっても、食肉用、運搬用、競走馬など使い方はさまざまです。例えば、観賞用、興行用になる動物園にいるような馬は、償却資産の申告対象になります。

では、船舶、飛行機、自動車はどうでしょうか。

生徒 船舶、飛行機、自動車、どれも動いていますね。

講師 このような資産を、可動性資産、移動性資産と呼んでいます。船舶、飛行機は償却資産の申告対象。自動車は、自動車税の課税客体である自動車及び軽自動車税の課税客体である軽自動車等は除いた自動車が償却資産になります。

生徒 なんだか難しいですね。企業会計、税務会計、固定資産税における償却資産、それぞれが別々なのだけはわかりましたが……。

講師 これから、償却資産の意義について、言葉を一つひとつ分析しながら説明していきます。（１－３へつづく）

＊　＊　＊　＊　＊　＊

〈**Answer**〉

「3　企業会計、税務会計の固定資産と固定資産税（償却資産）は異なっている。」

1-3　四つの要件

Q

次のうちで、正しいのはどれか。

1　舗装は、償却資産の申告対象である。

2　鉱業権は、償却資産の申告対象である。

3　小型特殊自動車は、償却資産の申告対象である。

講師 私が、実地調査の時に、税理士の方や企業の経理担当者の方と話すとき、どうしても、すれ違いになってくる原因のひとつは、企業会計や税務会計での有形固定資産の考え方と、償却資産申告になる固定資産税（償却資産）の有形固定資産が異なっているということでした。

税理士や企業の経理担当者は、企業会計や税務会計（法人税等）については、たいへんよく理解していました。そして、企業会計や税務会計（法人税）の考え方で、ついつい償却資産についての話が進んでしまうことが多いのです。

固定資産税（償却資産）の申告対象の資産が何かということではなくて、です。

このＱを考えるときも、もう一度、地方税法341条１項４号の意義から、確認していきましょう。

生徒 地方税法の341条１項４号で、課税客体となる償却資産の要件は大きくいって４つ述べられていますね。

1　土地及び家屋以外の事業の用に供することができる資産

2　鉱業権、漁業権、特許権その他の無形減価償却資産でないこと

3　その減価償却額又は減価償却費が法人税法又は所得税法の規定

による所得の計算上損金又は必要な経費に算入されるもののうちその取得価額が少額である資産その他の政令で定める資産以外のもの（これに類する資産で法人税又は所得税を課されない者が所有するものを含む。）

4　自動車税の課税客体である自動車並びに軽自動車税の課税客体である原動機付自転車、軽自動車、小型特殊自動車及び二輪の小型自動車を除くものとする。

講師 そうです。法律を読むときは、条文を分解しながら、確認することが重要です。

地方税法341条１項４号の条文を分解すると四つの要件が述べられています。

ここで、まず重要なのは、土地と家屋以外であるということ。

では、ここでいう土地と家屋とは何か。それは、固定資産税で定義された土地と家屋であるということです。ここがポイントです。

企業会計や税務会計（法人税等）で、勘定科目として計上された土地、家屋とは必ずしも一致していないということです。

この根本的な土地、家屋の定義の誤りからくる、償却資産の申告の誤りは非常に多いものです。

間違いだらけの償却資産申告になってくる原因のひとつは、ここに集中しています。

生徒 例えば、どのようなものなのでしょうか。

講師 では、これはどうでしょう。

土留工事、舗装、駐車場白線、フェンス、屋上緑化、キャノピー、屋外物置、間仕切り、上水道、工業用水道、蓄電設備、発電設備、分電盤、受変電設備、空調設備、電気錠、避雷針、大型クレーン、船舶、小型飛行機、機械を動かすソフトウェア……さあ、どれが、償却資産の申告対象になると思いますか。

生徒 すみません。経理担当になったばかりで、どれが申告対象であるかよりも、そもそも、用語の意味もさっぱりわかりません。

講師 それは、困った。特に君のような大企業の経理担当者は、大きな建物が建ったときは、これらの勘定科目に、耐用年数をふって固定資産台帳で管理するのも、重要な仕事のひとつになりますよ。そして、固定資産税（償却資産）の申告も仕事として行わなければなりません。例えば、建物には間仕切りがいくつもありますよね。そして、間仕切りも、いくつかの耐用年数に分かれています。償却資産の申告の場合にも、申告が必要な間仕切りもあれば、必要でない間仕切りもあります。

生徒 えっ、そうなんですか。

講師 これについては、後で、時間をさいて、ひとつずつ詳しく説明します。

生徒 四つの要件、土地と家屋の区別の、最初のところから、難しいですね。

講師 そして、課税客体の償却資産は、土地と家屋のように事業用、非事業用であることを問わないのではなく、必ず事業の用に供するということです。

生徒 それは、どういうことですか。（1－4へつづく）

＊　＊　＊　＊　＊　＊

〈**Answer**〉

「1　舗装は、償却資産の申告対象である。」

1-4　事業用の意義

Q……………………………………………

次のうちで、申告対象になるのはどれか。

1　工場の福利厚生施設のテニスコート施設（舗装）。

2　工場で、定款に定められていない事業用の機械。

3　もらいうけた工場のテントドーム（固定資産台帳には未記載）

生徒 正解は、三つすべてということですか。そもそも、事業とは何で

すか。そして、固定資産税（償却資産）でいう「事業用」とは、企業会計や税務会計とは、異なっているのですか。

講師 例えば、冷蔵庫で考えてみます。

冷蔵庫を自宅で使用している場合と、店舗で使用している場合のようなことです。イタリアレストランで使用している冷蔵庫は申告対象ですが、自宅の生活用に使用している冷蔵庫は償却資産の申告対象にはなりません。

生徒 なるほど、自分の家の庭に置いた園芸道具を入れたような簡易物置は申告対象ではないが、工場で使用している部品などを貯蔵する簡易物置は申告対象であるというようなことですね。

つまり、「事業用」とは、営利を目的として使用しているということですね。

講師 厳密には、少し違います。

では、それは、どういうことかを説明します。まず、事業とは「一般に、一定の目的のために一定の行為を継続、反復して行うことをいうものであって、必ずしも営利又は収益そのものを得ることを直接の目的とすることを必要としない。」とされています。

この考えを、分解して考えてみます。

「一定の行為を継続、反復して行う」とは、学校でのバザーなどは、一度かぎりで、継続して、反復して行うものではありませんので事業とはいえません。

そして、ここでは「直接の目的とすることを必要としない。」とされています。

また、事業を行う者がその本来の業務として行っている事業種目（定款に掲げる事業種目）の用に直接使用することができる資産だけでなく、その事業に直接、間接を問わず使用される資産も課税客体となることもあります。

生徒 直接的であるだけでなく、間接的に使用されるものも含むということは……。ここでの間接的とは、具体的には、どういう資産をいうのでしょうか。

講師 このQの例のように、工場に福利厚生施設があったとします。例えば、医療施設（レントゲン、医療器械等）、娯楽施設（電蓄、ピアノ、映写機、牌、応接セット等）。

これらは、直接的な事業ではなく、間接的な事業であるということです。

このような資産に対しても、固定資産税（償却資産）は帳簿記載の有無にかかわらず課税になるということです。

生徒 わかりました。

講師 また、所有者自らが本来の事業の用に供する以外に、資産を他の者に貸し付けて、その者がこれを事業の用に供していたり、あるいは、事業の用に供することができる状態にあったりする場合も含まれます。

具体的には、ミシンを、自分の事業で、使用しているだけでなく、他の者に貸し付けて、その者が事業に使っているような場合のようなことを言います。

ただし、このような場合でも、ミシンの所有者が資産の貸付けを業としているときは、貸し付けられたミシンが自宅の家庭でのみ、使用されている場合でも、そのミシンは貸付事業の用に供されているミシンということで、償却資産として課税客体となってきます。

生徒 なるほど……。事業用の範囲が、少しずつ、わかってきたような気がします。

ここで、ひとつ質問ですが、今の説明の中で、固定資産台帳に記載されていない資産も申告対象になると、おっしゃっていましたね。

講師 この例に限らず、固定資産台帳に記載されていない簿外資産も、「事業用」であれば申告対象になります。

特に、地方税の税務調査員は、まず、帳簿等の調査に入る前に、航空写真や現地の外観確認をします。無料でもらい受けたようなテントドームや、簡易物置などがあるかなどを調べることが必要です。

現況確認は、償却資産の申告対象資産を把握するには、すごく重要なことです。

固定資産台帳に載っていない資産で、かつ、家屋の固定資産として課税されていない「事業用」資産について、税務調査員は見つけ出すようにしています。

生徒 現況確認のほかに、税務調査員は、固定資産台帳に載っていないもので、どのようなところを見るのでしょうか。

講師 まず、税務調査員は、企業から、提示された法人税申告書、決算書は、いつ時点のものかを確認します。年度の確認作業です。

日本の企業は、３月決算の会社が多くあります。そこで、決算期以後１月１日までの間に取得された資産で、まだ固定資産勘定に計上されていない資産があるかを確認します。タイムラグの問題です。これは決算書を実地調査するときのポイントです。

地方税の固定資産税には、賦課期日というのがあります。賦課期日は１月１日です。１月１日の資産の状態が、どうなっているのか。資産が存在するのか、存在しないのか、事業の用に供することができるのか、できないのか。

特に、建設仮勘定については、賦課期日に事業の用に供されている場合も多くあります。

ここは、すごく重要なポイントだということです。

生徒 確かに、企業の決算日、法人税申告書の日付とずれることは多いですね。タイムラグを意識しないと、うっかり、申告漏れや過剰な申告も生まれそうです。

講師 償却資産の「事業用」とはどういうことかを理解していただけたでしょうか。

税務調査員は、償却資産としての「事業用」を把握しながら、固定資産台帳に載っていない資産で、どれだけ失念して、申告漏れとなってしまったか。

それを、いかに見つけ出せるかが、腕の見せ所というところもあります。そして、税理士、企業の経理担当者は、税務調査員に指摘される前に、それらについて、申告漏れや、過剰な償却資産の申告をしていないかを注意しなければいけないということです。

＊　　＊　　＊　　＊　　＊　　＊

〈**Answer**〉

三つ、すべて申告対象となる。

1-5 「事業の用に供すること」の意義

Q

次のうちで、償却資産の申告が不要なものはどれか。

1 遊休資産

2 貯蔵品（棚卸資産）

3 簿価が１円になった償却済みの減価償却資産

生徒 このＱの解答は、「貯蔵品」だけが申告が不要である。そして、それ以外の「遊休資産」「簿価が１円になった償却済みの減価償却資産」は、申告しなければならないということですね。

そもそも、今回のテーマである「事業の用に供すること」とは、どのようなことでしょうか。

講師 わかりました。

まず、法的な市町村税関係の取扱通知で確認してみましょう。

取扱通知（市町村税関係）第３章４では、「現在事業の用に供しているものはもとより、遊休、未稼動のものも含まれる趣旨であるが、いわゆる貯蔵品とみられるものは棚卸資産に該当するので、償却資産には含まないものであること」とあります。

生徒 取扱通知は、内部文書ではないのですか。

講師 ここでの取扱通知は、内部文書ではなく、市販の地方税法の中で示されていますので、誰でも確認ができる種類のもののことです。

生徒 まず、遊休資産も含まれるということですが、それは、実際、資産として使用せず、減価償却をしていない資産も、申告対象になるということですか。

講師 遊休資産も申告対象になります。減価償却をしているかは、固定資産税（償却資産）の場合は直接的関係はないのです。

では、確認しましょう。

減価償却とは、使用や時の経過により固定資産の物理的、経済的な減少を見積もること、そして、使用期間に費用として配分するとともに、帳簿価額を減額していく手続のことです。

そのような定義のなかで、現実の経理処理では、法人は、企業会計処理、法人税法も、減価償却については任意償却が認められ、そのような処理がされています。

生徒 任意償却？　つまり、企業の経理処理では、年度により、減価償却を行わないことがあるということですね。

講師 地方税職員の方は、ここを理解していなく、法人税別表16⑴、⑵などを確認して終了してしまう人がいます。ここは、要注意です。

自治体職員で経理処理に慣れていない人が、混乱していることのひとつです。

生徒 では、有形固定資産を「使用しているかは、直接的関係はない」についても、もう少し、詳しく説明してください。

講師 遊休資産を、固定資産台帳に記載されていても、仮に、他の勘定科目に振り分けていても、償却資産では申告対象になります。

例えば､廃棄や除却していない有形固定資産が存在している。そして、その資産が､いつでも稼動し得る状態である。そんな遊休資産について、償却資産では申告が求められているのです。

生徒 そして、未稼働資産も申告対象なのですよね。

講師 例えば、製造機械の試運転をしてみて、すぐに使える資産であるにもかかわらず、経営方針の変更など、会社の都合で使用していないような場合などが考えられます。

生徒 なるほど……。

しかし、貯蔵品（棚卸資産）は、申告対象外なのですね。

講師 確かに、棚卸資産は申告対象ではありません。

ここでいう棚卸資産とは、一般的に定義している、将来、販売又は一般管理活動を行うために保有している資産、商品や製品、仕掛品、半製品、原材料、消耗品のことです。

では、企業の経理処理が「棚卸資産」なら、必ず償却資産の申告対象外になるか、というとそういうわけでもありません。

そこに、経理担当者の仕訳の考え方の関係で、もし償却資産の対象となる遊休資産や未稼働資産の類が含まれていれば、税務調査員は申告漏れを指摘しなければいけません。

企業の経理処理は、時に、仕訳の考えに差があるときがあります。

だから、優れた税務調査員は、必ず貯蔵品、棚卸資産の内容を確認します。

生徒 しかし、先の話に戻りますが、減価償却していない資産についても、申告が必要であるといわれても、なんだか腑に落ちないのが、申告者、納税者の気持ちではないでしょうか。

講師 なるほど、腑に落ちない……。

さらに、減価償却の関係で言えば、減価償却が終わった資産、償却済資産も申告対象になります。なおかつ、償却資産においての固定資産評価では残存価格が取得価額の５パーセントまでです。評価額が１円までなることはありません。

これも、誤って計算されて申告が出てくる事例のひとつです。

これらも、腑に落ちないと言われるかもしれませんね。

生徒 償却資産申告について、まだ、納得がいきません。

どうしてなのでしょうか……。

講師 これらのことは、株主への配当可能利益を求めている企業会計や、企業の収益や所得の額を求め、法人税額や所得税額を求めていく税務会計の思考で、償却資産の申告の資産を考えていくと、とても、理解しにくい話になってくるのです。

同じ企業の作成した固定資産台帳を使用しながら、根本的な相違があるのです。

生徒 この考え方の背景を、もう少し詳しく教えてください。（１－６へつづく）

＊　＊　＊　＊　＊　＊

〈Answer〉

「2　貯蔵品（棚卸資産）」

〈参考〉

取扱通知（市町村税関係）

「法人税法施行令第13条又は所得税法施行令第６条に規定する資産をいうものであるが、法第341条第４号の償却資産は、これらの資産のうち家屋及び無形固定資産以外の資産をいうものであり、現実に必ずしも所得の計算上損金又は必要な経費に算入されていることを要しないものであって、当該資産の性質上損金又は必要な経費に算入されるべきものであれば足りるものであること。

ただし、法人税法施行令第13条第９号又は所得税法施行令第６条第９号に掲げる牛、馬、果樹その他の生物は、これらの資産の性格にかんがみ、固定資産税の課税客体とはしないものとすること」

〈遊休資産（稼動休止資産）の取扱い〉

稼動を休止している資産であっても、その休止期間中必要な維持補修が行われており、いつでも稼動し得る状態にあるものについては、減価償却資産に該当するものとする。（法基通７－１－３、所基通２－16）

１月１日現在、事業の用に供することができる状態であれば申告の対象となる資産事例。

⑴　建設仮勘定で経理されている資産
⑵　決算期以後１月１日までの間に取得された資産で、まだ固定資産勘定に計上されていない資産
⑶　簿外資産（会社の帳簿に記載されていない資産）
⑷　償却済資産（減価償却が終わった資産）
⑸　遊休資産（稼働を休止しているが、いつでも稼働できる状態にある資産）
⑹　未稼働資産（既に完成しているが、未だ稼働していない資産）
⑺　借用資産（リース資産）で、契約の内容が割賦販売と同等である資産
⑻　取得価額が20万円未満の資産で、税務会計上固定資産勘定に資産計上されている資産

(9) 取得価額が30万円未満の資産で、税務会計上租税特別措置法第28条の２又は第67条の５の適用により即時償却した資産　など

1-6　資産の性質上損金又は必要な経費に算入されるべきものであれば足りるもの

Q

次のうち、償却資産の申告が必要なのはどれか。

1　法人税で、減価償却していない固定資産

2　既に完成しているが、経営方針の変更により未だ稼働していない資産

3　どちらとも、申告が必要である。

生徒 解答を確認する前に、もう少し、条文の続きを確認させてください。

このＱは、「現実に必ずしも所得の計算上損金又は必要な経費に算入されていることを要しないものであって、当該資産の性質上損金又は必要な経費に算入されるべきものであれば足りるもの」とも関係してきますね。

講師 そうです。企業会計や税務会計で、現実に必ずしも所得の計算上損金又は必要な経費に算入されていることを要してはいないということなのです。

生徒 前のＱにつながりますね。

簿外資産（会社の帳簿に記載されていない資産）

償却済資産（減価償却が終わった資産）

遊休資産（稼働を休止しているが、いつでも稼働できる状態にある資産）

未稼働資産（既に完成しているが、未だ稼働していない資産）

これらも、全て償却資産の申告対象になるというわけですね。

だから、このＱのＡは３「どちらも、申告が必要である。」なのですね。

配当可能利益を求めている企業会計、税法の所得や収益を求める法人税等の税務会計上とは、だいぶ違う考え方をしていますね。

どうして、このように相違しているのでしょうか。

講師 ひと言でいえば、地方税の固定資産税のひとつだからです。つまり、税の目的の違いです。

地方税の固定資産税は、国税のように収益や所得を基本の考えとして求めているのではなく、資産のもつ財産権や行政サービスに対する受益権をベースにした考えに基づいているからです。

生徒 今、説明されたなかで、財産権はなんとなくわかります。それなりの資産を買える、持っている財産について、ということだと思いました。しかし、行政サービスに対する受益権とは何ですか。

講師 受益権とは、自治体からの有形無形の利益を得ているということです。簡単にいうと、橋や道路整備などの都市計画、ゴミ回収、消防、警察、地震など防災整備などのことです。土地や家屋と同じように、償却資産が存在していれば、これらのサービスを自治体から受けている、ということです。

生徒 例えば、賦課期日（１月１日）に、消防車が火を消す固定資産が存在するかどうかということですか。

講師 そうです。固定資産税（償却資産）は、自治体からの行政サービスの受益を賄うための税金であるということなのです。固定資産税（償却資産）の内容は、応益課税ということなのです。

生徒 なんとなく、つながってきました。

アメリカでは、税金を支払っていない家には、消防車が駆けつけても、火を消さないという州があるということを聞いたことがあります。世界で、救急車が有料な国は多いとも聞きました。

つまり、有形の固定資産が自治体に存在していることで、自治体から行政サービスというさまざまな受益を得ている。だから、納税の義務が発生するということですね。

講師 賦課期日（１月１日）に資産は存在するか。

簿外資産（会社の帳簿に記載されていない資産）

償却済資産（減価償却が終わった資産）

遊休資産（稼働を休止しているが、いつでも稼働できる状態にある資産）

未稼働資産（既に完成しているが、未だ稼働していない資産）

これらが、固定資産台帳への明示、減価償却資産の処理の有無に関わらず、償却資産の申告対象であるということは、このような受益権、応益課税の考えが、背景にある税金だからなのです。

生徒 なるほど、受益権をキーワードにすると、これらが、だんだん合点が行くようになってきました。

簿外資産（会社の帳簿に記載されていない資産）や償却済資産（減価償却が終わった資産）も、仮に償却資産の申告対象にならないと、自治体からの受益権をキーワードに考えると不公平ですね。

遊休資産（稼働を休止しているが、いつでも稼働できる状態にある資産）や、未稼働資産（既に完成しているが、未だ稼働していない資産）も、その資産が使用できるものであれば、企業の経理処理にかかわらず、自治体からの受益権を得ている対象資産であるということですね。

講師 償却済資産（減価償却が終わった資産）について、前回の講義で、償却資産は固定資産評価上は残存価格が取得価額の５％であって、評価額が１円までなることはないといいました。

これは、古い資産（例えば古い看板や構築物）のほうが、先の火事の例で言えば、自治体からの受益関係を得るからということからなのです。

生徒 なるほど、消防車がかけつけて、火を消す確率が高いということですね。

講師 建設仮勘定についても、実地調査で精査が必要なのは、賦課期日のタイムラグと、一部、使用できるものがあるかということなのです。

これも、自治体からの受益権をキーワードに考えてください。日本は地震列島で、防災は地方自治の重要なテーマです。その根幹を、財政面から支える税金であるということです。

生徒 償却資産の申告対象は、税の目的から考えるとなんとなく納得がいくようになってきました。

＊　＊　＊　＊　＊　＊

〈Answer〉

「3　どちらとも、申告が必要である。」

1-7　その取得価額が少額である資産その他政令で定める資産

Q

次のうちで、償却資産の申告が不要なものはどれか。

1　法人で、取得価額が10万円未満のもので、使用可能期間が１年以上の資産

2　法人で、租税特別措置法に基づく「中小企業者等の少額減価償却資産の取得価額の損金算入の特例」における取得価額30万円未満の資産

3　法人で、取得価額が20万円未満、３年間一括選択の償却資産

生徒 すみません。勉強不足です。用語がわかりません。取得価額の少額の資産についてが、非常にわかりにくいのですが、教えてください。

講師 まず、地方税法341条１項４号の償却資産の意義の部分を確認しましょう。

1　土地及び家屋以外の事業の用に供することができる資産（鉱業権、漁業権、特許権その他の無形減価償却資産を除く。）で

2　その減価償却額又は減価償却費が法人税法又は所得税法の規定による所得の計算上損金又は必要な経費に算入されるもののうちその取得価額が少額である資産その他の政令で定める資産以外のもの（これに類する資産で法人税又は所得税を課されない者が所有するもの

を含む。）をいう。

ここで、「取得価額が少額である資産その他の政令で定める資産以外のもの」と記されています。つまり、ここでは「以外のもの」ということは、それは、除かれるということです。

生徒 取得価額が10万円未満の少額である資産で、使用可能期間が、1年以上であれば、固定資産台帳に載るものでもあるから、申告対象であるということはわかります。

だから、それ以外については、償却資産の申告対象ではないということですね。しかし、次の「その他の政令で定める資産」は何かがわかりません。

講師 結論を言えば、この場合の政令を読むと、「その他の政令で定める資産」とは、「法人で、取得価額が20万円未満、３年間一括選択の償却資産」のことになっています。

だから、このＱのＡ、つまり、申告が不必要なものは「３　法人で、取得価額が20万円未満、３年間一括選択の償却資産」ということになります。

生徒 正しく申告をするには、法律をきちんと読まなければ駄目ですね。

講師 法律では、「その他」と「その他の」とでは、そのあとに続く意味が異なってきますが、ここでは、「その他の政令」と記されています。この書き方は、「取得価額が少額である資産」と「その他の政令で定める資産」の二つについては除いてくださいということです。

法律の読み方については、別の機会に詳しく解説できればと思います。

生徒 よろしくお願いします。

講師 では、確認しましょう。償却資産の申告対象にならない少額の資産についてです。

注意すべきは、大きく３点あります。

・使用可能期間が１年未満である減価償却資産又は取得価額が10万円未満である減価償却資産で、一時に損金又は必要な経費に算入されるもの（少額償却資産）

・法人の場合は、取得価額が20万円未満の資産で、その取得価額を合計（一括）して３分の１ずつ、３事業年度で所得の計算上損金に算入する方法を選択した資産、個人の場合は、取得価額が10万円以上20万円未満の資産で、その取得価額を合計（一括）して３分の１ずつ３年間で所得の計算上経費に算入する方法を選択した資産（３年間一括償却資産）のこと。

・平成20年４月１日以降に締結されたリース契約。法人税法64条の２第１項、所得税法67条の２第１項に規定するリース資産で、当該リース資産の所有者が、当該リース資産を取得した際における取得価額が20万円未満のもの。

生徒 すみません。なかなか法律的な用語についていけません。

講師 固定資産台帳に載っていなくて、よく申告が漏れてしまうのは中小企業等の即時償却資産です。

生徒 取得価額が30万円未満の資産で、税務会計上、租税特別措置法28条の２又は67条の５の適用により即時償却した資産のことですよね。

これは、租税特別措置法で定義された資産ですね。

講師 もともと固定資産台帳には載りませんが、償却資産申告が必要な資産です。固定資産台帳に載らないことによって、非常に申告漏れが多い資産なのです。

税務調査員なら、この即時償却資産が記載される法人税別表16⑺については、過去も含め必ず確認していきましょう。

経理担当者は申告漏れをしないように注意しましょう。

固定資産台帳に載っていなくても、即時償却資産は、事業用資産と考えられます。

この即時償却資産は、法律としても、租税特別措置法の処理であり、「政令で定める資産以外のもの」に含められてはいません。

だから、申告対象であるということなのです。

生徒 なるほど……。「法人で、取得価額が20万円未満、３年間一括選択の償却資産」、「中小企業等の即時償却資産」など、少額の資産は、企業や個人の経理処理によって、また、固定資産台帳の記載の有無に関わらず、償却資産申告の有無が分かれてくるということになりますね。

講師 そうです。

生徒 確かに、注意が必要ですね。

講師 これらについては複雑なので、後の〈償却資産の範囲〉で、再度、説明をします。あせらず、ゆっくり噛みしめながら、理解するようにしてください。

また、法律の読み方についても、別の項目を定めて、詳しく説明をしますが、償却資産については、過去の地方税法を読むことが、必要になってきます。

特に、特例、非課税の確認をしていく場合には、償却資産は過去にさかのぼることが多くなります。

地方税法は、現年度だけでなく、過去の年度分も保管して、その年度の条文は、必ず読むように、癖をつけてください。

＊　＊　＊　＊　＊　＊

〈Answer〉

「3　法人で、取得価額が20万円未満、3年間一括選択の償却資産」

〈参考〉

租税特別措置法に基づく「中小企業者等の少額減価償却資産の取得価額の損金算入の特例」により、中小企業者等が取得価額30万円未満の減価償却資産の合計額300万円までを損金又は必要経費に算入した資産は、固定資産税（償却資産）では課税対象となる。

法人税法又は所得税法の規定による所得の計算上、法人税法施行令第133条若しくは第133条の２第１項又は所得税法施行令第138条若しくは第139条第１項の規定によってその取得価額の全部又は一部が損金又は必要な経費に算入される資産とする。

ただし、法人税法第64条の２第１項又は所得税法第７条の２第１項に規定するリース資産にあっては、当該リース資産の所有者が当該リース資産を取得した際における取得価額が20万円未満のもの（法令49）であり、その詳細は次のとおりである。

⑴　法人税法施行令第133条又は所得税法施行令第138条の規定による資産とは

使用可能期間が１年未満である減価償却資産又は取得価額が10万円未満である減価償却資産で、一時に損金又は必要な経費に算入されるもの（少額償却資産）のこと。

⑵　法人税法施行令第133条の２又は所得税法施行令第139条第１項に規定する資産とは

法人の場合は、取得価額が20万円未満の資産で、その取得価額を合計（一括）して３分の１ずつ３事業年度で所得の計算上損金に算入する方法を選択した資産、個人の場合は、取得価額が10万円以上20万円未満の資産で、その取得価額を合計（一括）して３分の１ずつ３年間で所得の計算上経費に算入する方法を選択した資産（３年間一括償却資産）のこと。

⑶　法人税法第64条の２第１項、所得税法第67条の２第１項に規定するリース資産（平成20年４月１日以降に締結されたリース契約）で、当該リース資産の所有者が、当該リース資産を取得した際における取得価額が20万円未満のものは、課税客体としない（令49)。

法人税法（リース取引に係る所得の金額の計算）

「第64条の２　内国法人がリース取引を行つた場合には、そのリース取引の目的となる資産（以下この項において「リース資産」という。）の賃貸人から賃借人への引渡しの時に当該リース資産の売買があつたものとして、当該賃貸人又は賃借人である内国法人の各事業年度の所得の金額を計算する。」

これらの資産は、原則として課税客体とはしないものとすること。

ただし、法人の場合は、取得価額が10万円未満のものでも減価償却資産として資産計上しているものは課税客体となる。

1-8　法人税又は所得税を課されない者が所有するもの

Q

次のうちで、非課税対象となる資産はどれか。

1　法人税が非課税とされている公共法人日本放送協会の映像機
2　宗教法人が貸している月極駐車場の舗装
3　学校法人が使用している課外活動に使用しているテニスコート

生徒 このQは、非課税の考え方と、償却資産の定義を示した地方税法341条1項4号（固定資産税）のかっこ書の部分（これに類する資産で法人税又は所得税を課されない者が所有するもの）に関係したQですね。

講師 そうです。ここでは、法人税又は所得税を課されない者というところが重要です。

生徒 なるほど、ついつい法人税、所得税と同じものと考えてしまいそうですね。法人税や所得税が課税されないから、償却資産も申告が不要であるというように……。

講師 具体的に説明します。まず、法人税法の定義を確認します。

法人税法においては、公共法人は非課税とされています（法法4②）。また、公益法人等は収益事業から生じた所得以外の所得については課税されないこととされています（法法7）。

ここが、ポイントです。

あくまで、これは、法人税の非課税の考え方です。

生徒 どこが固定資産税と違うのでしょうか。

講師 固定資産税においては、国、都道府県及び市町村等は人的非課税とされます。人的非課税とは、その組織や団体であるだけで非課税ということです。

これは、法人税法の公共法人と完全に同一の団体ではないのです。また、固定資産税の非課税は、資産の用途によって非課税措置が講じられています（地法348）。

用途、つまり、その資産が、何に使用されているかということです。人的非課税に対して、用途非課税といわれているものです。

これも、法人税では、収益事業には課税とされていますが、固定資産税では用途によって非課税となると考えています。

生徒 ここも償却資産の難しさですね。税務会計、企業会計とのずれ、一致していないところですね。

講師 地方税法の非課税の考え方は、人的非課税は、国、都道府県及び市町村等である。用途非課税は、その資産の用途が何であるか。例えば、宗教、教育などの用に使用されている資産が非課税の対象になる。しかし、宗教、教育などの用に使用されていなければ、課税対象になる。

生徒 前者については、確かに国、都道府県及び市町村には、税金を課税して、そこが徴収していたら、かかる手間賃だけ無駄ということでしょうか。

講師 法人税が課されない非課税法人としては、公共法人、公益法人などのようなものがありますが、まず法人税法の言葉の定義を確認しましょう。

生徒 法人税法の公共法人とは何でしょうか。

講師 公共法人は、法人税法４条２項によって法人税が非課税とされている、法人税別表１に掲げる法人のことです。例えば、地方公共団体、土地改良区、日本中央競馬会、日本放送協会、土地開発公社などです。

これらの団体は、あくまで法人税が非課税であるということです。

生徒 なるほど、例えば、日本放送協会、土地開発公社等、これらの団体の資産が課税客体とならないのでは、地方税で考える、自治体からの受益権の考え方からも、同種の資産を有する他の者との均衡を失してしまいますよね。

だから、これらの資産も法348条の規定により固定資産税を非課税とされない限り、すべて課税客体としているのですね。

では、公益法人などは何ですか。

講師 公益法人等は、法人税法７条によって収益事業を営む場合に限って納税義務がある、法人税別表２に掲げる法人のことです。

具体的には、学校法人、公益財団法人、社会福祉法人、宗教法人等です。

生徒 これらの団体は、収益事業を営む例は、よくありますね。

宗教法人が寺の一部を駐車場に貸し出していたり、社会福祉団体が、福祉ではない営利事業を行っていたりと、これらの団体の中でも、公的な事業のような側面と営利事業のような側面の両方を持っていそうですしね。

講師 固定資産税も、学校法人、社会福祉法人、宗教法人などはその資産の使用の用途によって、非課税になったり課税になったりします。

学校法人、社会福祉法人、宗教法人は、そのような種類の法人であるというだけでは、非課税になるわけではありませんので、注意してください。

法人税が非課税とされている公共法人、公益法人等、収益事業を営む場合に限って納税義務がある公益法人と、償却資産の非課税の考えとは、混同しがちです。ただし、課税標準額の特例に該当することはあります。

さらに、非課税、課税標準の特例については、もっと細かく、深い内容になります。ここでは、法人税法とは違うということを、頭に入れてください。

非課税、課税標準の特例は別の機会に詳しく説明できればと思います。

生徒 よろしくお願いします。

＊　＊　＊　＊　＊　＊

〈Answer〉

「3　学校法人が使用している課外活動に使用しているテニスコート」

第２章
償却資産の範囲

2-1　一組・一式の考え方等

Q

次のうちで、償却資産の申告が必要なのはいくつあるか。

1　レストランの10か所あるインテリア窓のデザインカーテン（1枚２万円）

2　工具（８万円、耐用年数２年）

3　１本単価５万円の電柱

生徒 「償却資産の課税客体」とは何かについては前回で終了して、今回から、「償却資産の範囲」に入りました。

償却資産の範囲は、どこまでを考えればよいのでしょうか。

講師 まず、基本について確認しましょう。

償却資産の課税客体とするものは、法人税、所得税にあるように、耐用年数が１年以上、又は取得価額が10万円以上の資産です（ここでいう、１年以上ということは、耐用年数が２年以上で処理されている固定資産のことです。）。

生徒 それはわかりました。

Qの事例のように、８万円の工具でも、耐用年数が２年で減価償却資産と取り扱われていれば、償却資産の申告が必要となるわけでしたね。

講師 そうです。

だから、逆に、耐用年数１年未満又は取得価額10万円未満の償却資産で、当該資産の取得に要した経費の全部が法人税法又は所得税法の規定による所得の計算上一時に損金又は必要な経費に算入された資産、つまり、固定資産台帳に載せないような資産――このような資産は、原則として課税客体とはされません。

生徒 一般的に、費用処理されているといわれる資産ということですね。

講師 今の事例は、10万円未満の工具でしたが、耐用年数が2年とされています。だから、減価償却費は、一時に損金又は必要な経費に算入されてはいない。ゆえに、償却資産の申告は必要である、ということでした。

所得税ではこのような事例はないのですが、法人税の場合には起こる事例です。

生徒 では、同じような資産で、固定資産になるものと、費用処理される耐用年数が1年未満である減価償却資産となるものの違いは、どのように考えればよいのでしょうか。

講師 耐用年数が1年未満のものとは、次のようなものです。

1　その業界において、一般的に消耗性のものと認識されているもの

2　その法人若しくは個人の過去3年間の平均的使用状況、補充状況等からみて、その使用可能期間が1年未満のもの

そのような資産を耐用年数が1年未満である減価償却資産といいます。

生徒 ここで注意すべきことは、何でしょうか。

講師 そうですね。

種類等を同じくする減価償却資産のうちに、材質、型式、性能等が著しく異なっているため、その使用状況、補充状況等も著しく異なるものがあった場合です。このようなときは、当該材質、型式、性能等の異なるものごとに判定することができるとされています。

生徒 なるほど。では、次に取得価額についてですが、それは単純に買った価格ということで考えて、よいのでしょうか。

講師 取得価額が10万円未満又は20万円未満であるかどうかは、通常一単位として取引される、その単位で考えます。例えば機械及び装置については、一台又は一基ごとに、工具、器具及び備品については一個、一組又は一そろいごとに判定します。

また、構築物のうち例えば枕木、電柱等単体では機能を発揮できな

いものについては一の工事等ごとに判定するとされています。

生徒 ちょっと、待ってください。もう少し、具体的に説明してください。

講師 例えば、Qにあるような、レストランのデザインカーテンなどで考えた場合、それは、一部ではなく、全体で統一されたデザインのカーテンが多いですよね。１枚のカーテンが、３万円でも、10枚揃って初めて全体を統一させる資産になってくる。他にも、テーブルと椅子が一体になってデザインして、調和されているような資産もあるでしょう。この場合、テーブルが、８万円、椅子が５万円でも、それらが一体になっている資産として取り扱います。これらの資産は、一組、一そろいというように考えます。

このような資産については注意しなければならないということです。

生徒 なるほど、大きなホテルやレストランは、このような事例は確かに多いですね。

つまり、カーテンひとつとっても、固定資産になる場合と、１年以内に費用化される場合があるということなのですね。

講師 「１本単価５万円の電柱」も、同じように考えてみてください。一体にならないと、機能しないものです。

生徒 つまり、このQの解答は、

「レストランの10か所あるインテリア窓のデザインカーテン（１枚２万円)」

「工具（８万円、耐用年数２年)」

「１本単価５万円の電柱」

３つともが、申告対象であったということですね。

＊　＊　＊　＊　＊　＊

〈Answer〉

三つ、すべて申告が必要。

2-2　少額資産、即時償却資産、3年間一括償却資産

Q

次のうちで、償却資産の申告が必要なのはどれか。

1　10万円未満の損金処理した機械

2　20万円未満の3年間一括償却資産の機械

3　30万円未満の中小企業等の即時償却資産の機械

講師 もう、このQはわかりますよね。これは、いままでの復習を兼ねたQでもあります。ここでは、さらに国税の考え方との相違する部分についてと、資産の表示場所も含めて確認していきましょう。

生徒 1の「10万円未満の損金処理した機械」は、前に出題されたQの逆ですね。前回のQにあった工具は取得価額が8万円で、耐用年数2年。この場合は、償却資産の固定資産税申告の対象ということでしたが、この資産の減価償却を、一時に損金又は必要な経費に算入された場合は、償却資産の固定資産税申告の対象では、もちろんないということですね。

講師 そうですね。これは、わかりましたよね。これは、固定資産台帳にも、もちろん、記載がありません。

生徒 次の2の「20万円未満の3年間一括償却資産の機械」は、償却資産の申告対象ではないのですね。3年間一括償却資産は経理台帳をしっかりと分けておかないと、うっかり間違えて、償却資産の固定資産税申告の対象としてしまいそうです。

講師 取得価額が20万円未満の償却資産は、3年間一括償却資産ではなく、個別償却をしているものは、課税客体となりますので、経理担当者は、3年間一括償却資産か、個別償却資産か、決算書や固定資産台帳には明確にして、わかるようにしておくべきですね。

法人税では、3年間一括償却資産は、法人税申告書別表16の(8)に記載されます。この3年間一括償却資産は、企業によって、固定資産

台帳については、ほかの減価償却資産と同じに記載されている場合と、固定資産台帳とは別の台帳で管理されている場合があります。

生徒 最後の３の「30万円未満の中小企業等の即時償却資産の機械」は、注意しなければならない、最も重要なポイントということでした。それは、まずこの資産は固定資産台帳に載らない資産である。しかし、償却資産の固定資産税では、申告対象資産である。だから、申告漏れになる資産の代表である、ということでした。

講師 この「中小企業等の即時償却資産」については、税務調査員だったら、実地調査では、必ず、チェックしなければなりません。また、企業の経理担当者なら、償却資産の申告を漏らさないようにしなければなりません。

とにかく、固定資産台帳には記載がないので、税務調査員は、法人税申告書の表紙である別表１で、資本金の額を確認したら、条件反射のように、すぐに、この漏れがないかを、別表16の(7)や、総勘定元帳で確認をする。この別表16の(7)は、「中小企業等の即時償却資産」の適用年度の法人税別表にだけ示されているので、過去の法人税申告書も見せてもらう必要があること。そして、この資産については、耐用年数が振られてはいないので、資産の内容から、耐用年数を確認することも必要になります。

生徒 すみません。今の話で、「資本金の額」というところが、わかりませんでした。

講師 資本金の額を調べるというのは、法人税法での中小企業と大企業を分ける区別になっているということです。資本金の額が１億円超であれば、大企業になるということです。大企業であれば、この「中小企業等の即時償却資産」はあり得ない、という話になります。

生徒 すみません。１億円超の超とは……。資本金が、１億円ちょうどの企業は、どちらに入るのでしょうか。

講師 資本金が、１億円ちょうどの企業は中小企業です。企業は、会社を経営するのに、中小企業にするのか、大企業にするのか。後々の経営方針も含めて、考えて設立しているものなのです。

生徒 なるほど、法律の適用が異なるなら、総合的に考えて、経営者は中小企業に留まるということもあり得ますね。

講師 つまり、このように、少額の資産については、企業等の経理処理（リース資産を含む）の選択をどうするかによって、償却資産の申告対象になる場合とならない場合が、分かれてしまうのです。例えば、同一の取得価額の機械であっても、その機械が、企業の経理処理の判断によって、償却資産の申告対象の有無が、分かれてくるということです。

生徒 少額の有形固定資産は「中小企業等の即時償却資産」「３年間一括償却資産」「減価償却資産」など、さまざまに分かれること。そして、固定資産台帳、備忘記録などに、それを明確に区分しておかないと、償却資産の申告も含めて、混乱してしまうということですね。

これは、また、今後の経営や節税を考えるうえでも、重要なポイントになりそうです。

＊　＊　＊　＊　＊　＊

〈Answer〉

「3　30万円未満の中小企業等の即時償却資産の機械」

＊　＊　＊　＊　＊　＊

〈参考〉

平成20年４月１日以降に締結されたリース契約のうち、法人税法第64条の２第１項、所得税法第67条の２第１項に規定するリース資産で、当該リース資産の所有者が、当該リース資産を取得した際における取得価額が20万円未満のものは、償却資産の課税客体としない。

2-3　建設仮勘定

Q

次のうちで、償却資産申告の考え方で正しいのはどれか。

1　建設仮勘定で経理処理されたものは、申告対象外になる。

2　建設仮勘定は、償却資産の申告が必要である。

3　建設仮勘定でも、部分開業した償却資産の申告が必要である。

生徒 すみませんが、建設仮勘定の意義の説明からしていただけますか。

講師 財務諸表等の「用語、様式及び作成方法に関する規則第22条」では、建設仮勘定とは、有形固定資産で営業の用に供するものを建設した場合における支出及び当該建設の目的のために充当した材料をいうとされています。

生徒 建設仮勘定は、本来は、材料なのですか。

講師 建設仮勘定とは、有形固定資産を取得し、その用に供するまで、相当の期間を要する場合、本勘定に計上するまで、その取得に要した費用を一時的に処理する勘定のことです。ここのところが、難しいのです。

生徒 いったいその、どのあたりが、難しいのですか。

講師 まず、建設仮勘定の特性としては、次の点を掲げることができます。

1　建設仮勘定は、有形・無形固定資産科目に振り替えるまでの一時的経過勘定である。したがって事業の用に供されたときは、速やかに精算し、消滅すべきものである。

2　建設仮勘定は、非減価償却資産である。したがって、減価償却を行わないのが原則である。ただし、建設仮勘定と表示されている場合であっても、その完成した部分が事業の用に供されているときは、その部分は減価償却資産に該当するものである。

3　建設仮勘定は仮勘定といっても、一般の仮勘定と異なり、非常に大きな金額が発生する。設備投資といえば、数十億から数百億円の投資が行われる場合もあり、貸借対照表項目中においては、非常に大きなウエイトを占めている。

生徒 なるほど、規模も大きい場合は、設問にあるように、完成した部分が事業の用に供されていることもあり得ますね。

講師 取扱通知（市）では、課税客体として「建設仮勘定において経理されているものであっても、その一部が賦課期日までに完成し、事業の用に供されているもの」とされています。この他にも、整理されていない資産、経理上の問題、試運転をしても経営的問題などで、建設仮勘定に振り分けてしまう慣行の企業も存在しています。

生徒 なるほど。事業の用に供していれば、自治体の有形無形の受益関係からなる地方税法では、もっともなところですね。

また、わざわざ、取扱通知（市）で明示しているのは、特に、そこが誤りやすいからということですね。

講師 企業の実務上の経理処理は、建設仮勘定を都合よく解釈して処理されていることが多いのです。使用できるような固定資産でも、とりあえずは営業前なので、それも含めてしまっている、というような場合です。実務と理論が、分かれやすい勘定科目のひとつです。だから、税務調査員は、実地調査時、固定資産台帳に建設仮勘定が載っていれば、必ず、その中身をチェックしてください。大企業の、大規模な工事ほど、部分営業などをしていることが多く、指摘されているところです。

生徒 わかりました。確かに、企業の経理担当者は、そこまで気を付ける人は少ないと思います。

講師 以前、実地調査では、タイムラグについて注意することが必要であると言いました。決算書を確認して、建設仮勘定があれば、賦課期日の使用状態を含めて、確認しなければならないということなのです。つまり、提示していただいた決算書等の確認時点が、賦課期日より前の資料であれば、賦課期日は、建物、構築物などが、完成しているということは十分にあり得るのです。

生徒 なるほど、地方税の賦課期日の考え方ですね。これも、収入や所得を、年間の期間で考える企業会計や税務会計とは異なっているところでした。

講師 タイムラグは、償却資産の仕事をする者にとって、重要なポイントのひとつです。どうしても、日本は３月決算の企業が多いことと、現実的には、３月の確定申告の時期に合わせて、企業が経理処理をしていることなどがその主な原因です。そのような状況から、償却資産の賦課期日である１月１日では、整理されていない状態で申告書が提出されていることがあります。

税務職員は、提出された申告書の中身を、よく確認する必要があります。翌年の申告書に、前年の申告漏れ資産が加えられていることがあります。それらを、課税漏れとしないで、きちんと整理することが、経理担当者の事務処理でも、重要になってきます。

＊　＊　＊　＊　＊　＊

〈Answer〉

「3　建設仮勘定でも、部分開業した償却資産の申告が必要である。」

2-4　償却済資産・簿外資産

Q

次のうちで、償却資産の申告が必要になるのはどれか。

1　残存簿価が１円の償却済資産

2　廃棄した機械の鉄くずの価格

3　「簿外資産」として経理した機械

生徒 このQも復習ですね。そして、国税の考えとは、微妙に相違しているところですね。簿外資産とは何かを、まず再度、確認させてください。

講師 簿外資産とは、正規の簿記の原則に準拠して適正な会計処理をした場合に生ずる帳簿に記載されない資産のことをいいます。

生徒 正規の簿記の原則とは、会計で勉強する企業会計原則のひとつですね。経理学校で、勉強しました。

講師 そうです。そして、その企業会計原則注解では、重要性の乏しいものについては本来の厳密な会計処理によらない、簡便な方法によることもできるとされています。

消耗品、消耗工具備品等を取得時に費用処理した場合や、少額の前払費用や未収収益の計上を省略した場合等に生ずるものを簿外資産の例としています。

生徒 なるほど、その場合でも、本来、固定資産勘定に入るような機械などがあれば、それは、たとえ経理処理で企業が簿外資産としていても、申告対象になるということでしたね。

講師 そうです。だから、地方税法の取扱通知（市町村税関係）第３章６で、わざわざ「企業において保管している総勘定元帳、固定資産台帳等の帳簿には記録されていないいわゆる「簿外資産」であっても事業の用に供し得るものについては、償却資産の中に、含まれるものであること」と明示されているのです。これは、企業の経理処理方法による不公平を除くためです。当然ですが、これは固定資産台帳には記載がありません。

国税と地方税は協力関係にありますが、地方税の調査員が、国税の法人税別表で確認しても、「簿外資産」はわかりづらい箇所です。

生徒 わかりました。次に、これも先の講義で説明を受けましたが、償却済資産について確認させてください。法人税法などで、「残存簿価が１円」に達したために、減価償却を行っていない資産についてですが、まずは、なぜ、このような固定資産についても申告対象としているのでしょうか。

講師 法人税法などで、残存簿価が１円に達しても、償却資産評価額は残存価格が５％のままである、ということは説明しました。その理由は、固定資産税（償却資産）の本来の目的、成り立ちの相違です。つまり、古い資産のほうが、地方税の目的である自治体からの受益関係があるということなのです。

例えば、古い看板や構築物のほうが、災害が発生しやすく、災害が発生したときには、消防車など、自治体からの受益関係を得ることになります。そのような状況を踏まえて、法人税法が改正されたときも、償却資産評価額は５％のままに残ったということです。

生徒 確かに、古い看板が台風で吹き飛ばされたり、年代ものの構築物は地震で崩壊して道をふさいだりする可能性は十分にありますね。だから、償却資産評価額を５％で残したということですか。

講師 この残存簿価が１円の資産ですが、申告漏れも多い事例です。また、残存価格の計算誤りとしたまま、償却資産申告がされている場合もあります。つまり、税務会計上、１円で処理された計算式のまま、計算され申告されてしまうということです。

たとえ、税務会計上では、残存簿価が１円に達して減価償却を行っていない資産であっても、現に事業の用に供することのできる状態におかれている限り、償却資産の場合は、課税客体となるのです。

税務会計における耐用年数は、物理的減価のみならず、経済的陳腐化をも考慮して定められているものです。その結果、各企業においては償却済みとなった資産でも、現に事業の用に供している例が非常に多いのです。ここは、注意しなければならないところです。

企業の経理処理で、固定資産の廃棄、除却処理、もしくは有姿除却処理をしていないということであれば、事業の用に供することができる資産と思われます。

生徒 なるほど、遊休資産も償却資産申告しなければならないことを踏まえながら、有形固定資産が、今後も使用する予定がないなら、速やかに固定資産の廃棄、除却処理、有姿除却処理をすることですね。

残存した固定資産について速やかに経理処理の判断をしないと、償却資産の税務調査員から申告漏れを指摘されることがあるということですね。

講師 そうです。資産数が多い企業ほど、有形固定資産の現況確認に手がまわっていないということがあります。

最後に、当たり前だと思いますが、機械が分解されて使用できなくなり、鉄くずになっていれば、それはもう固定資産ということではありませんので、財産税に該当するほどの価値はありません。

そして、自治体からの有形無形の受益関係は存在していません。Qでは、これだけが償却資産の申告対象外になります。

＊　＊　＊　＊　＊　＊

〈**Answer**〉

「1　残存簿価が1円の償却済資産」と**「3「簿外資産」として経理した機械」**

2-5　贈与された資産、減価償却を行っていない資産（任意償却）

Q

次のうちで、償却資産の申告が必要になるのはどれか。

1　見積りをとった構築物

2　赤字で減価償却を行っていない機械

3　販売業者等から贈与を受けた広告宣伝のための看板

生徒 このQは難しい。答えは、ひとつに限りませんね。

見積り段階の構築物はいまだ物が存在していないから、財産でもないし、自治体との受益関係もないから申告対象外というのはすぐにわかったのですが……。

償却資産は、減価償却を行っていない資産についても申告対象になるのでしたね。これは、事業所の任意償却の経理処理が関係しますね。

講師 このQは所得税の経理処理しか経験していない人、所得税の感覚（強制償却）しかもっていない人はわかりにくいと思います。

事業所は、会計上は、減価償却費をいくら計上しようと自由ですが、税務上は資産ごとに決められた耐用年数や償却方法で計算しなければならないのです。事業所によっては赤字決算、配当政策その他の事情のために、償却限度額に満たない減価償却費の計上をゼロとし、全く減価償却を行わない場合があります。

生徒 任意償却制度ですね。ここを知らないというのは、経理の実務に携わって日が浅いことは言い訳になりませんね。

講師 任意償却は、あくまで企業の単なる決算処理上の取扱いにすぎませんので、そのために償却資産の課税客体から除外されることはありません。

生徒 つまり、税務調査員としては、法人税申告書の減価償却の内訳、法人税別表16の(1)を見ただけではわかりにくい、ということですね。

講師 この任意償却は、実は税務調査員が実地調査で申告漏れを発見するために注意しなければならない重要ポイントのひとつなのです。任意償却の関連で、法人税別表16のほかに、法人税別表4、5があります。ここに「減価償却の償却超過額」の欄があります。

法人税法上は、決算で損金経理した金額のうち、法人税法による償却限度額に達する金額までしか損金として処理できませんが、この限度額を超えて減価償却をしても費用とは認められないものがここに記されます。

ここが、償却資産実地調査のポイントなのです。

例えば、国税調査の指摘で、修繕費を資本的支出とした場合などです。事業所は、法人税別表4、5の処理だけで終了してしまうのです。

生徒 なるほど、私もたぶん、法人税別表4、5の処理で終了して、固定資産として把握されても、固定資産台帳に記載しません。そうなると、確かに償却資産の申告漏れが起きますね。

講師 償却資産の税務調査員なら、必須の申告漏れの確認ポイントです。

生徒 最後に、販売業者等から贈与を受けた広告宣伝のための看板についてですが、これもまた申告漏れが起きそうなものですね。

講師 そうですね。贈与を受けた資産、例えば、製造業者等が販売業者等に対して、自己の製品等の広告宣伝のため、看板、ネオンサイン、どん帳、陳列棚を贈与したとします。

この場合、製造業者等はその費用を繰延資産として経理します。そして、販売業者等については、当該資産が減価償却資産に該当するものであれば、本来は、償却資産の課税客体とするのです。

生徒 確かに、この場合、経理担当者は備忘記録として残して、終了ということはあり得ますね。

講師 このような資産の漏れがないかを確認するために、決算書などの書面調査だけでなく、現地確認をすることが必要になります。倉庫に使用している大きなシートテントが存在していた。ところが、固定資産台帳には載ってなく、現地の現況確認で発見されるという例はあります。だから、航空写真や、現地の現況確認は、書面調査に入る前に、事前に税務調査員は行うのです。そして、減価償却に関わる法人税別表4、5、16などの分析……等々。

生徒 なるほど、償却資産の税務調査員の調査ポイントもだんだんわかってきました。

＊　＊　＊　＊　＊　＊

〈**Answer**〉

「2　赤字で減価償却を行っていない機械」と

「3　販売業者等から贈与を受けた広告宣伝のための看板」

2-6　清算法人の資産、建設業等で使用する仮設資材、常備する専用部品

Q

次の資産のうち、償却資産の申告が必ず必要になるのはどれか。

1　清算法人の所有する資産

2　建設業の使用している鉄製パイプ等の仮設資材

3　航空機の予備エンジン

生徒 難しいQですね。ここのQで鍵になるポイントは、「必ず」とい

う言葉ですね。

講師 そうです。このQでは「必ず」と述べています。つまり、なんらかの条件がある場合があるということです。

生徒 1の「清算法人の所有する資産」は、どう考えればよいのでしょうか。

講師 清算中の法人が所有する資産のうち、償却資産の申告が必要で、課税客体となるのは、

①　清算事務に供しているもの。

②　事業用資産として他に貸し付けているもの。

の二つです。

だから、この場合は、この条件以外の清算法人が単に所有しているものは申告から除かなければならないということです。

生徒 清算中の法人とは、どのような法人をいうのですか。

講師 ここでいう清算中の法人とは、解散によって、本来の事業活動を停止して、財産関係を整理するための残務事務を遂行中の法人のことです。そして、清算手続が終了したときをもって消滅する法人のことです。

生徒 つまり、そのような清算中の法人は、所有する資産のうち、

①　清算事務に供しているもの。

②　事業用資産として他に貸し付けているもの。

これらについては、清算中でも償却資産の申告をしなければならないということですね。

では、「航空機の予備エンジン」にも、似たような条件はあるのでしょうか。

講師 「航空機の予備エンジン」のような専用部品は、減価償却資産を事業の用に供するために必要不可欠なものとして常備されていて、繰り返して使用される専用の部品は、当該減価償却資産と一体のものとして減価償却をすることができると、法人税法では定められています。

生徒 この際、通常、他に転用できないものに限っているわけですね。

講師 そのとおりです。そして、これは、一般的に「できる」規定とい

われているものです。任意規定で、本人の裁量によります。法人は、そうすることもできるし、そうしないこともできる、というわけです。つまり、少額資産と同じように、企業の経理処理に影響される例のひとつです。

生徒 このQのAは、「建設業の使用している鉄製パイプ等の仮設資材」ということですね。これについて、説明してください。

講師 建設業、造船業等において使用される鉄製パイプ、シートパイル（鋼鉄板）等の仮設資材は一部等が破損することがあっても、反復使用することができるものです。

つまり、消耗資材ではないということです。この場合は、償却資産の課税客体となります。

生徒 なるほど、移動して、ほかの場所で使用される資産と考えるわけですね。

講師 公的な回答である行政実例の中で、自治体の質問に、昭和29年当時の自治庁市町村税課長回答では、「シートパイル（鋼鉄板）の課税に当っては、当該資産の所有者が建設依頼者の製鉄株式会社であるか、工事請負人であるかどうかを請負契約の内容から判断して、その実際の所有者に課税すべきである」とも、回答しています。

生徒 なるほど、シートパイル（鋼鉄板）は、固定資産台帳の記載の有無に限らず、誰が所有しているかということですね。つまり、ここでも行政サービスを受けている受益者は誰かということで考えればよいわけですね。

＊　＊　＊　＊　＊　＊

〈Answer〉

「2　建設業の使用している鉄製パイプ等の仮設資材」

2-7　住宅展示場・仮設建物

Q

３年契約で建っている住宅展示場がある。この場合、償却資産の申告が必要な資産はどれか。

1　住宅展示場にあるモデル建物

2　住宅展示場内の外灯

3　住宅展示場の舗装路面

生徒 1の「住宅展示場にあるモデル建物」については、悩みますね。このようなモデル住宅が、不動産登記をすることはないでしょうし……。たぶん、経理処理の勘定科目では、建物にしない可能性があると思われますが……。

講師 まず、この住宅展示場にあるモデル建物が、どのような建物であるかということが、大事なのですが、「住宅展示場にあるモデル建物」が１年以上建っているような、居住建物のようなものであれば、地方税法の固定資産税では、一般的には、家屋で評価されていくでしょう。

経理処理が、固定資産台帳で建物として処理されていなくて、仮にやがて解体して売る資産として、商品や貯蔵品の勘定科目として処理されていても、それは、賦課期日の使用状況などを考慮しながら、固定資産税の家屋として評価されていく資産であると思います。

生徒 税務会計、企業会計とは一致しないもののひとつですね。

講師 同じような資産として、大規模工場や工事現場などに建つ、一時的な建物というのがあります。仮設のプレハブ小屋のようなもののことです。この場合、簡易な一時的な建物ということであっても、これが、数年にわたり、使用するような、もしくは使用できるような建物であって、不動産登記法によって、不動産登記できるような、基礎もある定着性のある建物なら、固定資産税では家屋として評価され、課税されていきます。それ以外の、基礎もなく、単にそこに置いただけの定着性のないような簡易なプレハブの小屋であれば、今度は、固定資産税（償却資産）の申告対象になるということです。

これは、もしかして、企業会計の勘定科目としての、建物、構築物に一致していないかもしれません。

生徒 なるほど……。地方税としての考えで、簡易なプレハブ小屋の類は、家屋か、償却資産か、どちらかの課税対象である。プレハブ小屋は、定着性などの、その建築の状態によって判別されるということですね。

講師 これは、ほんとうに難しいところでもあります。実地調査では、プレハブ小屋が建っている現地を確認して、基礎などの定着性を含めた使用状況を実際に見てみないとわからないことが多くあるのです。それは、特に大企業の経理処理で、同様に起きる現象で、経理担当者が、現物を見ないで経理処理をすることがあれば、家屋としても、償却資産としても、課税されていない。そのような課税漏れのプレハブ小屋というのが、発生してしまうことがあるのです。

家屋の考え方については、家屋との区分のところで、さらに詳しく説明します。

生徒 2の「住宅展示場内の外灯」と3の「住宅展示場の舗装路面」について、もう少し説明していただけますか。

講師 住宅展示場の構築物などですね。住宅展示場の共用部分の構築物、具体的には、舗装路面、看板、外周柵、外灯、緑化施設などがあります。これらについても、償却資産としての要件を備えているので、経理のいかんを問わず、課税客体となります。

生徒 このような舗装路面、看板、外周柵、外灯、緑化施設などは、住宅展示場を経営している主催者が所有している場合とモデルルームとして入っている建築会社が所有している場合がありますね。

講師 共有スペース、貸与スペースなどで、契約内容によって権利関係が分かれていると思います。どちらにしても、その資産の所有者が、償却資産についての申告をしなければならないということです。

生徒 住宅展示場、工事現場での仮設建物、工場内のプレハブ小屋というのは、地方税の税務調査員の実地調査ポイントであったということなのですね。

＊　＊　＊　＊　＊　＊

〈Answer〉

「2　住宅展示場内の外灯」と「3　住宅展示場の舗装路面」

2-8　貸与資産・用途廃止資産

Q

次のうちで、償却資産の申告が不必要なのはどれか。

1　閉鎖したボウリング場の有姿除却したボウリング設備

2　プロパンガス販売の際に用いるガスボンベ

3　製菓工場の使われなくなったチョコレートの型

生徒 有姿除却という言葉が出てきます。有姿除却とは、どのようなことをいうのでしょうか。

講師 まず、有姿除却については、次の二つの点を確認してください。

① その使用を廃止し、今後通常の方法により事業の用に供する可能性がないと認められる固定資産

② 特定の製品の生産のために専用されていた金型等で、当該製品の生産を中止したことにより将来使用される可能性のほとんどないことがその後の状況等からみて明らかなもの。

国税では、このような資産については、たとえ当該資産につき解体、破砕、廃棄等をしていない場合であっても、当該資産の帳簿価額からその処分見込価額を控除した金額を除却損として損金の額に算入することができるものとしているのです。

つまり、このような資産のことを、有姿除却の固定資産としています。

このような国税で有姿除却の処理をした固定資産については、地方税でも合わせて、償却資産の申告は、必要はないと考えられています。

生徒 すると、このＱの解答は、「1　閉鎖したボウリング場の有姿除

却したボウリング設備」がAで、償却資産申告の必要がない資産ということですね。

講師 しかし、使用していない資産ということだけでは、有姿除却の資産と、遊休資産との判別が、非常に難しいところがあります。国税の処理が有姿除却をしているのか。実地調査では、資産の現況の確認をして、国税上の処理との整合性をとることが重要になってきます。

生徒 なるほど、では「3　製菓工場の使われなくなったチョコレートの型」が、有姿除却の国税処理を行っていれば申告対象外である。しかし、このQのように、そのまま、固定資産台帳等に記載され、資産が存在している状態であれば、その使用の有無に関わらず、遊休資産などとして考えられ、償却資産の申告対象になるということですね。

講師 そういうことです。一時的に活動を停止しているいわゆる「遊休資産」は、単に市場の景気変動、転用見込、改造予定等（修理のため工場に入っている資産も含む。）のために、短期間稼働を中止していると考えられる資産なのです。

企業の経営上の判断で、資産の利用がないという状況として判断されてしまいます。

だから、それが事業の用に供する目的をもって所有され、本来事業の用に供することができる資産であれば、固定資産として本来の機能を喪失したものではないから、課税客体となってくるのです。だから、申告対象の資産になります。

生徒 次に、「2　プロパンガス販売の際に用いるガスボンベ」について、なぜ申告対象なのかを説明してください。

講師 一般的に、石油販売の際に用いるドラム缶、プロパンガス販売の際に用いるガスボンベ等は、いわゆる容器なのです。石油やガスなどの内容物の売買に伴い、その容器が貸与されているものです。だから、ドラム缶やガスボンベが、その後、返還されるものであるときは、ガス業者等の償却資産の課税客体となるというわけです。

生徒 なるほど、つまり、これらは、石油やガスの入れ物、容器として考えているというわけですね。容器は、備品のようなものにすぎない、ということですね。これは、石油販売、プロパンガス販売の業者にとって、注意が必要なことですね。

（講師）また、同じようなものに、服飾品の販売等にあたり使用されているマネキンがあります。製造業者から服飾品の販売業者に貸し出されているマネキンが、たとえ最終的には販売される物であっても、現に賃貸契約に基づいて貸し出されている物である限り、償却資産の課税客体となってくると考えられています。

生徒 貸与資産は、難しいですね。ほかに、貸与資産で、注意をすることがありますか。

（講師）貸与している償却資産については耐用年数の確認が必要です。

原則としては、償却資産の申告では、貸与を受けている者のその資産の用途等に応じ、構造又は用途・細目等ごとに定められている耐用年数省令別表の耐用年数を適用してください。

また、耐用年数省令別表に貸付業用の減価償却資産（植物等）として特掲されているものについては、貸付業用の耐用年数を使用してください。

生徒 わかりました……。

＊　＊　＊　＊　＊　＊

〈**Answer**〉

「1　閉鎖したボウリング場の有姿除却したボウリング設備」

2-9　代物弁済、家庭用との兼用備品

Q

次のうちで、償却資産の申告が必要なのは、どれか。

1　銀行が代物弁済により取得した印刷機械

2　ペンションで家庭用にも使用している大型テレビ

3　小売店が家事用にも使用している自転車

講師 用途廃止、有姿除却の処理、そして、先に説明した清算中の法人についての償却資産申告の有無について確認してきました。

では、これらの関連のQとして、銀行が代物弁済により取得した機械設備については、どのように地方税では考えるのか。それについて、まず確認しましょう。

生徒 この印刷機械は、もちろん、動いて、使用できるということですね。それならば、自家用でもないわけですし、償却資産の申告対象になってもよいと思うのですが。

講師 確かに、この印刷機械は動きます。用途廃止、有姿除却の処理にも、あたりません。機械の利用価値があるからこそ、代物弁済にもなるのです。しかし、銀行というのは、そもそも銀行法等に定められた業務以外を営めないわけです。印刷機械は現金売却の目的での所有をしているのであって、償却資産の重要なポイントである「事業の用に供することができる」資産には、当てはまらない資産ということになるわけです。

生徒 なるほど……。この印刷機械の場合は、物理的には動かして印刷することが可能であるかもしれないが、資産の考えが異なっている。だから、この場合は、償却資産の申告対象外になるということなのですね。

では、次の2の「ペンションで家庭用にも使用している大型テレビ」はどうでしょうか。このような、家庭用、家事用にも一部使用しているような資産は、どのように考えればよいのでしょうか。

講師 償却資産は、ペンションで家庭用にも使用している大型テレビ、その他にステレオ、ソファなどの資産が兼用で使用されている場合でも、申告の対象になる資産と考えています。そして、その使用の割合（事業用、家庭用）に関係なく「事業の用に供することができる」資産として考えられるのです。つまり、国税のような、自家消費の考えはないのです。

生徒 では、同じように、小売店が家事用にも使用している自転車も申告対象なのでしょうか。

講師 これが、実は注意が必要になってくるところなのです。自転車及び荷車というだけでは、申告対象外というわけではありません。

自転車及び荷車のうち事業用のものとして課税の対象になるのは、原則として企業が現に償却資産としてその減価償却額又は減価償却費を損金又は必要な経費に算入することとしているものに限っています。

つまり、固定資産勘定に計上されるような自転車等は、課税対象になるのです。そして、一般の農家、小売商店等において同一の自転車又は荷車を家事用にも使用しているような場合については、原則として、非事業用として取り扱うことと、取扱通知（市町村税関係第3章）では記されているのです。

生徒 企業で、広告看板のような使用をしている自転車と、農家、小売商店が家事用に使用している自転車は、地方税では、取扱いが異なっているということになるわけですね。

＊　＊　＊　＊　＊　＊

〈Answer〉

「2　ペンションで家庭用にも使用している大型テレビ」

2-10　棚卸資産・繰延資産

Q

次のうちで、償却資産の申告が不必要なのはどれか。

1　開業費とした新規開業のパチンコ台

2　消耗品（コピー用紙）で貯蔵中の資産

3　棚卸資産のマネキン貸出業者のマネキン人形（販売可能性有）

講師 開業費は、繰延資産のひとつです。

生徒 すみません。繰延資産の定義から、説明をお願いします。

講師 繰延資産は具体的に、企業会計上は、創立費、開業費、開発費、株式交付費及び社債等発行費があります。

税法固有の繰延資産としては、公共的施設又は共同的施設の設置又は改良のために支出する費用、資産を賃借し又は使用するために支出する権利金などがあります。

これらの繰延資産と考えられる資産は、法人又は個人が支出した費用ですが、支出の効果がその支出の日以後１年以上に及ぶものです。

その場合に、その支出した金額を単年度の費用負担とせず、数年度にわたって分割して償却するため、資産となっていくわけです。

一般的には、繰延資産として経理処理されたものは、償却資産の申告対象ではないと考えられています。

生徒 では、「1　開業費とした新規開業のパチンコ台」は繰延資産なので、申告対象外ですね。

講師 はたして、そうでしょうか……。開業費の内容は、事業を開始するまでの間に開業準備のために特別に支出する費用です。しかし、ここが問題なのです。ここにも経理担当者の判断で、有形固定資産が含まれていることがあります。繰延資産には、法人税法、所得税法でも、一般的な有形固定資産の取得に要した費用を含むことはできないとされているのですが……。

生徒 なるほど、ポイントは、開業費に有形固定資産の取得に要した費用が含まれていないかですね。

講師 そうです。このＱのようにパチンコ店を開業して、その台を開業費に含めてしまったような場合や、その他にも、開業費に内装工事等を入れてしまった場合（テナント内装については、地方税法343条９項及び、条例の自治体）が該当します。

また、繰延資産、旧商法の研究費では、研究開発の機械類が含まれている場合、これらは償却資産の申告対象になってきます。

生徒 なるほど、開業費などの繰延資産も、経理処理の中身については確認をする。そして、その中身に有形固定資産があれば、償却資産の申告対象が存在しているということなのですね。

講師 次に棚卸資産について説明します。

棚卸資産とは、将来、販売又は一般管理活動を行うために保有している資産のことです。具体的には、商品、製品、仕掛品、半製品、原材料、消耗品、貯蔵品などがあります。

生徒 これは、償却資産には、ならないと思いますが……。

講師 一般的にはなりません。そして、商品である機械、器具などがあっても、それが商品であれば問題ありません。償却資産の申告対象外です。

しかし、固定資産として使用するために取得した資産、使用できる資産を、棚卸資産、貯蔵品として保有しているもの、これらは、その状態によっては償却資産の課税客体となります。

生徒 もう少し、詳しく説明してください。

講師 例えば、購入した機械を試運転はしたが企業経営戦略上、使用するのを控えていて貯蔵品勘定にしているような場合、又は、使用していた機械を子会社に譲るために、一時的に貯蔵品勘定に入れておくような場合などです。

これは、固定資産が、事業の用に供することができるのに、経営的な事情で、固定資産台帳に仕訳されていないと考えられます。企業経理担当者によっては貯蔵品勘定を、さまざまに使ってしまうことがあります。

貯蔵品勘定の中身は、税務職員には、重要な調査、確認項目になります。

生徒 では、「３　棚卸資産のマネキン貸出業者のマネキン人形（販売可能性有）」について、もう少し詳しく教えてください。

講師 これは「行政実例」に示されている事例です。「税務署法人税調査の結果、当法人の貸出マネキンはいつ商品化され、売買されるとも限られず、かつ管理不可能のため、固定資産として認められず、棚卸資産として計上された。」この場合は、償却資産の対象であるのか、それともないのか、という質問があります。

これに対して、当時の自治庁の回答は「マネキン貸出業者がマネキン人形を貸出マネキンとして、現実に貸出しを行っている場合においては、当該貸出マネキンは固定資産税の課税客体である償却資産と解される。」とあります。つまり、申告対象になるということです。

生徒 なるほど。繰延資産と棚卸資産（貯蔵品）は、税務調査員にとっては、必ず、その内容の精査が必要であるところだったということなのですね。

＊　＊　＊　＊　＊　＊

〈Answer〉

「2　消耗品（コピー用紙）で貯蔵中の資産」

2-11　書画・骨董

Q

次の書画・骨董で、償却資産申告の説明として正しいのはどれか。

1　平成27年１月１日以後、取得した書画・骨董から申告対象になる。

2　美術品は年鑑登載基準（美術年鑑等）により判断される。

3　取得価額基準を１点100万円未満に引き上げた。

生徒 書画・骨董は漠然と、「時の経過によりその価値が減少しないもの」として理解しています。しかし、その線引きの基準は、とても難しいと思います。いったい、何をもって書画・骨董とするのか。さらに、国税においても通達改正があったと聞いています。

講師 書画・骨董には、大きくいって、二つあります。一つは、古美術品、古文書、出土品、遺物等のように歴史的価値又は希少価値を有しているもの。それが代替性のないものです。

生徒 これについては、わかります。博物館に展示されるようなものですね。

講師 もう一つは、かつては、美術関係の年鑑等に登載されている作者の制作に係る書画、彫刻、工芸品等、と表現されていたものです。これは原則として減価償却資産には該当しないとされていました。そして、これらの基準でも明らかでない美術品等については、その取得価額が１点20万円（絵画にあっては号２万円）未満であるものについては減価償却資産とすることができる取扱いを、かつて明示していました。

年鑑登載基準というのは、美術年鑑等に登載されている作者ならば、一応プロとして通用する者とみなして、その作品は減価償却資産に該当しないとしていたのです。

生徒 それが、どう変わったのでしょうか。

講師 通達改正では、著名な作家であっても美術年鑑等に登載されていない者が多くいること。また、その逆もあることなどから、年鑑登載基準を廃止しました。

この他にも、新鋭作家のデビュー作が１点60～80万円で取引される実態があることなどから、取得価額基準を１点100万円未満に引き上げています。同時に号２万円基準も廃止しています。

生徒 号とは、キャンバスの大きさのことで、だいたい、はがき１枚の大きさぐらいのサイズでしょうか。

講師 税では、絵画の価格を、絵画の大きさに応じて決まるものではないとしました。つまり、他の美術品と同様に、１点100万円未満かどうかで判断するようにしたのです。

生徒 そうなのですね。

講師 改正通達は、平成27年１月１日以後に開始する事業年度において有する（個人の場合、27年分以後の年分において有する）美術品等に適用されていきます。

生徒 この通達改正で、いままでの書画・骨董は、どうなるのでしょうか。

講師 Ｑは、過去の美術品。つまり、平成27年１月１日より前に取得し現在、減価償却資産としていない美術品等についての取扱いです。これらの美術品等も、改正後の通達に従って判定した結果、減価償却資産として取り扱うことができるものは、27年１月１日以後に開始する事業年度から減価償却資産として償却することが認められることになるのです。この場合に、償却資産の申告で注意することは、個人事業者及び12月決算法人のみが平成27年度から申告対象となり、その他の法人は、平成28年度から申告対象となるということです。

生徒 これは、固定資産税の賦課期日の関係からなのですね。

講師 固定資産税（償却資産）の場合、この例に限らず、国税の影響を受けることがあります。だから、国税の改正通達の日と固定資産税の賦課期日のタイムラグについては、常に意識して考えなければなりません。

＊　＊　＊　＊　＊　＊

〈Answer〉

「3　取得価額基準を1点100万円未満に引き上げた。」

2-12　劣化資産・貴金属素材の資産・ガスメーター

Q

次の工場用資産のうちで、償却資産の申告が必要なものはあるか。

1　冷媒（劣化資産）

2　ガラス繊維製造用の白金製溶解炉（貴金属の素材の価額が大部分を占める固定資産）

3　ガスメーター

生徒 冷媒（劣化資産）とあります。劣化資産とは、どのような資産をいうのでしょうか。

講師 劣化資産とは、まず、生産設備の本体の一部を構成するものではありません。しかし、生産設備と一体となって繰り返し使用される資産のことです。繰り返し使用されることによって、数量的に減耗し、又は質的に劣化していくような資産です。例えば溶剤のように、それが全体としてある種の原材料を溶解するという機能の資産又はそれ自体が消費されていくという性格を有するもの、そのような資産が劣化資産と呼ばれています。

生徒 具体的には、どのようなものがあるのでしょうか。

講師 冷媒のほかには、触媒、熱媒、吸着材及び脱着材、溶剤及び電解液、か性ソーダ製造における水銀、鋳物製造における砂、亜鉛鉄板製造における溶融鉛、アルミニューム電解用陽極カーボン及び氷晶石などがあります。発電用原子炉用の重水及び核燃料棒（法人のみ）も劣化資産です。

生徒 大企業の製造業者は、劣化資産というのが、存在しているのですね。

講師 劣化資産については、国税の税務計算上は、減価償却額が損金に算入されるべき減価償却資産としては取り扱わないものとされています。同じように、固定資産税においても償却資産として取り扱わないこととしています。

生徒 では、貴金属の素材の価額が大部分を占める固定資産というのは、どう理解すればよいですか。

講師 ガラス繊維製造用の白金製溶解炉のほかにも、光学ガラス製造用の白金製るつぼ、か性カリ製造用の銀製なべのようなものがあります。これらは、素材となる貴金属の価額が取得価額の大部分を占めています。そして、一定期間使用後は素材に還元のうえ、鋳直して再使用しています。このようなことを、常態としている資産については、減価償却資産には該当しません。したがって、国税でも償却資産の課税客体ともならないのですが、だからと言って白金製というだけで課税客体にならないというわけではなく、白金製ノズルなど、使用形態によって、減価償却資産として、国税上も資産計上をしている場合があります。この場合は、償却資産についても課税客体にはなります。

生徒 こちらも、大企業の製造業者の経理処理に表れてきますね。

講師 大企業の製造業者といえば、最後の問いです。工場などでは、独自にガスメーター、水道メーターなどのメーター類を経理上、固定資産勘定にあげていることがあります。

メーターの類は、一般的には使用料金を算出するために、ガス会社、水道会社が所有しているものです。企業が経理上勘定科目に計上しているメーター類は、機械などのガスや工業用水の使用量を確認するために、会社が独自に設置しているものです。

つまり、償却資産申告対象の特定の事業用に供している固定資産となります。この資産の申告漏れも多いため、税務調査員はチェックするポイントの一つなのです。

生徒 なるほど、「冷媒（劣化資産）」「ガラス繊維製造用の白金製溶解炉（貴金属の素材の価額が大部分を占める固定資産）」「ガスメーター（工場用）」など、生産設備に関連してくる固定資産については、そのように考えるのですね。

＊　＊　＊　＊　＊　＊

〈Answer〉

「3　ガスメーター」

2-13 生　物

Q

次の生物のうちで、償却資産の申告対象はどれでしょうか。

1　動物実験用の犬
2　競走馬のサラブレッド
3　動物園のジンベイザメ
4　農耕牛

生徒 珍しく、四択問題ですね。それに、なんだか内容も面白い問題ですね。そもそも、生物は、なんであれ、償却資産の申告対象外と思っていたのですが……。そのうえ、全て同じ動物なのに、償却資産の申告対象とそうでないものに分かれるということがユニークですね……。

講師 ここは、税の世界の判断基準としてだけ、考えていただければと思います。

税の世界では、例えば桜の樹木１本でも、それが、自宅の庭での観賞用の樹木か、サクランボを収穫するための農業生産用の樹木か、レストランの緑化施設の樹木か、工場の緑化施設の樹木か、など、仮にまったく同じ樹木でも、その使用形態によって、課税の有無、耐用年数などが分かれてしまうのです。

生徒 そうなのですか。考えてみれば、自宅の庭の樹木には、税金はかかっていません。税の世界は、あらゆることについて厳密に考えていくのですね。なんだか面白いですね。

講師 レストランの緑化施設は、店のインテリア的な要素もありますし、サクランボを収穫する桜は、果実を得るための樹木であるわけですから、本来の目的が異なっています。資産の耐用年数に応じて減価償却もされていくものですから、自宅で個人が観賞するためのものとは、まったく異なっていると考えられます。

生徒 なるほど、いわれてみれば、用途、目的など異なっていますね。

講師 さて、償却資産の申告ですが、取扱通知（市町村税関係）第３章５では、牛、馬、果樹その他の生物は償却資産の課税客体とはならないとしています。

ただし、観賞用、興行用、その他これらに準ずる用に供する生物は、償却資産の課税客体となると考えています。

生徒 このQで、具体的に考えていくと、観賞用、興行用、その他これらに準ずる用に供する生物が申告対象であるなら、動物園のジンベイザメは、償却資産の申告対象と考えられます。しかし、動物実験用の犬、競走馬のサラブレッドなどは、なんだか微妙な存在で分かりません。観賞用とも、興行用とも、その他これらに準ずる用に供する生物とも思えてしまうのですが……。具体的には、経理担当者はどのように区別して考えていけばよいのでしょうか。

講師 考え方のポイントです。経理担当者は、生物についても、耐用年数を振って固定資産台帳に資産を載せていくと思います。その時、耐用年数表を確認すると思いますので、そこを判断基準にされるとよいと思います。

生徒 なるほど、生物の申告を考えるときは、そこがポイントなのですね。

講師 具体的には、この耐用年数表で、省令別表第４「生物の耐用年数表」

を使用するもの。これらの牛、馬、果樹その他の生物は償却資産の課税客体とはなりません。つまり、「生産に使用する生物」に分けられる生物です。ところが、省令別表第１「機械及び装置以外の有形減価償却資産の耐用年数表」のうち「器具及び備品」10「生物」を使用するもの、これらは、観賞用、興行用、その他これらに準ずる用に供する生物と考えています。

固定資産税（償却資産）は、この資産に該当する生物については、申告対象にしているということなのです。

生徒 すると、「動物実験用の犬」は申告対象で、「競走馬のサラブレッド」は、申告対象外になってきますね……。そう考えると、固定資産台帳に載っている同じ生物という資産でも、償却資産の場合は、申告対象になるものと、申告対象にならないものが存在することになってしまいます。これは、国税の考え方と、ある意味で異なっているところなのですね。

＊　＊　＊　＊　＊　＊

〈**Answer**〉

「1　動物実験用の犬」と「3　動物園のジンベイザメ」

2-14　艀・漁網・遠洋漁船

Q

次のうちで、償却資産の申告が必要な資産はどれか。

1　長期間（１年以上）にわたって本邦外にある遠洋漁船

2　漁網

3　艀（はしけ）

生徒 まず、長期間にわたって本邦外にある資産（漁船等）についてですが、いかなる市町村とも、そこに応益性が存在するとはいえないと

思います。償却資産では、課税できないのではないかと思います。

講師 確かに、長期間にわたって本邦外にある資産は、いかなる市町村とも応益性が存在するとはいえないと考えられます。償却資産申告対象外として考えて大丈夫です。しかし、どこに資産があるか、資産の管理体制を含めて確認することが必要になります。

昨今、企業がグローバル化していくなかで、船舶に限らず、長期間にわたって本邦外にある資産というのが、固定資産台帳に記されていることも多くなっています。

最近は、特殊な機械などが、国内に留まらず、国境を越えて移動して使用されている時代です。

生徒 グローバル企業で、資産が数百、数千とある大企業の経理担当者は、資産が、国内か、国外かを、所在場所やその期間とともにはっきりさせておくということですね。確かに資産数が多いと、不明になりそうです。

ところで、長期間とはどのくらいなのでしょうか。

講師 国の見解は、「長期間にわたって引き続き本邦外に所在する船舶に対しては、固定資産税を課税することはできないものと解する。」としています。

そして、行政実例では、「この場合、具体的には当該年度の初日の属する年の前年の１月２日から当該年度の初日の属する年の１月１日までの間、引き続き本邦外に所在する船舶については、固定資産税を課することができないものとして取り扱うことが適当である。」とあります。

船舶は、本邦内で長期間でない場合は、その船舶の港への停泊日数が考慮されて、主たる定置場のある自治体への配分資産などになるのです。

生徒 なるほど、「長期」の期間の考え方は、そのように考えればよいのですね。

講師 次の漁網についてです。これは、１年の使用によって大半を消耗してしまい、古網として材料化して、新網の一部に充当される程度のものは、償却資産の課税客体とはなりません。

ただし、漁期が極めて短い等のためわずかの修理によって、引き続き数年間使用可能のものは、課税客体となってきます。

生徒 わかりました。

講師 似たような資産で、償却資産申告対象外になる事例として、印刷業における活字、染色業における捺染用銅ロールなどがあります。これらは、その性質が、固定資産というよりはむしろ消耗品的なもの、あるいは棚卸資産的なものと考えられるので、償却資産の課税客体とはしないものという通達があります（昭和26地財委第1166号地方財政委員会事務局通達）。

生徒 艀（はしけ）は、船舶のように、自分で動くことはないですね。

講師 資産には、自分で動くことができるものと、牽引などにより、移動して使用するものがあります。漁船は、前者であり、艀は後者です。これらは移動性資産、可動性資産として取り扱われています。どちらに区分されても、償却資産対象になります。

生徒 移動性資産、可動性資産は主たる定置場所が、資産の申告場所であるということでした。すると、このQの艀（はしけ）は、主たる定置場所で申告することになるのですね。船舶も艀（はしけ）も、港湾設備など、自治体からの有形、無形の受益関係がどうなっているかを考えればよいわけですね。

講師 このQのポイントは、定置場所や、使用状況や日数などによって、複数がAになる場合があるということなのです。

＊　＊　＊　＊　＊　＊

〈Answer〉

申告が必要なのは、

「3　艀（はしけ）」、場合によっては**「2　漁網」**

〈参考〉

〈活字、捺染用銅ロール等〉

国税上、印刷業における活字、染色業における捺染用銅ロール、映画用フィルム、非鉄金属圧延用ロール、金型等は、通常の償却方法に代えて、その資産の取得価額に国税局長の認定を受けた特別の償却率を乗じて計算した金額を各事業年度の償却限度額とする方法が認められている（法令50、法規12、所令122、所規26、取扱通達４－１－１～９、４－２－１）。

印刷業における活字、染色業における捺染用銅ロール等は、その性質が、固定資産というよりはむしろ消耗品的なもの、あるいは棚卸資産的なものと考えられるので、償却資産の課税客体とはしないものである（昭和26地財委第1166号地方財政委員会事務局通達）。

なお、映画用フィルム、非鉄金属圧延用ロール、金型等については、償却資産の課税客体となる。

〈長期間にわたって本邦外にある資産〉

長期間にわたって本邦外にある資産（漁船等）については、いかなる市町村とも応益性が存在するとはいえないから、課税できない。

なお、長期間とは、具体的には、固定資産税の課税される年度の初日の属する年の前年の１月２日から当該年度の初日の属する年の１月１日までとする。

行政実例　〈長期に亘り本邦外に出漁中の船舶に対する固定資産税の課税について〉

（昭36自治庁固発第61号
自治省固定資産税課長回答）

近年、遠洋漁業における操業方法の変遷に伴い、賦課期日含み１年以上の長期に亘り本邦外にあって操業する漁船が漸増しつつある状況にありますが、これら漁船に対する固定資産税の課税の可否について、いささか疑義がありますので次について御回報下さい。

記

問　賦課期日を含み１年以上の長期に亘り本邦に入港実績のない船舶に対する固定資産税の課税権の有無及びその理由（この場合、船籍は本邦内にあるものとする。）。

答　長期間にわたって引き続き本邦外に所在する船舶に対しては、固定資産税を課税することはできないものと解する。

この場合、具体的には当該年度の初日の属する年の前年の１月２日から当該年度の初日の属する年の1月1日までの間引き続き本邦外に所在する船舶については、固定資産税を課することができないものとして取り扱うことが適当である。

2-15 無形減価償却資産・ソフトウェア

Q

次のうちで、償却資産の申告が必要なのはどれか。

1 ソフトウェア（表計算ソフト）

2 ソフトウェア（百科事典）

3 ソフトウェア（基本ソフト）

生徒 こうやって示されると、改めてソフトウェアといっても、いくつもの種類に分かれていることがわかります。ソフトウェアは、全て申告対象のものはないと思っていました。

講師 確かに、ソフトウェアは、無形減価償却資産のひとつです。無形減価償却資産は、償却資産の課税客体から除外されています。

償却資産の範囲から除外されている理由を、取扱通知（市）の第三章では、次のように示しています。

(1) 無形減価償却資産は、資産が具体的に存在するものでないため、市町村の行政サービスとの受益関係が明らかでない。

(2) 無形減価償却資産の価額を評価する場合の基準となるべきものが客観的に乏しい。

(3) 無形減価償却資産となる諸権利を実現するために、有形減価償却資産が存在すると考えられる。

以上のことを挙げています。

生徒 なるほど。固定資産税（償却資産）の持っている基本的な考え方の背景から考えると理解できます。ソフトウェア以外に、無形減価償却資産には、どのようなものがあるのでしょうか。

講師 税務計算で列挙されている無形減価償却資産には、鉱業権（租鉱権及び採石権、その他土石を採掘し又は採取する権利を含む。）、漁業権（入漁権を含む。）、ダム使用権、水利権、特許権、実用新案権、意匠権、商標権、水道施設利用権、工業用水道施設利用権などがあります。

生徒 ソフトウェアは、無形減価償却資産である（平成11年度までは繰延資産）、だから、償却資産の課税客体とはならない。となると、このQは、どう考えればよいのでしょうか。

講師 仮にソフトウェアという名称であっても、ＣＤ－ＲＯＭ化された百科事典のようなものは、百科事典の内容を情報として記憶させたものに過ぎません。これらは器具・備品であるものを単にＣＤ－ＲＯＭ化したに過ぎないものであるために、無形減価償却資産とは考えず、償却資産の課税客体となります。

生徒 確かに、百科事典が「書籍」か「ＣＤ－ＲＯＭ」のいずれの形をとったかという、いわば記憶媒体の違いということなのですね。百科事典を「ＣＤ－ＲＯＭ」の形で購入したものである、と考えればよいわけですね。

講師 また、最低限そのソフトウェアがなければ機械等が作動しないようなもの、例えば、機械を購入した際に固定的に組み込まれていて、最低限そのソフトウェアがなければ機械が作動しないような基本的なソフトウェアについては、機械そのものと考えられ償却資産の課税客体となっていきます。

生徒 ソフトウェアが、機械を動かす、部品のひとつと考えればよいのでしょうか。

講師 「研究開発費及びソフトウェアの会計処理に関する実務指針」では、有機的一体として機能する機器組込みソフトウェア（機械又は器具備品等に組み込まれているソフトウェア）は独立した科目として区分するのではなく、当該機械等の取得原価に算入し、「機械及び装置」等の科目を用いて処理することになっています。

別売りで購入して、後ほど、パソコンに組み込んだアプリケーションソフトウェア（ワードプロセッサ、表計算ソフト、医療用ソフトウェア等）とは、取扱いが異なっています。

これらは、無形減価償却資産であるため、償却資産の課税客体とはなりません。

生徒 そのあたりの経理処理がきちんとされているかを、税務調査員は、確認されていくわけですね。

講師 私が実地調査を行っていたとき、ソフトウェアと経理処理されていても、実は、機械本体を動かすために必要なソフトウェア（基本ソフト）であったという事例は、少なからずありました。

だから、ソフトウェアという名称だけで、申告対象外と判断するのは危険でもあります。

＊　＊　＊　＊　＊　＊

〈Answer〉

「2　ソフトウェア（百科事典）」と「3　ソフトウェア（基本ソフト）」

2-16　自動車

Q

次のうちで、償却資産の申告が必要であるものはどれか。

1　小型特殊自動車

2　大型特殊自動車

3　自動車運転教習所等における構内専用自動車

生徒 自動車を申告するときに、判断する基準で重要なことは何でしょうか。

講師 まず、自動車の定義の確認をすることです。ここも、基本の地方税法に立ち返るということです。地方税法341条４号の規定、固定資産税（償却資産）では、「ただし、自動車税の課税客体である自動車並びに軽自動車税の課税客体である原動機付自転車、軽自動車、小型特殊自動車及び二輪の小型自動車を除くものとする。」とあります。

生徒 償却資産の範囲である「自動車」の書き方は、この文言で、定義しているのですね。ここでは、自動車税、軽自動車税の課税客体を除くと書かれています。

講師 そうです。繰り返しますが、法律を読むときは、まず、定義を確認すること。例えば、自動車に関する法律も、自動車運送車両法、道路交通法、道路運送車両法、自動車重量税法……。地方税法の中だけでも、自動車税、軽自動車税など、さまざまあります。そして、そのいくつもある自動車に関する法律の中で、その法律の対象になる自動車を必ず定義しているのです。つまり、これら自動車に関する法律中で、それぞれ対象にしている自動車というのは、異なっているのです。

展示用や、商品としての自動車は対象にするのか。ナナハンのバイクは対象にするのか。サイドカーがついたバイクは、軽車両（リヤカー、自転車）の取扱いは……などなど。

それぞれの法律で、どのように定義されて、何をもってその法律の車両と考えているかを読むことが、ここでは重要になってくるのです。

生徒 償却資産では、「自動車税」の課税客体である自動車と、「軽自動車税」の課税客体が除かれています。

講師 そうです。では、もう少し詳しく説明します。

自動車税の課税客体である自動車とは、道路運送車両法の適用がある自動車を示しています。では、道路運送車両法の適用を受ける自動車とは何か。

「原動機により陸上を移動させることを目的として製作した用具で、軌条もしくは架線を用いないもの又はこれによりけん引して陸上を移動させることを目的として製作した用具であって、原動機付自転車以外のもの」（道路運送車両法2）のことです。そして、軽自動車税の課税客体であるものは、原動機付自転車、軽自動車、小型特殊自動車及び二輪の小型自動車。これらが償却資産申告の対象から除かれます。

つまり、道路運送車両法３条（自動車の大きさ及び構造並びに原動機の種類及び総排気量又は定格出力を基準として国土交通省令で定める。）に規定する自動車のうち、固定資産税の課税客体となるのは大型特殊自動車のみであるということです。

生徒 もう少し、償却資産対象に絞って、具体的に説明してください。

講師 大型特殊自動車とは、具体的には、工事現場で使用するフォークリフト、タイヤローラ、クレーン車、農業用では、農耕トラクター、農業用薬剤散布車などです。これら、大型特殊自動車は、分類番号、ナンバープレートで、判断できます。課税客体となる大型特殊自動車は、車両に取り付けられた自動車登録番号標（ナンバープレート）の分類番号（上段に記載される数字）が、大型特殊自動車のうち、建設機械に該当するもの（分類番号0ナンバー）、そして、大型特殊自動車のうち、建設機械以外のもの（分類番号9ナンバーと呼ばれ、ナンバープレートの最初に0や9がついています。）です。

生徒 しかし、どうしても疑問が残ります。どうして、道路運送車両法の適用を受ける自動車のうちの大型特殊自動車（道路運送車両法3）だけが、固定資産税（償却資産）の課税客体となるのでしょうか。納得がいきません。

普通乗用車と同じ車両であって、そして、同じようにナンバープレートを付けて同じ道路を利用している。それなのに、大型特殊自動車だけが、自動車税ではなく、償却資産の対象になる。何か、不自然な気がするのです。

講師 これは、「大型特殊自動車」が、どのような存在であるかということを考えなければ、わかりにくい内容です。「大型特殊自動車」は、本来、道路の運送の用に供するものというよりは、建設等のための機械としての効用を発揮することを主目的とするものであると考えられているからなのです。だから、固定資産税（償却資産）の課税客体となるのです。建設等のための機械が、現場から現場へ、もしくは移動しながら作業をするための機械が便宜的にナンバープレートをつけていると考えたほうがわかりやすいかもしれません。

生徒 つまり、自動車税は、直接的な目的税ではないとしても、道路整備を含めた行政サービスのための税金と考えられている。しかし、「大型特殊自動車」は、バスやトラックのように、移動が目的の乗り物ではない。むしろ、建設等のための事業用「機械」である。だから、「大型特殊自動車」は自動車税に馴染まない。

移動性もしくは可動性の大型機械であるから、固定資産税（償却資産）の課税客体であるというように、考えればよいのでしょうか。

講師 そうですね。さらに付け加えるならば、大型特殊自動車で、0ナンバーや9ナンバーのナンバープレートの車両への設置の有無は問わないのです。仮に大規模構内の使用に限られたナンバープレートが付いていない大型特殊自動車があった場合でも、固定資産税（償却資産）の課税客体になってきます。

固定資産税（償却資産）の課税客体になる対象を、道路運送車両法3条（大きさ、構造、原動機の種類、総排気量、又は定格出力を基準として国土交通省令で定める。）の区分で把握していますが、それは償却資産対象の把握であり、ナンバープレートの所有を意味しているわけではありません。

このQにある自動車運転教習所等における構内専用自動車は、類似の事例です。

生徒 自動車運転教習所等における構内専用自動車は、道路を走らないので、ナンバープレートはありません。自動車運転教習所の構内専用自動車は、一般的には普通自動車です。

講師 自動車税の課税客体の具体的認定にあたっては、取扱通知（県）第10章1の取扱いにより、道路運送車両法4条の規定による登録の有無によっても差し支えないものとされていますが、ナンバープレート登録のない自動車であっても、本来、自動車税の課税客体となるべきものであった場合は、固定資産税（償却資産）の課税客体とはならないと考えるべきです。

生徒 小型特殊自動車とは何でしょう。

講師 小型特殊自動車とは、トラクター、コンバイン、フォークリフトのような一般的な運転席がなくても、乗用装置を備えている車両のことです。最高速度等の基準があり、軽自動車税の課税客体となっています。自動車税と同じで、軽自動車税の課税客体は、固定資産税（償却資産）の課税客体とはなりません。

ちなみに小型特殊自動車も、ナンバープレートがなく、構内作業用の車両なども、軽自動車税の対象になってきます。

生徒 償却資産の申告対象の自動車が分かってきました。以前、教えていただいた軽車両（自転車、リヤカー）も含めて、車両の申告には注意すべき点が多いのですね。

＊　＊　＊　＊　＊　＊

〈Answer〉

「2　大型特殊自動車」

〈参考〉

〈大型特殊自動車以外の自動車の用途による分類番号〉

No.1、2が固定資産税の課税客体となる。　（自動車登録規則別表第二）

No.	分類番号（ナンバープレート）	用　途　他
1	0、00～09、000～099	自動車抵当法第2条但書の大型特殊自動車（注）（一定以上の大型建設機械等）
2	9、90～99、900～999	大型特殊自動車（「1」以外のもの）
3	1、10～19、100～199	貨物の運送の用に供する普通自動車
4	2、20～29、200～299	人の運送の用に供する乗車定員11人以上の普通自動車
5	3、30～39、300～399	人の運送の用に供する乗車定員10人以下の普通自動車
6	4、40～49、6、60～69 400～499、600～699	貨物の運送の用に供する小型自動車
7	5、50～59、7、70～79 500～599、700～799	人の運送の用に供する小型自動車
8	8、80～89、800～899	散水車・広告宣伝用自動車・霊柩自動車・その他の特殊の用途に供する普通自動車・小型自動車

（注）自動車抵当法第2条但書の大型特殊自動車とは建設機械抵当法施行令別表に規定されている。

参考 **〈ナンバープレートと自動車の種類〉**

足立　００ に　１２－３４

品川　９９ め　２２－５７

行政実例 **〈自動車学校の固定資産の課税について〉**

（昭37自治庁固発第19号
自治省固定資産税課長回答）

問　県公認自動車学校が所有し、かつ教習の用に供する車輌（道路以外のみにおいて用い自動車税を課されていないもの）については、法第341条にいう償却資産として当然課税すべきものと思料されますが、いかがでしょうか。

また、舗装された路面等のうち、直接教習用の部分についても同様としてよいものでしょうか。

なお、これらの場合、もとより学校法人組織でないものであれば法第348条第２項第９号の規定は適用されないと解しますが、このことと併せてご教示願います。

答　設問の「車輌」については、自動車税又は軽自動車税の課税客体であるものを除き償却資産として課税することができる。この場合において、設問の「車輌」が自動車を指すものであるとすれば、自動車のうち償却資産として固定資産税の課税客体となるのは、道路運送車輌法第３条にいう特殊自動車のみであるから承知されたい。

なお、舗装された路面等の構築物は当然償却資産として固定資産税の課税客体となるものであり、その設問の学校法人組織でない自動車学校は地方税法第348条第２項第９号の法人には該当しない。

2-17　自動車に附設された機器

Q

次のうちで、償却資産の申告対象はどれか。

1　タクシー業者が所有する移動局の無線通信設備
2　カーナビゲーション（リース資産）
3　コンクリートミキサー車のミキサー部分

生徒 自動車に附設された機器の問題ですね。これは、迷いますね。

講師 そうですね。車は、時代とともに、どんどん進化し、かつ変化もしています。何を基準にすればよいのか。あらゆるものが、ボーダレスの時代です。勘定科目の仕訳名称だけでは、わからないモノというのが、いくつも生まれています。

ここでは、基本になる考え方をお話しします。

生徒 よろしくお願いします。

講師 昭和35年ですから、古い行政実例なのですが、「最近自動車両の技術の進歩又は業者が客へのサービスのため、カークーラー、ラジオ等が取り付けられ、或いは糞尿運搬車に真空ポンプ装置等が取付けられるようになった。」これらについて申告対象にすべきかという自治体からの質問に対して、「自動車に取り付けられているカークーラー、ラジオ等の機械装置は、性能、型式、構造等が自動車用として特別に設計されているものであり、自動車固有の装置と認められるので、たとえ取り外しが可能であるとしても、当該機械装置は自動車と一体をなしているものと考えるべきであり、固定資産税の課税客体からは除かれるものと解する。」と回答しています。

生徒 なるほど。そうなのですね。

講師 ここでは、カーヒーター、カークーラー、カーラジオ、カーナビゲーション、料金メーター及びタコメーター、それにコンクリートミキサー車のミキサー部分など、このような資産については申告対象ではないと考えているのです。

生徒 では、「タクシー業者が所有する移動局の無線通信設備」は、申告対象外でよいのでしょうか。

講師 ハイヤー、タクシー業者が所有する無線通信設備については、事務所又は営業所に設置している基地局の設備についてのみ、償却資産として取り扱うこととされています。無線通信設備のうち車両に取り付けられている移動局の設備、これについては償却資産としては取り扱わないことと考えられています。

生徒 「カーナビゲーション」が、リース資産であったときはどうなのでしょうか。

講師 このような考えのなかでも、当該機器等がリース会社からのリースによる場合は、その所有権がその機器等を取り付けて使用する自動車と同一ではなく、会計上もリース会社が資産として計上しており、機器を使用している自動車そのものと一体をなしている設備とは言えないので、償却資産として取り扱うとしているのです。

生徒 カーナビゲーションなどは、最近はさまざまなものがあります。

講師 そうですね。これらのカーナビゲーション機器は、単純に、機器等の名称だけで、償却資産の課税客体から除外してしまうことは望ましくないと思います。そして、償却資産の課税客体かどうかについて判断する際には、次のようなことに留意することとされています。

① 性能、型式、構造等が自動車用として特別に設計されているかどうか。

② 取り外しが可能であるとしても、当該機械装置は自動車と一体をなして使用されている状況にあるかどうか。

③ 経理上、車両（自動車）として経理されているかどうか。

です。

それらを、総合的に斟酌して判断するというのが、今の状況です。

生徒 なるほど、確かに、携帯電話やモバイルパソコンに、位置情報やカーナビ機能がある時代ですから、機器等の名称だけで判断するのは難しいと思いました。

＊　＊　＊　＊　＊　＊

〈Answer〉

「2　カーナビゲーション（リース資産）」

〈参考〉

行政実例 **〈自動車に附設されているカークーラー、ラジオ等に対する課税の取扱いについて〉**

〔昭和35　自庁固発第34号
自治庁固定資産管理官回答〕

問　標記について、管下佐世保市から別添（略）のとおり照会があり、本県の見解は左記のとおりでありますが、なお疑義があり、さしせまった問題でありますので、至急何分の御教示をお願いいたします。

記

一　自動車税の課税客体である自動車については、地方税法第341条第４号但書の規定により固定資産税（償却資産）から除かれているものであるから、最近自動車用の技術の進歩又は業者が客へのサービスのため、カークーラー、ラジオ等が取付けられ、或いは糞尿運搬車に真空ポンプ装置等が取付けられるようになったが、例えこれら機械装置及び備品等が自動車の機能と不離一体として考えられない資産であっても、客体の性質上自動車と運命を共にする資産と解し償却資産として課税することは適当でない。

二　しかしながら、当該資産を他目的のため取りはずし、その目的のため直ちに使用、収益が可能なものは固定資産税（償却資産）として課税できる。

答　自動車に取り付けられている設問のカークーラー、ラジオ等の機械装置は、性能、型式、構造等が自動車用として特別に設計されているものであり、自動車固有の装置と認められるので、たとえ取り外しが可能であるとしても、当該機械装置は自動車と一体をなしているものと考えるべきであり、固定資産税の課税客体からは除かれるものと解する。

2-18　土地との区別・舗装、庭園、土留め等

Q

次のうちで、償却資産の申告が必要でないのはどれか。

1　塩田

2　庭園

3　土留め、擁壁

講師　今回から、土地と家屋の区分のQに入っていきます。非常にわかりにくく、償却資産の申告誤りの多いところです。特に償却資産と家屋の区分が難しいのですが、その家屋との区分の前に、まず、土地との区分についてから考えていきましょう。

生徒　今回も、まず定義について教えてください。土地の定義は何でしょうか。

講師　地方税法341条１項２号では、「土地とは、田、畑、宅地、塩田、鉱泉地、池沼、山林、牧場、原野その他の土地をいう。」と定義されています。これだけでは、まだ、なんだか漠然としていますね。いったい「土地」がなんだか分からないと思います。ここでの「土地」というのは、不動産登記法にいう土地の意義と原則的には同じものを言っています。

生徒　土地の判断は、不動産登記法に準じた判断であるということですが、もう少し、具体例を挙げながら説明をお願いします。

講師　たぶん、混乱するのは、土地に付加された資産の部分についてのことだと思います。例えば、工場の構内、駐車場等の舗装部分、庭園、緑化施設などです。これらの固定資産は、土地と一体をなしているとみられる場合であっても、その資産が「事業の用」に供され、かつ、法人税及び所得税の所得の計算上減価償却の認められるものについては、償却資産として取り扱うということです。

生徒　こう考えればよいのでしょうか。企業の経理では土地は、耐用年数がありません。減価償却することもありません。この場合は、償却資産の申告対象外である。しかし、土地に付加された資産は、「事業の用」

に供されていて、法人税及び所得税の所得の計算上減価償却する資産と考えられるような資産は、同じように償却資産の申告対象資産であるということ……。

講師 そうです。似た事例としては、土地に定着する資産として注意しなければならない資産に、岸壁、橋、さん橋、ドック、軌道（枕木、砂利を含む。）、貯水池、坑道、トンネルなどがあります。

生徒 岸壁、橋、さん橋、ドック、軌道（枕木、砂利を含む。）、貯水池、坑道、トンネル、これらの資産は、頭からどれも償却資産の申告対象であるとは思っていませんでした。

固定資産で減価償却していても、申告対象外として、償却資産申告から除外して処理していたと思います。

坑道とは、鉱山、炭山などで運搬、通気などに使用している通路のことですね。

講師 そうです。最近は、閉鎖された鉱山の坑道や廃線となった鉄道トンネルを利用して農作物栽培に利用している事例などもあります。坑道やトンネルは、すでに償却資産の申告対象になっていますが、この事例のように別の使い方をされていても、事業の用に供していれば、償却資産の申告対象になります。

もっとも、償却資産が税として生まれてきた背景には、産業が発展するなかで、電信柱や鉱山の坑道、ガスタンクなど、土地や家屋の範疇では括りきれないものが生まれてきた。それを税の公平の考え方から、課税対象にしていったという歴史的な背景があります。

坑道は、償却資産が固定資産税の一部になっていくエポックメーキングの資産でもあったのです。

生徒 この他には注意すべきものとして、どのようなものがありますか。

講師 道路の舗装部分では駐車場のほかにも、飛行場の滑走路等の舗装部分などがあります。大規模な工場敷地や港湾設備などの舗装部分が、大幅な申告漏れを起こしているという事例があります。

生徒 地方税法341条１項４号の固定資産の定義である「土地及び家屋以外の事業の用に供することができる資産」に立ち返って考えれば良

いわけですね。

このQの解答は、「2　庭園」「3　土留め、擁壁」では、土地以外である構築物に仕訳されるような耐用年数がある資産については、償却資産になってくるということなのですね。

講師 では、土地との区分について、もう少し、詳しく説明していきましょう。（2−19へつづく）

＊　＊　＊　＊　＊　＊

〈Answer〉

「1　塩田」

2-19　土地との区別・芝生、池、ゴルフコース、緑化施設

Q

次のうちで、償却資産の申告対象とならない資産はどれか。

1　人工芝生

2　ゴルフコースの池

3　貯水池

生徒 先のQで、「土留め工事」のような資産も、償却資産対象であり得るとの解答でしたが、土地を整備する場合には、それらの工事は、どうしても生まれるようなものではないでしょうか。

講師 土地について施した擁壁、防壁、石垣積み等の費用について、もう少し説明します。土地を整備する場合に、埋立て、地盛り、地ならし、切土、防壁工事、石垣積み、その他土地の造成又は改良のために要した費用の額というのがあります。その場合の費用は、大きなものでなければ土地の取得価額に含めてしまいます。

しかし、土地についてした防壁、石垣積み等が、その規模、構造等

からみて土地と区分して構築物とすることが適当と認められるものが存在しています。それが国税の所得税、法人税では「構築物」としての「土留め工事」です。その場合については、国税では、その費用の額は土地の取得価額に算入しないで、構築物の取得価額とすることができることとされています。

この場合の上水道又は下水道の工事に要した費用の額についても、同様に考えられています。「構築物」としての「土留め工事」の判断は地方税も同じなのです。

生徒 なるほど、では、ここでの区分は、償却資産も国税と基本的には同じように考えている。土留め工事のようなものについては、「土地」として判断された資産か、減価償却資産である「構築物」として判断された資産か、どちらに分類されるようなものであるかを、固定資産税（償却資産）も考慮しなければならないというわけですね。

講師 そうです。償却資産の課税客体とするかどうかは国税の税務会計と同様の判断だと思ってよいでしょう。

生徒 もう少し、このQの事例で説明をお願いします。

講師 具体例で示します。野球場、陸上競技場、ゴルフコース、庭球場等の暗きょ、アンツーカー（競技場等に水はけをよくするため煉瓦を破砕した人工土を敷き詰めたもの）等の排水その他の土工設備は、一般的に「構築物」とされています。つまり、償却資産でも、申告対象で、課税客体となるものです。

ここで、混乱しやすいのが、特にゴルフコースでしょうね。ゴルフコースは、基本的には土地と判断されています。フェアーウェイ、グリーン、築山、池、その他これに類するもの、これらの資産は、一体となって当該ゴルフコースを構成するものとして考えられ、土地に該当しているのです。

生徒 ゴルフコースには土地になるものと、構築物になるものが存在しているのですね。

講師 ゴルフ場というのは、そもそもゴルフコースだけではありませんし、敷地も広いので、使用形態も含めて現況に即した正しい判断が求められることになるのです。池といっても、ゴルフコースの池もありますし、ゴルフ場内にある排水その他の土工施設としての遊水池、貯水池などもあります。

ゴルフコースにグリーンが出てきましたので、緑化施設について説明します。そもそも、ゴルフ場、運動競技場の芝生は緑化が目的ではありません。このように緑化以外の本来の機能を果たすために植栽されたものは、基本的に緑化施設には含まれてはいません。

「構築物」のひとつには、緑化施設がありますが、では、ここでいう緑化施設とは、いったい何か。緑化施設は、償却資産の課税客体となりますが、この緑化施設の範囲は、植栽された樹木、芝生等が一体となって緑化の用に供されている場合の当該植栽された樹木、芝生等のことをいっています。

庭園と称されるもののうち、花壇、植樹等植物を主体として構成されているものなどがこれに含まれます。

生徒 なるほど。

講師 緑化施設の範囲ですが、耐用年数の適用等に関する取扱通達（緑化施設）２－３－８の２では、緑化施設の範囲の中には、並木、生垣はもとより、緑化の用に供する散水用配管排水溝の土工施設も含まれています。それらを含めて緑化施設です。

そして、ここでの緑化施設は耐用年数でも区分があるのです。

「工場緑化施設」と、「工場緑化施設以外の緑化施設」です。この二つは耐用年数も異なっています。

ここでいう「工場用緑化施設」の考え方ですが、工場の場外に施された施設であっても、工場の緑化が目的であるものも含むとされています。

しかし、ここでさらに、誤りやすいもののひとつに、倉庫用建物があります。倉庫用建物というのは、工場用の建物にはなりませんので、「工場緑化施設」か「工場緑化施設以外の緑化施設」の判断をするときには注意してください。

経理処理において緑化施設については、適正な耐用年数を使用しているか。償却資産申告で、土地との区別を考えるとき、このことも含めて注意して、判断していくことになるということです。

＊　＊　＊　＊　＊　＊

〈**Answer**〉

「2　ゴルフコースの池」

2-20　家屋との区分　家屋の認定基準（その1）

Q

次のうちで、固定資産税の家屋と原則的に意義が同じものはどれか。

1　企業会計上の建物

2　税務会計上の建物

3　不動産登記法の建物

講師 今回から、家屋と償却資産の区分について見ていきましょう。ここが、申告で最も間違いやすいといってもよいところです。最重要部分のひとつです。

生徒 どうしてですか。

講師 まず、このQの解答からいきましょう。答えの原則的に意義が同じものは、「3　不動産登記法の建物」です。

生徒 えっ。そうなのですか。てっきり、Aは「2　税務会計上の建物」と同一だと思っていました。

講師 違います。固定資産税における家屋と償却資産の区分については、企業会計や税務会計の計算上の区分とその取扱いが必ずしも同じであるとは限らないということなのです。実は、ここが償却資産申告の間違いやすいポイントでもあるのです。企業会計や税務会計の建物の判断で、不動産登記法の建物と同一の判断を求められてはいません。

生徒 実際には、どういう問題が生まれているのでしょうか。

講師 例えば、コンサート会場の入場口にある切符売場があったとします。この場合、企業会計や税務会計では、固定資産を把握するために、取得したときに、取得価額を算出して、適正な耐用年数を選び建物として処理される。そんな事例があると思います。固定資産台帳には、その結果が記述されていきます。それで企業会計も税務会計もそれらの処理は問題なく終了してしまうことでしょう。

生徒 固定資産税の家屋は、どこが違うのでしょうか。

講師 Qの解答は、固定資産税の家屋は、不動産登記法における建物とその意義を同じくするものであると述べました。この場合、家屋認定の基準は、原則として不動産登記事務取扱手続準則77条によっています。そして、具体的には不動産登記規則111条で、建物についてどう判断しているかなのです。

同規則では、次のように定義しています。

「屋根及び周壁又はこれに類するもの」を有し、「土地に定着した建造物」であって、「その目的とする用途に供しうる状態にあるもの」ということです。これは一般的には建物の三つの要素ともいわれています。

これを略して分けると「外気分断性」、「土地への定着性」、「用途性」の三つになります。

生徒 まだ、なんだかわかりません。コンサート会場の入場口にある切符売場の事例で考えると、どうなるのでしょうか。

講師 コンサート会場の入場口にある切符売場はどのような構造で、どのようにして建っているかなどが重要なのです。屋根はあるか、仮に屋根はあっても周壁は存在するのか、また、屋根及び周壁があっても、土地への定着性があるものなのか。屋根や周壁は、どのような素材で、どのような造りをしているか。定着の度合いはどの程度なのか、切符売場が土地にボルトで仮止めしてある程度のようなものか。それとも、コンクリートの基礎がある、しっかりとしたものなのか。つまり、切符売場という勘定科目の名称であっても、その造り方や、様子や状態などを判断しながら、固定資産税では、家屋対象を把握するのです。

建てられた資産が、不動産登記法における建物とは認定できないようなもので、だから固定資産税の家屋とも認定できないとされた場合には、それは家屋以外の資産となり、償却資産申告対象資産になってくるということなのです。

それに比べ、企業会計、税務会計も、建物についての判断は、不動産登記法にしばられてはいません。

生徒 なるほど。そのような資産も、会計上は、そこまで考えずに、単純に建物として経理処理されて終了する可能性は十分にあります。建物・家屋をそこまで意識して、わざわざ構築物に振り分けていないと思います。そして、そのまま、償却資産の申告対象とはしていないです。

講師 他にも、犬小屋や工場の隅に作った企業向けの小さな神社のようなものがあったとします。この場合も、それが、たとえ「屋根及び周壁又はこれに類するもの」を有し、「土地に定着した建造物」であったとしても建物になることはありませんよね。人の利用する建物としての「用途性」があるとは考えられません。

生徒 確かに犬小屋を不動産登記することはないですね。つまり、不動産登記法における建物であるか。「外気分断性」、「土地への定着性」、「用途性」について常に考えながら、固定資産税の家屋を考えていくことが重要であるということなのですね。

「家屋」とは、いったい何かを理解していかなければ、家屋以外である償却資産を理解することはできないということですね。そして、固定資産税の「家屋」は、企業や税務の会計処理の「建物」とは、必ずしも一致しているものではないから、誤りが多く生まれるということなのですね。

講師 固定資産税の家屋の認定については、不動産登記法上の取扱いと基本的には同義語です。しかし、ここにも多少ですが、例外があることを付け加えておきます。

例えば、長期間の工事現場の事務所、住宅展示場などです。固定資産税は、一般的に資産自体がもつ価値、言い換えれば、「使用収益することの可能な価値」に着目しています。その資産価値に応じて課税されているのです。だから、長期間の工事現場の事務所、住宅展示場は、一般的には不動産登記法では建物となりませんが、1年以上建っているようなものであれば、固定資産税では家屋の取扱いになってきます。それに対して、建っているのが１年以内で、事業用であれば、償却資産申告対象になるということなのです。

どうしても決算時期には、経理担当者は株主総会や国税調査につい頭がいってしまいがちになり、固定資産税（償却資産）申告についてはおろそかになってしまうのが常です。この建物の区分は申告誤り、過剰な申告、申告漏れが、非常に多い重要なところです。

もう少し具体的な事例で考えていきましょうか……。（2－21へつづく）

＊　＊　＊　＊　＊　＊

〈Answer〉

「3　不動産登記法の建物」

2-21　家屋との区分　家屋の認定基準（その2）

Q

次のうちで、固定資産税の家屋もしくは償却資産の対象になるものはどれか。

1　不動産未登記の建物
2　建築許可をとっていない建物
3　建設仮勘定で一部開業した店舗部分

生徒 固定資産税（家屋）について、不動産登記法における建物であるということはわかりました。「外気分断性」、「土地への定着性」、「用途性」を考えて、固定資産税の家屋も判断しなければならないということでした。

講師 この点について、さらにより具体的に考えてみましょう。例えば、工場の建物敷地の中に自転車置場・車庫・物置・ゴミ置場などがあるとします。また、畑、牧場に温室やサイロなどがあったとします。この場合、これらの資産について、家屋か償却資産か、どちらに判断しますか。

生徒 たぶん、経理上は、建物、建物附属設備、構築物のどれかで経理処理をしていると思いますが、とりわけ固定資産税の家屋、償却資産の区分について意識したことはありませんでした。

講師 そこが、申告漏れの発生する原因のひとつと、前回のQで説明しました。

生徒 確かに、自転車置場ひとつをとっても、天井も外壁もある箱型の自転車置場もあれば、屋根だけある自転車置場もあります。また、アスファルト敷でコンクリートブロックを置いただけのものもあります。このどれもが、資産勘定は「自転車置場」として経理処理されていると思います。この場合、企業会計、税務会計の耐用年数をどうするかについて経理担当者は考えます。しかし、固定資産税の家屋対象か償却資産対象になるか、どうかなどは、判断していませんでした。

この講義でわかってきたことで重要なのは、経理処理された「自転車置場」が、不動産登記規則にいう不動産登記法における建物であるかということです。「外気分断性」、「土地への定着性」、「用途性」を考えて、固定資産税上の家屋は判断されているということなのですね。そして、家屋以外であれば、償却資産として申告義務があることになる。

講師 「外気分断性」、「土地への定着性」、「用途性」、この三点についてですが、まず、この三点がそろって、はじめて家屋となります。一点でも欠けるものがあってはいけない。犬小屋の場合は、「外気分断性」、「土地への定着性」があっても、「用途性」からは建物・家屋にならないということでした。では、三点がそろっていれば、それだけで良いのでしょうか。

こんな場合は、どうでしょうか。農業用の温室です。「外気分断性」、「土地への定着性」、「用途性」はある。しかし、温室の基礎は仮止めのようなものである。もしくは、基礎はしっかりしていても、外壁は簡易な強度のないビニール製の外壁（膜構造建物）である。このような場合には、三点そろっていても、強度の問題で家屋になりません。

駐車場の場合はどうですか。例えば、駐車場に「外気分断性」の外壁が存在しているが、膝から下は空いている壁であった。駐車場に天井はあるが、それは網穴鉄板の類などであったような場合です。このような場合は、「外気分断性」があるものとはいえないものになる可能性があります。厳密には、「三点がそろっている」とは、いえなくなるのです。これらの判断は、不動産登記法における建物の判断基準に準じています。これは、言葉での説明だけでは、非常に判断が難しいところなので、写真の載った不動産登記法事例集の本もありますので、一度、確認をしておいたほうがよいでしょう。

生徒 さっそく、調べてみます。

講師 そして、固定資産税上は、現実にその資産が不動産登記してあるかどうかは、問題ではありません。未登記建物でも課税対象になります。建築許可をとってあるかどうかも直接的には関係ありません。自分で作ってしまったような建物でも同様です。

大切なのは建築物としての資産が現に存在しているかどうかなのです。そして、現に存在している建築物について、次に考えるのは、固定資産税では、それが家屋評価になる建築物であるのか、構築物としての償却資産になる建築物であるかということです。

「外気分断性」、「土地への定着性」、「用途性」から建物に判断されない資産で、事業用資産であれば、償却資産の申告対象である可能性があるということになってくるのです。

固定資産税は現況主義です。資産が、存在していれば自治体からの有形無形の受益関係などがあると判断される税だからなのです。

生徒 建設仮勘定で、処理されている場合も同じように考えるのでしょうか。

講師 「建設仮勘定」は、実務上はさまざまな処理をされています。一部、事業を開始している場合もありますし、建物以外の資産も、そこに含んだ使用のされ方をするときがあります。この場合も、その資産が、現実に使用することが可能な資産であれば、「外気分断性」、「土地への定着性」、「用途性」を考えて、家屋になるのかを判断します。そして、家屋以外の資産があれば、償却資産の申告を考えるということです。

これも同じように現況が優先されます。

生徒 勘定科目の資産名称だけで判断は下せない。現況主義である。企業会計、税務会計上「自転車置場」というだけでは、固定資産税の家屋か償却資産かは判別できない。そこに申告誤りが多いということはわかりました。

しかし、「外気分断性」、「土地への定着性」、「用途性」については、正直、まだ、言葉だけで、わかったような気になっている状態です……。

＊　＊　＊　＊　＊　＊

〈**Answer**〉

三つ、すべて対象になる。

2-22　家屋との区分　家屋の認定基準（その3）

Q

次のうちで、償却資産の申告対象資産はどれか。

1　アーケード付街路（公衆用道路上に屋根覆いを施した部分）
2　野球場の屋根付き観覧席
3　駅等のガード下を利用して築造した店舗

生徒 このQは、一般的には建物の三つの要素「外気分断性」、「土地への定着性」、「用途性」の三つを具体的な事例で考える問題ですね。

しかし、具体的に「屋根及び周壁又はこれに類するもの」を有し、「土地に定着した建造物」であって、「その目的とする用途に供しうる状態にあるもの」。この三つの要素を考えてみただけではこのQの判断ができません。経理処理では、このような判別に縛られていません。

講師 建物の判別が難しいものがいくつもあるのが現実の世界です。このQの事例のように、これらを判断するにはどう考えるべきか見ていきましょう。

まず、固定資産税における家屋は、不動産登記法における建物とその意義を同じくするものであるということは述べました。そこで、家屋認定の基準については、より具体的に考えたいと思います。このような判別の難しい場合は、原則として不動産登記事務取扱手続準則77条によっているということなのです。不動産登記事務取扱手続準則77条で「建物認定の基準」はこう書かれています。

「建物の認定に当たっては、次の例示から類推し、その利用状況等を勘案して判定するものとする。」

つまり、ここで記されているのは建物であるかどうかを定め難い建造物についてはこの「建物認定の基準」を使ってくださいということなのです。

生徒 なるほど。では、どのように法律では記されているのでしょうか。

講師 不動産登記事務取扱手続準則では、「次に掲げるものは家屋として取り扱う」として、例示しています。

それが次のものです。

(ア)　停車場の乗降場及び荷物積卸場。ただし、上屋を有する部分に限る。

(イ)　野球場、競馬場の観覧席。ただし、屋根を有する部分に限る。

(ウ)　ガード下を利用して築造した店舗、倉庫等の建造物

(エ)　地下停車場、地下駐車場及び地下街の建造物

(オ)　園芸、農耕用の温床施設。ただし、半永久的な建造物と認められるものに限る。

生徒 なるほど、「外気分断性」、「土地への定着性」、「用途性」だけではわかりにくいものは、これらの事例から判断するということなのですね。

講師 不動産登記事務取扱手続準則では「家屋とは認定しない」ものについても、例示しています。

生徒 では、不動産登記事務取扱手続準則の、「家屋とは認定しない」ものとは、いったいどのようなものでしょうか。

講師 次のようなものです。

(ア)　ガスタンク、石油タンク、給水タンク

(イ)　機械上に建設した建造物。
　　（ただし、地上に基脚を有し、又は支柱を施したものを除く。）
(ウ)　浮船を利用したもの（ただし、固定しているものを除く。）
(エ)　アーケード付街路（公衆用道路上に屋根覆いを施した部分）
(オ)　容易に運搬し得る切符売場、入場券売場等

生徒 なるほど。これらの資産は、家屋以外ということになり、事業用資産であれば、償却資産の申告対象になってくるわけですね。

講師 さらに、取扱通知（市町村税関係）３章では、事業用家屋であってその家屋の全部又は一部がそれに附接する構築物とその区分が明瞭でなく、その所有者の資産区分においても構築物として経理されているものについては、その区分の不明確な部分を償却資産として取り扱うことが適当であるとしています。つまり、現況確認をしながら、不動産登記事務取扱手続準則の例示から類推し、その利用状況等を勘案して総合的に判定することが、重要であるというわけなのです。

生徒 だんだん、わかってきました。そして、このＱは、判別の不明瞭なものは、不動産登記事務取扱手続準則の事例から類推すること、ということなのですね。不動産登記事務取扱手続準則の事例は、地方税でも家屋と償却資産の判断基準であるというわけですね。

講師 ただ、それでも、現実には複雑なもの、曖昧なもの、判断のつかないような資産は多くあります。各自治体職員と相談しながら、申告を進めていくことが適当であると思います。

＊　＊　＊　＊　＊　＊

〈Answer〉

「1　アーケード付街路（公衆用道路上に屋根覆いを施した部分）」

　ただし、アーケード付街路（公衆用道路上に屋根覆いを施した部分）は、自治体条例で減免規定に該当する場合は、申告して課税後に、減免の処理を行うことがある。

2-23　家屋との区分　固定資産家屋評価基準

Q

次のうちで、正しいのはどれか。

1　固定資産税の家屋評価は「再建築価格方式」による。

2　固定資産税の家屋評価は「取得価格方式」による。

3　固定資産税の家屋評価は「売買実例価格方式」による。

生徒 建物の三つの要素「外気分断性」「土地への定着性」「用途性」の三つを考えるだけではわかりにくい資産が多く存在していることを説明していただきました。建物・家屋、それが不明瞭な資産については、不動産登記事務取扱手続準則の事例をもとに判断していくこともわかりました。その考えをベースに、今後は、判別の難しいものは、自治体職員と現物資産を確認しながら、納得のいく判断をしていきたいと思いました。

講師 では、ここから先は、次のテーマです。

資産が、不動産登記法の建物と判断された。そして、固定資産税でも家屋と認定された。そこで、その建物について、自治体はどこまでを固定資産評価基準で家屋評価としているのか。建物の中で、家屋評価にならない部分はいったい何なのかを考えていきたいと思います。これがわからなければ、固定資産家屋評価以外の資産である償却資産の申告対象が何かについてわからないところだからです。ここも、とても重要なところです。

生徒 どうして重要なのでしょうか。

講師 まず、第一に、償却資産の申告をするのに、国税申告と連動した市販の経理ソフトを使用する企業の経理担当者や税理士の方はすごく多いと思います。その市販の経理ソフトの中には、償却資産申告対象になるのが、「構築物」からの償却資産申告システムになっていて、「建物」、「建物付属設備」として経理処理されたものは、自動的に償却資産申告対象から外れてしまうというものがあります。償却資産の申告漏れが発生するのは、ここに起因するものも多いのです。

生徒 確かに、私の使用している経理ソフトもそのようなシステムになっています。

講師 建物の中には、受変電設備、蓄電設備、ＬＡＮ配線など、家屋評価対象外で償却資産対象が多くあります。それを建物、建物付属設備で仕訳けて分類すれば、もうすでに申告漏れになってしまうのです。

では、固定資産税の家屋評価はどう決まるか。そのもとになる「家屋評価基準」について説明します。

家屋の評価は大きく分けて、新築、増築家屋等の「新増分家屋」と、既に評価が行われ固定資産課税台帳に価格等が登録されている「在来分家屋」とに区分されます。新増分家屋の評価は「部分別による再建築費評点数の算出方法」又は「比準による再建築費評点数の算出方法」のいずれかによりますが、在来分家屋の評価は「在来分の家屋に係る再建築費評点数の算出方法」となります。

生徒 家屋の評価は「再建築費評点数の算出方法」なのですか。

講師 再建築価格方式と呼ばれていますが、再建築価格とは、評価の対象となった家屋と同一のものを、評価の時点において新築するとした場合に必要となる建築費をいいます。実際にその家屋をいくらで建築したのか、あるいはいくらで取得したのかの建築費（取得費）とは異なるものです。

生徒 企業会計、税務会計の建物の取得価額と、それを減価償却する考え方とはずいぶんと違いますね。

講師 「部分別による再建築費評点数」では、まず、家屋の評価額は、宅地等の評価と同様に、評価の対象となる家屋の評点数を求めます。それに評点１点当たりの価額を乗じて算出します。評価の対象となる家屋の評点数は、木造家屋と非木造家屋との区分に応じ、さらに木造、非木造家屋それぞれに、評点基準表による用途別区分（事務所、店舗、百貨店用建物、住宅、アパート用建物など）が規定されています。

評価の対象となった家屋と同一のものを、評価の時点において新築するとした場合に必要となる建築費（再建築価格）を、屋根、外壁、天井等の部分別に合計し、再建築費評点数を算出します。

次に、そうして求めた再建築費評点数に時の経過によって生ずる損耗の状況による減点補正等を行い、評価の対象となった家屋の評点数を算出します。

評点１点当たりの価額は、１円に物価水準による補正率及び設計管理費等による補正率を乗じた価額となります。

生徒 これでは、企業の貸借対照表、固定資産台帳の「土地」「家屋」は、価格が一致しないですね。

講師 木造家屋では、評価対象家屋を「屋根」「基礎」「外壁」「柱・壁体」「内壁」「天井」「床」「建具」「建築設備」「仮設工事」「その他工事」の11区分（木造家屋の部分別区分）に分け、「木造家屋再建築費評点基準表」に基づいて各部分別に再建築費評点数を算出し、それを合計して、その家屋の再建築費評点数を算出します。

非木造家屋では、評価対象家屋を「主体構造部」「基礎工事」「外周壁骨組」「間仕切骨組」「外部仕上」「内部仕上」「床仕上」「天井仕上」「屋根仕上」「建具」「特殊設備」「建築設備」「仮設工事」「その他工事」の14区分に分け「非木造家屋再建築費評点基準表」に基づいて各部分別の再建築費評点数を算出して、それを合計して、その家屋の再建築費評点数を算出します。

ここで償却資産の視点から重要になってくるのは、主に「建築設備」です。

家屋に含めて評価する「建築設備」は、家屋の所有者が所有する「電気設備」「ガス設備」「給水設備」「排水設備」「衛生設備」「冷暖房設備」「空調設備」「防災設備」「運搬設備」「清掃設備」等の建築設備で、家屋に取り付けられ、家屋と構造上一体となって、家屋の効用を高める建築設備が対象となります。

＊　＊　＊　＊　＊　＊

〈Answer〉

「1　固定資産税の家屋評価は「再建築価格方式」による。」

2-24　家屋との区分　家屋の評価に含まれる建築設備　三つの要件

Q

固定資産税（家屋）の評価に含まれる建築設備の要件で正しいのはどれか。

1　家屋の所有者が利用するもの
2　家屋に取り付けられているもの
3　家屋の効用を高めるもの

講師 ここからが、もうひとつの重要なテーマです。いったい、建物の中に償却資産の申告対象資産はあるのか、ないのか。もしあるとしたら、それはどう考えるかという問題です。これからは、建物本体の中身についての話です。

経理ソフトの中には、償却資産申告対象になるのが、「構築物」からの償却資産申告システムになっているものがあります。そこで、「建物」、「建物付属設備」として経理処理されたものは、自動的に償却資産申告対象から外れてしまうということは、以前、お話ししました。だから、建物の中にある、受変電設備、蓄電設備、ＬＡＮ配線など、固定資産税の家屋評価対象外の資産が多くあるけれど、申告漏れが多く発生しているということでした。

生徒 注意すべきこと、それは、ひとつの大きな建物があった場合に、家屋評価になるものと家屋評価にはならないもの、の二つが存在しているということです。「家屋評価基準」に含まれているのか、いないのか。

家屋評価資産と償却資産の二つが存在して初めて、ひとつの建物は成り立っているということなのですね。

講師 そうです。では、その後に、考えなければならない家屋の評価に含まれる「建築設備」が何か、それを理解しなければ家屋で評価されているものが分かりません。また、家屋以外の事業用資産である償却資産が何であるかを理解することができないということなのです。

それを、これから説明していきます。

生徒 固定資産税上の家屋の評価に含まれる具体的な「建築設備」ですね。

講師 そうです。固定資産税で家屋に含めて評価する建築設備とは、固定資産評価基準第２章で、このように定義しています。

「家屋の所有者が所有する電気設備、ガス設備、給水設備、排水設備、衛生設備、冷暖房設備、空調設備、防災設備、運搬設備、清掃設備等の建築設備で、家屋に取り付けられ、家屋と構造上一体となって、家屋の効用を高めるものをいう。」

生徒 なんだか、まだ、よくわかりません。

講師 つまりは、家屋の評価に含まれる建築設備には要件がある。それは「家屋の所有者が所有するもの」、「家屋に取り付けられ、家屋と構造上一体となっているもの」及び「家屋の効用を高めるもの」であるということです。

この三要件を備えているものが家屋である。ここでも、この三要件にすべて該当しなければ、償却資産の対象になってくるということなのです。具体的な例では、受変電設備、蓄電設備、ＬＡＮ配線などは、この三要件に該当していないと考えられるので、償却資産の申告対象なのです。つまり、家屋でないから、償却資産対象なのです。

ここでの家屋評価のポイントは、三要件あり、その全てに該当しているかどうかなのです。

生徒 なるほど。そういうことなのですね。受変電設備が、固定資産評価基準で償却資産であると示されているわけではなく、家屋の固定資産評価基準、建築設備の三要件に該当していない。だから、償却資産の申告対象というロジックですね。

講師 このＱの例で説明しますと、「家屋の所有者が所有する」とは、家屋の所有者が当該建築設備の所有権を有するものです。「家屋の所有者が利用するもの」ではありません。

次に「家屋に取り付けられ、家屋と構造上一体となって」とは、家屋の評価に含める建築設備は、当該家屋の特定の場所に固定されているものであるということです。単に「家屋に取り付けられているもの」

すべてという条件ではありません。そして、「家屋の効用を高めるもの」とは、当該建築設備を備えることによって、家屋自体の利便性が高まるものをいうものです。

したがって、特定の生産又は業務の用に供されるものは、家屋の評価に含めてはいません。

生徒 この三要件。もう少し、具体的な事例で解説をお願いします。（2−25へつづく）

＊　＊　＊　＊　＊　＊

〈Answer〉

「3　家屋の効用を高めるもの」

〈参考〉

建築設備の取扱い

家屋に含めて評価する建築設備は、①家屋の所有者が所有する電気設備、ガス設備、給水設備、排水設備、衛生設備、冷暖房設備、空調設備、防災設備、運搬設備、清掃設備等の建築設備で、②家屋に取り付けられ、家屋と構造上一体となって、③家屋の効用を高めるものをいう（評価基準第2章第1節七）。

⑴　建築設備の判定（平成12年1月28日自治評第5号）

ア　「家屋の所有者が所有する」

家屋の所有者が当該建築設備の所有権を有するものであること。

イ　「家屋に取り付けられ、家屋と構造上一体となって」の判断は次によるものであること。

(ア)　家屋の評価に含める建築設備は、当該家屋の特定の場所に固定されているものであること。すなわち取り外しが容易で、別の場所に自在に移動できるものは含めない。

(イ)　固定されていない配線等であっても、壁仕上げ、天井仕上げ、床仕上げ等の裏側に取り付けられているものは、構造上一体となっているものとして家屋に含める。

(ウ)　屋外に設置された電気の配線及びガス・水道の配管並びに家屋

から独立して設置された焼却炉等は家屋と構造上一体となっているものではないので含めない。

(エ)　給水設備の給水タンク、給湯式浴槽に給湯する給湯器、空調設備の室外機等屋外に設置されたものであっても、配管、配線等により屋内の機器と一体となって一式の建築設備としての効力を発揮しているものについては、当該一式の建築設備について判定する。

(オ)　電球、蛍光管のような消耗品に属するものは含めない。

ウ　「家屋の効用を高めるもの」の判断は次によるものであること。

当該建築設備を備えることによって、家屋自体の利便性が高まるものをいうものである。したがって、特定の生産又は業務の用に供されるものは家屋の評価に含めない。

例えば、店舗のネオンサイン、病院における自家発電設備、工場における受変電設備、冷凍倉庫における冷凍設備、ホテルにおける厨房設備、洗濯設備等がこれに該当するものである。

（注）家屋の建築設備の標準評点数は、家屋の評価上用途（事務所、倉庫、工場等）において通常使用される範囲を基準として定められているが、その範囲を大幅に上回るものは「特定の生産又は業務の用に供されるもの」として、家屋の評価から除外する。例えば、化学工場のように、一般の工場と比較して、大量に水を使用するような場合は、通常使用される範囲を大幅に超えると判断すべきである。一方、木造の公衆浴場については、明らかに大量の水の供給を必要とするため、あらかじめ、公衆浴場用建物として標準評点数が定められているので通常使用される範囲内である。

(2)　建築設備として評価しないもの

次に掲げるものは、構造上一体でない若しくは特定の生産又は業務の用に供されていることから家屋の建築設備として評価しないため、償却資産として評価する。

ア　店舗に設置されたネオンサイン、投光器、スポットライト等

イ　ルームエアコンのように単に移動を防止する目的のみで取り付けられているもの

ウ　変電設備、中央監視制御装置等のように独立した機械としての性格の強いもの

エ　病院における自家発電設備

オ　工場における機械等のための受変電設備

カ　冷凍倉庫における冷凍設備
キ　ホテル、病院における厨房設備、洗濯設備等
ク　証券会社に設置される株価表示設備
ケ　停車場に設置される時刻表示設備
コ　工場における流れ作業等に用いられるベルトコンベアー

2-25　家屋との区分　建築設備「家屋の所有者が所有するもの」

Q

次のうち、固定資産税（家屋）の考え方で正しいのはどれか。

1　減価償却費を計上できるものが、家屋の所有者である。
2　家屋の所有者は、不動産登記に記された者に限られている。
3　建物内装を、家屋以外の償却資産とみなして、固定資産税を課する場合がある。

生徒 家屋評価基準の対象資産がわからなければ償却資産申告対象がわかりません。「家屋の所有者が所有するもの」「家屋に取り付けられ、家屋と構造上一体となっているもの」及び「家屋の効用を高めるもの」、この三要件について、もう少し詳しい説明をお願いします。

講師 地方税法343条１項で「固定資産税は、固定資産の所有者に課する。」と明確にしています。「家屋の所有者が所有する」と、固定資産評価基準第２章の中でも記されています。これは家屋が、不動産登記されているかどうかの問題ではありません。未登記家屋についても、固定資産税は課税されます。

　では、なぜ、わざわざこのように明記しているのか。それは、ひとつには「家屋の所有者が所有する」以外のものが家屋として存在しているからです。

生徒 いったい、どのような資産を示しているのでしょうか。

講師 家屋の所有者以外の者が取り付けたものについて、地方税法343条9項では、こう続けて記されています。家屋の附帯設備の中でも、特に「特定附帯設備」と呼んでいるものについての取扱いです。

生徒 家屋の「特定附帯設備」とは何でしょうか。

講師 地方税法343条9項で、このように書かれています。

「家屋の附帯設備であって、当該家屋の所有者以外の者がその事業の用に供するため取り付けたものであり、かつ、当該家屋に付合したことにより当該家屋の所有者が所有することとなったものについては、当該取り付けた者の事業の用に供することができる資産である場合に限り、当該取り付けた者をもって第一項の所有者とみなし、当該特定附帯設備のうち家屋に属する部分は家屋以外の資産とみなして固定資産税を課することができる。」

少し長い条文ですが、理解できましたか。

生徒 具体的な説明でお願いします。

講師 例えば、ビルにテナント入居した店子がいたとします。その店子が、その賃借した部屋にインテリア内装を施工した場合などをイメージしていただければわかりやすいと思います。

店子が、その店の雰囲気に合わせて施したインテリア、建築設備等を取り付けた場合は、固定資産税の家屋の構成物の一部としての取扱いをしない。

固定資産税（家屋）の課税対象ではないので、この場合、店子は償却資産の申告が必要であると、多くの自治体が条例で明記しているのです。

これは、民法上の建物付合の考え方とのバランスをとった法律の考え方ともいえるでしょう。建物に付合してある内装などを、建物の価値に認めるか、認めないかということです。

生徒 なるほど。店子の内装部分を大家さんの家屋に課税されては、納得がいかない人もいるでしょうね。「家屋の所有者が所有する」について、他にも注意が必要なことはあるのでしょうか。

講師 ここでも、国税との考え方の相違があります。償却資産の実地調査では、所得税、法人税申告書、決算書などの提出・提示をお願いしています。そして、その中身を確認しながら、さまざまな分析を行います。決算書の仕訳、減価償却超過額、簿外資産等、あらゆる角度から、有形固定資産の確認を行い、償却資産申告の漏れがないかを確認していきます。

その中で、固定資産台帳と、申告対象資産との整合性を確認していくこと、国税と地方税の相違から、申告漏れを見つけ出すことが、重要なポイントなのです。

しかし、これらの資料を確認する中で「家屋の所有者が所有する」ものが常に減価償却をしているとは、国税上は限らないことがあるということです。

生徒 どのような場合でしょう。

講師 例えば「生計を一にする」親族に支払う必要経費です。父所有の土地建物を店舗として子が賃借して、事業を営んでいる場合、父に支払う賃借料は、子の必要経費とはなりませんが、父が支払う固定資産税、減価償却費等の必要経費は、子の必要経費となってきます。このような場合は、建物の所有者と減価償却の計上をする者が異なってくることになるのです。

固定資産台帳と一致しなくなる事例は、ほかにもリース資産、信託、所有者が死亡した場合の納税義務者などがあります。信託などは、委託者、受託者、受益者の誰もが減価償却しない資産というものもあります。それらを読み解いていきながら質問をする。国税とは異なる地方税での申告漏れを指摘することが、償却資産の実地調査員の調査手法なのです。

生徒 税の申告に携わる者は、地方税もきちんと理解すること。そして、固定資産税の家屋評価基準の三要件のひとつである、この「家屋の所有者が所有する」ということを、きちんと把握していないと、正しい償却資産申告はできないということですね。

＊　＊　＊　＊　＊　＊

〈**Answer**〉

「３　建物内装を、家屋以外の償却資産とみなして、固定資産税を課する場合がある。」

2-26　家屋との区分　建築設備「家屋に取り付けられ、家屋と構造上一体となっているもの」

Q

次のうち、償却資産の考え方で正しいのはどれか。

1　テナント入居者の施工したインテリア内装は家屋の一部なので申告が不要である。

2　空調設備の室外機は、屋外にあるので、すべてが申告対象になる。

3　焼却炉も、屋外で独立していれば、家屋評価と一体とは考えていない。

生徒 三要件の二番目の「家屋に取り付けられ、家屋と構造上一体となっているもの」についてのＱですね。これについても説明をお願いします。

講師 まず、「テナント入居者の施工したインテリア内装」についてです。これは、前回のＱ「家屋の所有者が所有するもの」で詳しく説明しました。建物の内装というだけで、家屋評価にはなりません。

地方税法343条９項による特定附帯設備の範疇であれば、その附帯設備を取り付けその事業の用に供している者を所有者とみなして課税できるということでした。つまり、固定資産税では、たとえ建物と密接不可分、切り離すことができないような内装であっても、必ずしも家屋の評価には含まれてはいない。そして、一般的には、自治体が条例で定めることで、償却資産申告の対象になり得るということでした。

生徒 内装は、「家屋に取り付けられ、家屋と構造上一体となっているもの」と、この部分だけで単純に切り取って考えると誤った判断をしそうですね。内装は家屋だろうと、普通、考えますよね。内装は、それが家屋と構造上一体といっても、家屋評価に含まれるときと、償却資産申告対象になるときがある、ということですね。

講師 では、今回のテーマです。「家屋に取り付けられ、家屋と構造上一体となっているもの」についての考え方を整理していきましょう。

まず、家屋の評価に含める建築設備は、当該家屋の特定の場所に固定されているものです。Qにある「空調設備の室外機は、屋外にあるので、すべてが申告対象になる。」

これについては、どう考えればよいのでしょうか。

生徒 確かに、空調設備の室外機というのは、建物の内部には存在しません。室外機は、空気を排出するために、ほとんどが外にあるといえます。屋外にあっても、家屋に取り付けられたものと考えてよいのではないでしょうか。

講師 現実には、同じ空調設備という名称でも、さまざまな空調設備が存在しています。大きなオフィスビルには、天井裏に建物の内部構造として空調配管が設置されています。小さなアパートでは、個別の部屋ごとに簡易なルームエアコンが設置されています。空調設備の室外機という名称でも、前者では、室外機は屋上にまとめて置いてあることが多く、後者では、室外機と室内機が細い管でつながれ、ひとつずつ一対になって置かれています。

では、固定資産税ではどう考えているか……。

生徒 どう考えるのですか……。もしかして、異なるのですか。

講師 後者のような、取外しが容易で、別の場所に自在に移動できるルームエアコンは、空調設備でも、家屋評価の対象には含めていないのです。可動性もあり、「家屋に取り付けられ、家屋と構造上一体となっているもの」とは考えていないのです。つまり、償却資産申告対象となるということです。

しかし、個別ルームエアコン以外の中央式空調設備（冷凍機、配管、ダクト、バルブ、空調機、送風機、吹出口など）、個別空調装置（マルチユニット機器、パッケージ機器、換気用機器など）は、家屋評価の対象になっていると考えていただければ大丈夫です。

これらは「家屋に取り付けられ、家屋と構造上一体となっているもの」なのです。この室外機は、設置場所が屋外に存在していても、この範疇の資産と考えています。

だから、このＱの解答は、空調設備の室外機で、屋外にあるものがすべて、申告対象にはなるとは言い切ることはできないのです。

生徒「家屋に取り付けられ、家屋と構造上一体となっているもの」の判断とは、企業会計の経理処理の勘定科目が、同じ空調設備、エアコンという名称でも、固定資産税では、その空調機の種類で、室外機も含めて家屋か償却資産かに分かれるということなのですね……。「家屋に取り付けられ、家屋と構造上一体となっているもの」について、もう少し説明をお願いします。

講師 例えば、配線や配管の類をどう考えるか。これは固定されていない配線等であっても、壁仕上げ、天井仕上げ、床仕上げ等の裏側に取り付けられているものは、構造上一体となっているものとして家屋に含めて考えています。しかし、そのような配線や配管の類でも、電気の高圧配線や、窒素ガスの配管の場合はどうでしょう。これらは、もともと家屋評価にならないものですが、この限りではありません。

生徒 なるほど。

講師 では、屋外に設置された電気の配線及びガス・水道の配管はどのように考えているか。例えば、屋外にある街灯や、水飲み場、洗車場など、それに使用する屋外の給排水設備などのことです。この場合は、家屋と構造上一体となっているものではありませんので、家屋の評価対象には含められていません。

屋外の設備は、特定の事業に使用される配線、配管とともに、申告漏れを起こすもののひとつです。

生徒「屋外」について説明していただけますか。

講師 屋内か屋外かですが、家屋評価は基本的には建物の水平投影面積で考えられていますので、それ以外で利用している設備は、屋外の設備ということになります。

誤りやすいのは、先ほど説明した空調設備の室外機、ほかに高架水槽等の給水タンク、給湯式浴槽に給湯する給湯器などです。これらの資産は、一見、屋外の資産に見えます。しかし、屋外に設置されたものであっても、配管、配線等により屋内の機器と一体となって一式の建築設備としての効力を発揮しているものと考えられます。

したがって、当該一式の建築設備として判定されて家屋評価になっています。それ以外の屋外で利用しているものは、償却資産の申告が必要になるということです。

生徒 なんとなくですが、「家屋に取り付けられ、家屋と構造上一体となっているもの」のイメージができてきました。

講師 このQの家屋から独立して設置された焼却炉の他にも、屋外に設置された給水塔、ガス及び水道の配管、独立煙突等は、たとえ家屋で使用するものであっても、物理的に家屋と構造上一体となっていないものは、家屋評価に含めていません。

この他にも、主に消耗品に属するもの、例えば電球、蛍光管などは固定資産税の家屋評価には含まれていません。

新しい建物が建ったとき、どこまでが家屋評価なのか、自治体の担当者に確認しておくとよいでしょう。

*　　*　　*　　*　　*　　*

〈Answer〉

「3　焼却炉も、屋外で独立していれば、家屋評価と一体とは考えていない。」

2-27　家屋との区分　建築設備「家屋の効用を高めるもの」

Q

次のうちで、償却資産の申告対象の資産はどれか。

1　駐車場の自動車管制装置（表示灯）

2　冷凍倉庫における冷凍設備

3　病院の厨房設備

生徒 三要件の三番目、最後の要件である「家屋の効用を高めるもの」について、これもたいへん重要だと思うのですが、この言葉だけではなかなかイメージがつかめません。このQを考えていくうえでも、「家屋の効用を高めるもの」について、もう少し具体的な説明をお願いします。

講師 企業への実地調査時によくいわれました。「家屋の所有者が所有する」「家屋に取り付けられ、家屋と構造上一体」は、まだ、わかるが、「家屋の効用を高めるもの」は判断がつきにくいと……。いったい、「家屋の効用を高める」とは、どういうことなのか。まず、固定資産税で家屋評価になるものから確認しましょう。

家屋評価になるものは、その建築設備を備えることによって、家屋自体の利便性が高まるものを示しています。事務所の部屋の電灯は家屋評価なのはわかりますね。このQの例でいえば、駐車場の自動車管制装置（表示灯）として表示するものは、家屋評価の対象の範疇です。

では、それがまったく同じ素材の電灯でも、屋外駐車場の外灯だったら、また、企業の広告看板の表示灯であったらどうでしょう。それは家屋評価に含まれることはありません。「家屋の効用を高めるもの」の範疇外というように考えられます。

生徒 なるほど。この他に、事例として、どのようなものがありますか。

講師 店舗のネオンサイン、病院の自家発電設備、工場の受変電設備、冷凍倉庫における冷凍設備、ホテルにおける厨房設備、洗濯設備等がこれに該当するものです。

生徒 驚きました。店舗のネオンサインと受変電設備は、なんとなく償却資産申告対象であると思っていましたが、それ以外のものについては申告対象であるとは考えていませんでした。それも、償却資産の申告手引書などの例示で、漠然と申告対象であると感じていただけです。これを考えるときの基準になる理論はあるのでしょうか。

講師 では、考え方を整理しましょう。まず、自家発電設備、受変電設備、冷凍設備などの資産は、一般的には家屋に必要なものではありません。自家発電設備は、工場などで、電気が遮断されたときの非常用電力に使用する範疇の資産です。同じように受変電設備は大きな機械や垂直搬送機などを動かすために使用され、冷凍設備は食品などを冷凍保存するための設備です。

ですから、このような資産は、もともと家屋評価基準には含まれていない資産なのです。つまり、この自家発電設備のような資産については、事業用に所有しているものであれば当初から償却資産対象と考えてください。

そして、もうひとつの考え方があります。

生徒 もうひとつの考え方とは……。

講師 償却資産の対象には、受変電設備などの資産のように、はじめからその資産名称で償却資産対象資産になるものがあります。そして、もうひとつの考え方は、先の電灯の事例のように、まったく同じような資産名称の資産でも、その使用方法、容量、状況などによって家屋か償却資産か、課税対象が異なってくる場合です。

電気設備の他にも空調設備、給排水設備などは、一般的に家屋評価に含まれています。ところが、それらの資産も、特定の生産又は業務の用に供される範疇のものについては、家屋評価ではなく、償却資産の申告対象になってくるということです。

生徒 どういうことでしょうか。

講師 例えば、一般家庭の厨房設備と異なり、ホテル、百貨店、病院、社員食堂等における厨房設備などは、顧客に対するサービス設備としての性格の強いものは、その規模などからも家屋評価の基準から外れているのです。

これらの厨房設備は、一般家庭や事務所の範囲を大幅に上回るものであり、「家屋の効用を高める」ものではなく、「特定の生産又は業務の用に供されるもの」として、家屋の評価から除外され、償却資産申告対象です。

この他にも、普通の給排水設備は家屋評価基準内の資産です。しかし、例えば洗浄工場などで、一般の工場と比較して、大量に水を使用するような場合、通常使用される範囲を大幅に超えていると判断されるようなものは、給排水設備という名称の資産でも、家屋評価には適しておらず、償却資産申告対象であるということなのです。

これは家屋の課税評価を公平にするためでもあります。

生徒 難しいですね。つまり、こういうことでしょうか。資産には、自家発電設備、受変電設備のように、はじめから家屋評価対象になっていない資産がある。これは、まだ、資産名称で判断できてわかりやすい。しかし、もうひとつは、家屋評価対象と思われる資産でも、質と量の考えが作用している。前者では、電灯でも、広告灯の使用の仕方をしている場合、空調でもクリーンルームの空調設備のような、特殊な使い方をしている場合は質が違っているから、償却資産申告対象である。後者では、ホテルの厨房設備、また大工場の通常の大容量を超えた給排水設備として使用している場合、これは容量が違っているから、償却資産申告対象である。このような場合は、「家屋の効用を高めるもの」では収まらない。そして、「特定の生産又は業務の用に供されるもの」の範疇とされる。家屋として通常範囲でないものは評価対象ではなく、償却資産申告対象ということになるのですね。こちらのほうは、資産名称だけではわからない。

講師 よく理解をしています。ここは重要なところです。じっくり考えてください。

生徒 このQの解答は、償却資産申告は「冷凍倉庫における冷凍設備」「病院の厨房設備」である。そして、「駐車場の自動車管制装置（表示灯）」

は家屋評価の対象で、償却資産対象外である。これが解答なのですね。

講師 ところが、違うのです。このQは、それでは完全な解答ではないのですよ……。もう少し深く、じっくり考えてください。

生徒 まだ、正しい解答ではない。それはどういうことですか。

講師 正しい答えは、「駐車場の自動車管制装置（表示灯）」は、家屋になる場合と償却資産になる場合の両方がある。これが正しい解答なのです。

生徒 わかりません。家屋になる場合と償却資産になる場合があるとは……。駐車場の自動車管制装置（表示灯）として表示するものは、家屋評価の対象の範疇であると、先ほど説明を受けたばかりですが……。Aが説明と違ってきませんか。

講師 駐車場の自動車管制装置（表示灯）として表示するものは、家屋評価の対象の範疇であると、確かに説明しました。それは、その駐車場が「家屋」である場合という前提があってのことです。そして、その「家屋」に備わっている建築設備であれば、家屋評価の対象になるということなのです。

ところが、この駐車場の本体が、構築物であった場合はどうでしょうか。この駐車場が、不動産登記法でも建物に認定されないものであった場合です。外壁のない、立体駐車場を想像してください。この場合は構築物であり、それに備わった表示灯なので、構築物に付随するものを含めて償却資産になります。表示灯だけが家屋評価になることはありません。

償却資産の申告対象を判断するのが難しいのは、資産の名称だけでは家屋と償却資産の判別が難しいということなのです。実地調査で現物を確認すると、時折起こることです。

償却資産の申告が資産の名称だけで判別できれば、ずっと簡単であると思います。

生徒 なるほど、周囲に囲いがなく、天井は穴あき鉄板をひいてあるような構築物の立体駐車場はよく見られます。それは、確かに家屋評価にはなりません。本体が家屋でないものに、表示灯だけが、固定資産税の家屋評価になるというのはおかしな話になりますね。

講師 今までの解説というのは部分的な理解になりますが、自治体の実地調査では、全体的で総合的な判断の中で行っていきます。償却資産申告対象の把握の基本の流れは、資産をまず、家屋かそれ以外の構築物なのか判断してください。その資産が「家屋」として判断された。その次に、今度は、次のQとして建築設備の三要件に合致している資産を選び出す。それについては家屋評価になって課税されています。そして、それ以外の資産は、家屋で評価されていませんので、事業用であれば償却資産ということです。頭の中に判断の順を追ったフローチャートを作ってください。

だから、このQのAは、「駐車場の自動車管制装置（表示灯)」については、時に構築物の一部になり、償却資産の申告対象、時に家屋になり、家屋評価対象ということなのです。

＊　＊　＊　＊　＊　＊

〈**Answer**〉

「2　冷凍倉庫における冷凍設備」「3　病院の厨房設備」

構築物に設置などの場合は、**「1　駐車場の自動車管制装置（表示灯)」**も含む。

2-28 家屋との区分　「認定基準」「建築設備」補足

Q

次のうちで、償却資産の申告対象になり得る資産はどれか。

1　内装（登記された建物)

2　内装（テナント施工)

3　内装（可動性簡易物置)

生徒 家屋と償却資産の判別は、総合的な流れの中で、個別資産に対して申告対象を考えなければならない、資産名称だけでは、償却資産の

対象を把握することができないということが、今までの説明でわかってきました。

講師 仕訳の勘定科目が、給排水設備、間仕切り、空調設備、消火設備、コンテナ倉庫などなど、これらの資産は、課税対象が、時に「家屋」になり、時に「償却資産」になります。

生徒 難しいですね。家屋の「認定基準」は不動産登記法により、家屋の「建築設備」は固定資産評価基準によります。そこでの三要件は、どちらも必要十分条件であるということまではわかったのですが……。税理士、企業の経理担当者は、国税の申告には詳しくても、同じ役所への申告でも、地方税（償却資産）の申告については、ここまで理解をしていない人は多いと思います。

講師 償却資産の実地調査件数は、各自治体が力を入れ、年々増えていっています。そこで、申告漏れが大量に発生してしまう要因のひとつは、固定資産台帳の建物判断基準が、不動産登記法によっていないことからくる建物や構築物などの判断誤りです。そして、もうひとつは建物の内部にある資産の認識の誤りです。つまり、簡単にいえば、決算書の経理処理で、土地の上に建っているものはすべて建物として処理されてしまう。そして、その建物内部にあるものはすべて固定資産の家屋と考えている。それらのことから償却資産の不申告になってしまうということなのです。

生徒 自治体の償却資産の「申告の手引き」では、償却資産の具体的な事例を載せているものがありますが……。

講師 「申告の手引き」を読むとき、注意してほしいことがあります。自治体の発行している「申告の手引き」に記載されている償却資産の申告対象資産の事例というのは、あくまで、家屋の要件を考慮したなかで、償却資産の申告で特に誤りやすい事例についてだけ、載せているものと考えたほうがよいでしょう。だから、それらは償却資産対象の一部であり、あくまで例示なのです。

「申告の手引き」に、償却資産申告対象となる資産について全部を載せることは物理的にも不可能な話です。また、資産の使用状況、場所によって、申告対象になる、ならないがあることは、今までの説明で理解されたことと思います。そして、「申告の手引き」に記載されていないから、申告対象資産ではないというわけでもないのです。

そう思って、自治体発行の「申告の手引き」を読んでください。

私が企業への実地調査を実施したとき、「申告の手引き」で記載されていないから申告しなかったという申告者の方がいらっしゃいましたが、ここは、税務職員に指摘され、延滞金や加算金の追徴税額の発生原因にもなりますので、申告漏れが発生しないように注意が必要です。

生徒 わかりました。自治体の「申告の手引き」での完全な説明はそもそも難しそうですね。

講師 このQの「内装」についてわかりましたか。（テナント施工）などのかっこ内は固定資産台帳の勘定科目では書かれることはありません。「内装」も、その状況で申告対象が分かれます。申告時期に大量に申告書を受理する自治体職員、そして、国税、地方税と申告を処理しなければならない経理担当者、税理士の方々も、資産名称だけで即断しないでください。安易な判断は、後々、双方に誤解と不利益が生じます。

では、申告誤りしやすい建築設備についてもう少し個別に踏み込んだ解説をしていきましょう。（2－29へつづく）

＊　＊　＊　＊　＊　＊

〈Answer〉

地方税法343条９項（特定附帯設備）の

「２　内装（テナント施工）」と「３　内装（可動性簡易物置）」

なお、**「１　内装（登記された建物）」**でも、クリーンルームなど特定の生産又は業務の用に供されるものについては、償却資産の対象になり得る。

2-29　家屋との区分　電気設備

Q

次のうちで、償却資産の申告が必要なのはどれか。

1　テレビ共同視聴設備（アンテナ、ケーブル）

2　配電盤

3　無停電電源設備（ＵＰＳ）

講師 固定資産評価基準で建築設備については「電気設備、ガス設備、給水設備、排水設備、衛生設備、冷暖房設備、空調設備、防災設備、運搬設備、清掃設備」を挙げています。まず、「電気設備」から、少し踏み込んだ関係について説明しましょう。

実は「電気設備」は、非常に申告漏れの多いところなのです。まず、基本的な電気の考え方から説明します。建物の電気は、電力会社から供給されています。その発電設備（火力、水力、原子力等）や変電設備は、都心部から離れた場所にあって、電気を使用する都心部までは数十km～数百kmを送電しなければなりません。ここでは、電圧を高めて送電ロスを小さくしています。そして、送電される数万ボルト～数十万ボルトの電圧をそのまま需要家で使用することができないため、使用できる低い電圧に変換していきます。高圧の受変電設備というのは、電力会社から6600ボルト、3300ボルトという高い電圧で供給される電力を、家庭や事務所での使用電圧である100ボルト、200ボルトに降圧し、負荷設備で使用可能にするための変換装置として機能しているものです。

ここで固定資産税の基本的な考え方が必要になります。固定資産税の「家屋」で評価されている電気設備とは、受変電設備で変換された100ボルト、200ボルトなどの低圧の電気設備です。よく電信柱の上に大きな鳥の巣のような箱がありますね。あれは変圧器で100ボルト、200ボルトに変換されて、一般的な家庭や事務所の建物というのは、それを使用しているのです。その後、建物に入った電気は、分電盤で部屋などに分かれていきます。だから、一般的な家庭や事務所に受変電設備はありません。

そして、それ以外の大規模ビル、大中工場では、6600ボルト、3300ボルトのものを、独自に持つ受変電設備で降圧して使用しているのです。このような事業用の受変電設備は、償却資産対象になるわけです。そして、受変電設備までの高圧引込線、配電盤（変電設備や電力系統の監視と制御を行うために設ける装置）も含めて、償却資産申告対象になってくるというわけです。

生徒 なるほど、経理担当者は、高圧か低圧かを考える。そして、低圧から先は全て家屋評価なので、償却資産対象外と考えればよいですね。

講師 そうとも限りません。

生徒 そうとも限らないとは、どういうことでしょうか。

講師 低圧でも、パチンコ屋の島工事や、工場機械などの動力配線は、引込工事など設備一式を含めて、償却申告対象資産になります。

低圧でも「特定の生産又は業務用資産」であり、家屋の効用を高める家屋評価資産ではないからです。電源が生産ラインに影響する大きな工場では、アクシデントに備え、分電盤も、事務所用と機械用で分かれています。

この他にも、低圧でも注意しなければならない償却資産になる電気設備があります。

生徒 それは何でしょうか。

講師 店舗に設置されたネオンサイン、投光器、スポットライトなどの照明設備、冷凍倉庫における冷凍設備、証券会社に設置される株価表示設備、停車場に設置される時刻表示設備、工場における流れ作業等に用いられるベルトコンベアー等の電気設備がそうです。

これらは、家屋で評価されている部屋の電灯のような電気設備とは、使用目的も異なっています。

この他にも、家屋評価では「電気設備」にならないものに予備電源があります。

生徒 予備電源とは何でしょうか……。

講師 予備電源とは、自家発電設備（発電機、燃料タンク等）、蓄電設備、無停電電源設備（ＵＰＳ）、定電圧定周波電源装置（ＣＶＣＦ）などのことです。特定の事業では、必要な電気設備なのです。

具体的なたとえでいえば、入院施設のある病院や大型工場などでは電気がストップすると大混乱になります。病院の心電図、ペースメーカー、これらは手術中ストップできません。24時間動かす精密機械の温度調整、コンピューター管理なども同様です。このように予備電源は、事業によっては必要な資産なのです。

大病院、大型工場には、必ず設置されている資産なので、注意してください。

生徒 電気設備は難しいですね。この他に、償却資産の申告漏れが発生しやすい電気設備にはどのようなものがあるのでしょうか。

講師 償却資産申告に必要なもので、申告誤りをしやすいものに、中央監視制御装置、監視カメラ設備、拡声装置設備、ＬＡＮ設備、ＰＯＳシステムなどが挙げられます。

なお、中央監視制御装置、監視カメラ設備、拡声装置設備については、それらの配管、配線設備については、家屋評価に含まれています。

生徒 ＬＡＮ設備とはパソコンに使用される資産であり、そして、ＰＯＳシステムとは、スーパーレジで使用される資産ですね。これらの電気設備は償却資産の申告対象になるのですね。

講師 中央監視制御装置は、空調設備、給排水設備、電気設備などの機能の自動化、省力化、不具合の監視、記録などの管理をコンピューターに集約した装置です。大型の商業ビル、工場、病院などにあります。この装置は家屋評価対象にはなりません。償却資産の申告対象になります。

生徒 逆に家屋評価の対象資産であり、誤って償却資産として申告してしまいやすい資産はありますか。

講師 テレビ共同視聴設備（アンテナ、ケーブル）、自動車管制装置（感知器、表示灯、ランプ、ブザー含む）、自己所有の非常通報装置などでしょうか。これらは、家屋評価の範疇であり、償却資産申告対象になりません。

　電灯の表示灯については、さきに説明しましたが、自動車管制装置とは、立体駐車場などによくあり、車両の行き来を整理するような電気設備のことです。これは家屋評価の対象です。しかし、そこに有料立体駐車場の料金徴収をするような機械類があった場合、それらは償却資産になります。

　特定の事業用資産であり、「家屋の効用を高めるもの」ではないからです。

＊　＊　＊　＊　＊　＊

〈**Answer**〉

「2　配電盤」及び**「3　無停電電源設備（UPS）」**

2-30　家屋との区分　太陽光発電

Q

次のうちで、償却資産の申告が必要なのはどれか。

1　太陽光発電一式（自宅温水用）

2　太陽光発電一式（売電しない事務所用）

3　太陽光発電一式（集熱器が屋根と一体となっている場合）

生徒 太陽光発電も、最近は屋根だけでなく、平地、山間地など、さまざまな場所でたくさん設置されています。湖上や、海上のものもあります。そして、給湯設備だけでなく、売電など多様な使用形態も多いと思います。

　これらはどう考えればよいのでしょうか。

講師 確かに太陽光発電は増えています。そして、誤った情報も流布しています。ネット上では、「売電」や、ワット数（10キロワット）の制限などで、償却資産の申告対象と申告対象外とで分けて書かれていることがありますが、この考えは誤りです。

今までの講義を聴いた方はおわかりのとおり、「事業用」に使用されている資産なら、それは償却資産申告対象です。以前説明した「事業」の定義の項目を再度確認してください。直接の事業用でない厚生施設（テニスコートなど）の資産も、事業の範疇です。病院の非常用発電設備は、「売電」はしていませんが、事業の範疇です。つまり、電気を売るという「売電」だけが事業と考えていないということです。

ワット数による定義の混同の原因は、太陽光発電システムが、年度によって「特例」の定義に該当することにあるようです。ネットの情報は、混乱を招くものも非常に多いので、あやふやなときは、必ず法令を確認してください。そして、総務省などの本来の機関にも確認しながら、判断していったほうがよいでしょう。

生徒 特例とは、税額がかからないということなのでしょうか。非課税とは、どう違うのでしょうか。

講師 確かに、公用、公共用のものについて非課税措置が規定されています。特例は、非課税とは異なっています。公共料金の抑制、企業体質の改善、公害対策の充実などの観点から、固定資産税の負担が大きな障害とならないことが求められるようになりました。

そこで、重要基礎産業（鉄軌道、船舶など）や各種公害防止施設等について、経済政策的又は社会政策的要請に基づいて、課税標準の特例が措置されているのです。

その後の税制改正によって、対象となる資産の範囲が拡大され、現在では、太陽光発電を含む、さまざまな範囲の特例が措置されるに至っているのです。

特例については、法律の読み方が難しいことに加え、年度による変更や適用の有無、適用資産が省令などで細かく規定されていたり、最近は「わがまち特例」のように、市町村の条例でその内容を独自に決めるものも多く存在しているので、注意してください。

最後の「税負担についての特例」講義（第6章）の中で、「非課税」「課税標準の特例」「税額の特例」「課税免除及び不均一課税」「減免」の区別とともに、調べ方も説明します。

生徒 ありがとうございます。「特例」についても、意識して法令を確認するようにします。

講師 太陽光発電で、注意が必要なことがひとつあります。たまにある事例ですが、ソーラーシステム集熱器の状態です。この集熱器が屋根と一体になっていない場合は、償却資産の申告対象と考えます。しかし、ソーラーシステム集熱器が屋根と一体となっている場合があります。この場合は、屋根の構造として、固定資産税の「家屋」の評価になって課税対象になっているのです。つまり、屋根の仕上げの部材として、太陽光発電が存在している場合は、家屋評価に含まれているため、償却資産の申告対象外と考えてください。不安なら、一度、家屋評価の内容を確認することも必要だと思います。

生徒 なるほど、そのような場合は、もし申告してしまうと、家屋と償却資産の二重課税になってしまうというわけですね。

*　　*　　*　　*　　*　　*

〈Answer〉

「2　太陽光発電一式（売電しない事務所用）」

（注）「太陽光発電一式（集熱器が屋根と一体となっている場合）」屋根材一体型であっても、パネル以外の接続ユニット、パワーコンディショナー、表示ユニット、電力計等は償却資産の対象となる。

2-31　家屋との区分　給排水設備・給湯設備

Q

次のうちで、償却資産の申告が必要なのはあるか。

1　中央式給湯設備

2　給水設備（工水）

3　高架水槽（屋上）

生徒 給排水設備は、どのように考えたらよいのでしょうか。私は、給排水設備でも屋外のものは、償却資産申告対象になると思っています。建物の外側にあるものは、家屋評価の対象外だからです。具体的には、車の洗浄などで使用する屋外に設置された給水設備、屋外散水設備、屋外排水構、屋外噴水、屋外の消火設備などは申告対象と考えています。

しかし、屋上にある高架水槽は、外側の範疇とは考えていません。

講師「給水、排水設備」も誤って、申告漏れを起こしやすいところですね。屋外の給排水については、そのような捉え方で大丈夫です。しかし、建物の内部に存在する給水設備でも、償却資産申告対象になるものがあるのです。

例えば、通常は「工水」と呼ばれる「工業用水道」です。「工水」は、「上水道」とは違って、家屋評価対象ではないので償却資産申告対象になります。

生徒「工業用水道」とは何ですか。

講師 工場などの事業所に人体とは直接接しない目的で用いるために供給される雑用水のことです。工業用なので、飲用には使用されませんし、水道法の適用は受けません。水を大量に使用し、雑用水で済んでしまう工場などでは単価の安い工業用水道を使用しています。これは特定の生産又は業務の用に供されるものの範疇なので、償却資産申告対象です。

この他に水関連では、純水というのもあります。試験研究の施設を持つところが、クリーンルーム内の空調設備などで使用することも多いのが純水です。純水とは、工水とは真逆の不純物のきわめて少ない、純度の高い水です。化学工業、機械工業用の機器を洗浄するとき、化学や生物学関係の実験、実験用器具の洗浄などで使用します。水道水では、微量の不純物が付着して、このような実験や洗浄では使用できないのです。

排水設備では、ディスポーザーもよく誤る事例です。ディスポーザーとは、調理場などの排水口にある生ごみを、水とともに粉砕して排水管に流す設備、器具のことです。大きな厨房を備えたところには、よくあります。

これらも特定の生産又は業務の用に供されるものの範疇なので、償却資産申告対象になります。

生徒 なるほど。論理的に考えれば理解できますが、知識の浅い経理担当者等は、「給水設備」「排水設備」とも、そこまで深く考えないでしょう。そして、建物の一部分として処理が行われてしまいそうです……。

では、水道水を使うもので「給湯設備」とは、どう考えるのでしょうか。

講師 まず、家屋評価対象である給湯設備とは何かを確認します。ビル、事務所などにある中央式給湯設備、それらのボイラー、屋内配管、貯湯槽などです。これらが家屋評価対象になっているものです。

では、償却資産の申告対象となる給湯設備は存在するか。それは、事務所の炊事場にあるような上水道からの水を、そこでガスで沸かす小型湯沸器。そして、ホテルの洗面所の下に設置されるような電気の小型給湯器などです。これらの給湯設備は家屋評価対象にはなっていません。つまり、償却資産の申告対象になります。

＊　＊　＊　＊　＊　＊

〈Answer〉

「2　給水設備（工水）」

2-32　家屋との区分　ガス設備

Q

次のうちで、償却資産の申告が必要なのはどれか。

1　ガス配管設備（窒素ガス）

2　ガス漏れ警報器

3　ガスカラン

生徒 建築設備には「電気設備、ガス設備、給水設備、排水設備、衛生設備、冷暖房設備、空調設備、防災設備、運搬設備、清掃設備」がありました。

「ガス設備」は、どう考えればよいのでしょうか。

講師 「ガス設備」は、屋内で使用される一般家庭用の都市ガスやプロパンガスなどは家屋評価対象になっていると思ってください。そのガス設備の中身というのは、家屋に取り付けられ家屋との構造上一体となっている屋内配管、バルブ、カラン（ガスの室内取出し口）、排気筒です。

生徒 もう少し詳しく説明をお願いします。

講師 「ガス設備」は、建物内部の設備であっても、全てのガス設備が家屋評価対象のものであるとは考えないでください。例えば、このQの窒素ガスなど、製造業者が使用する工業用ガスです。仮に「ガス設備」という名称であっても、配管も含め、屋内にあっても家屋評価対象にはなっていません。

ガスメーターから外側の配管も含め、償却資産申告対象になります。これらは、家屋評価の判断の「家屋の効用を高めるもの」の範疇ではないからなのです。このような建築設備を備えることによって、家屋自体の利便性が高まるものとは考えられてはいないのです。

窒素ガスは、特定の生産又は業務の用に供されるものになるので、家屋の評価に含めず、償却資産申告対象なのです。

工場、実験用施設を持つ事業者の建物内部には、このような窒素ガスに限らず、エアガス、水素ガス、ヘリウムガスなど、さまざまなガス設備を備えています。

むしろ、そのような特殊なガス配管だらけの工場もあります。

病院などでも、手術、麻酔、呼吸、吸痰などで使用するために、いろいろな医療用ガスというものが存在します。

このような特定の事業用のガス設備は、償却資産申告対象となります。申告漏れが発生しやすいところですので気を付けてください。

生徒 ガス設備といっても、家庭の暖房や煮炊きに使用するガスとは、確かに性質が違いますね。

講師 もうひとつ、償却資産のガス漏れ警報器は注意してください。ガス漏れ警報器は、家屋評価対象に火災報知装置、非常通報装置設備があることから、ベテランの人も混同して申告漏れになることが多い資産です。同じように工場内部にある回転灯、パトライトなども、申告漏れを起こしやすい資産です。これらは通常、特定の生産又は業務の用に供される資産です。

＊　＊　＊　＊　＊　＊

〈**Answer**〉

「1　ガス配管設備（窒素ガス）」と**「2　ガス漏れ警報器」**

2-33　家屋との区分　空調設備

Q

次のうちで、償却資産の申告が必要なのはどれか。

1　エアシャワー

2　壁掛型空調

3　セントラル空調

生徒 建築設備の中には、冷暖房設備、空調設備がありました。空調設備は、以前説明を受けましたが、もう少し詳しく解説していただけな

いでしょうか。

講師 空調設備は、申告誤りが多いもののひとつです。

まず、セントラル空調（中央空調設備）と呼ばれる空調設備です。構造として、熱源機器（ボイラー、冷凍機、冷却塔）、空気調和機（エアコン、ファンコイル）を建物内部に配管、ダクトでつなげているような方式のものは空気調和機を含めて家屋評価対象になります。この場合、換気設備、換気口、換気扇（排気扇）、送風機･排風機なども家屋評価になっています。

しかし、同じ空調設備でも、アパート、雑居ビルなどで使用されている個別の部屋ごとのルームエアコンディショナー（ウインド型・壁掛型）は可動性があるものです。壁に小さな丸い穴をあけ、取り付けられているような、容易に取替えも可能なこのような空調設備は事業用で使用されていれば償却資産申告対象になります。

付随する室外機も、この考えの範疇によるということです。

生徒 確かに天井裏に大きな換気ダクトが通っていません。また、可動性もありますね。

講師 この他に空調設備で誤りやすい事例は、クリーンルームの空調設備があります。クリーンルームは、温湿度、清浄度、防塵のために、気密性が求められ、そこには多くの特別仕様の空調設備が設置されています。これらは、家屋評価対象になる空調設備ではありません。「家屋の効用を高める」ものではなく、特定の生産又は業務用の空調設備であるので償却資産申告対象になってくるものです。

クリーンルームには、エアシャワーもあります。エアシャワーとは、クリーンルームに入るときに、服などについた埃を強い空気で吹き飛ばす設備です。このエアシャワーを担当者が、空調設備として経理処理することが多いのです。そして、申告漏れを起こしやすい資産でもあります。

生徒 なるほど、これらの資産は確かに特定の生産又は業務用の空調設備になりますね。

講師 この他にも、精密空調、局所空調（局所排気装置）、スクラバーという設備が、特定の生産又は業務用の空調設備としてあります。

生徒 具体的には、どのような資産なのでしょうか。

講師 精密空調とは温度や湿度などを細かく管理できる空調設備です。さきほどのクリーンルームの他にも、精密環境を求められる病院の集中治療室、パソコンデータセンター、テレコミュニケーションなどで使用されることが多い空調設備です。局所空調（局所排気装置）とは、粉塵や有機溶剤などの有害物質を、フードから局所的に吸い込み、ダクトで送り、外部排気ファンで外部に排出する装置です。製造過程で粉塵や有害物質が発生する事業者は、利用することの多い装置です。

スクラバーとは、洗浄集塵装置です。これは水などの溶媒を噴霧下降させて、粒子の付着などを分離させるような装置です。これも経理処理担当者が、一般の空調設備と混同して経理処理してしまうと、そこで誤りが生じてしまうのです。

＊　＊　＊　＊　＊　＊

〈**Answer**〉

「1　エアシャワー」と**「2　壁掛型空調」**

2-34　家屋との区分　消火設備・防災設備

Q

次のうちで、償却資産の申告が必要なのはどれか。

1　避雷針
2　ハロゲンガス消火設備（ガスボンベ）
3　泡消火設備（原液タンク）

生徒 「消火設備」「防災設備」で、まず頭に浮かぶのは、消火器、火災報知器、消火栓です。あとは、天井などから噴出する水、泡、ハロゲンガスなどの消火設備、そして、屋上にある避雷針でしょうか。そ

のうち、どれが償却資産申告対象になるかと問われれば、正直、確実には答えられません。

講師 まず、避雷針を説明します。避雷針は屋上にあり、建物内部の配線を通り、地上に電気が流れます。これは家屋と構造上一体をなしているものであり家屋評価として考えます。

「消火設備」は、大きく分けると、水を使う消火栓設備、そして、泡で空気を遮断する泡消火設備、この他に、ハロゲン、炭酸ガスなどのガスを使う不活性ガス消火設備があります。火の広がる要素である酸素をどう遮断するかという方法の違いのシステムなのでしょうか。

水消火設備、泡消火設備、不活性ガス消火設備。これらは基本的に家屋内部に配管などが通っているものであり、家屋評価対象であると考えてください。水を使用する消火栓設備は、消火栓だけでなく、その内容は消火ポンプ、配管、バルブ、連結送水管、消防隊専用栓の送水口、スプリンクラー設備を含めて考えています。

生徒 では、工場の敷地内にある屋外の消火栓も、家屋と考えてよいのでしょうか。

講師 違います。屋外の消火栓は、償却資産申告対象です。屋外消火設備は償却資産です。申告誤りを起こしやすい資産です。この他にも、不活性ガス消火設備は、その内容は、ガスボンベ用架台、配管、バルブ、ノズル、サイレン、押ボタンのことを指しています。

ここで注意が必要なのは、不活性ガス消火設備のガスボンベ用架台は家屋評価になっていますが、そこに設置するガスボンベ（ハロゲン、炭酸ガス）は家屋評価になっていません。それは、本来、ガスボンベは可搬性のある容器、入れ物であるからです。容器、入れ物であるガスボンベは、償却資産申告対象になるということです。

生徒 なるほど、プロパンガス会社の家庭用ガスボンベと同じように考えるのですね。プロパンガス会社が時折、取り替えに来ています。

講師 そうです。次に泡消火設備ですが、これは天井から泡が噴き出す消火設備のことです。具体的には、原液タンク、ポンプ、ポンプ架台、配管、バルブ、ヘッドです。これは家屋評価対象の資産です。原液タンクは、一般的には備え付きで設置されます。ところが、「泡消火設備」でなく、「泡消火器」というものもあります。これは、移動性、可動性資産の消火器です。よく消防訓練などで、消す練習をするような消火器です。

このような初期の火災を消す可搬性の消防器具は、備え付けのボックスを含めて償却資産になります。

水消火、不活性ガス消火でも移動性、可動性の「消火器具」は存在します。これらのパッケージ型消火器具は、家屋との一体性はありませんので、償却資産申告対象になります。

生徒 共同アパートやビルでは、消火栓も消火器も、赤い消火設備ボックスに入っていることがありますね。

講師 そうです。同じような赤い消火設備ボックスに入っていても、その中身によっては、家屋評価になったり、償却資産対象になったり、分かれてくるということなのです。

*　　*　　*　　*　　*　　*

〈Answer〉

「2　ハロゲンガス消火設備（ガスボンベ）」

2-35　家屋との区分　衛生設備・運搬設備

Q

次のうちで、償却資産の申告対象はどれか。

1　ナースコール

2　ダムウエイター（小荷物専用昇降機）

3　垂直搬送機

生徒 衛生設備、運搬設備は、何に気を付けたらよいのでしょうか。

講師 家屋に係る固定資産税で、衛生設備と考える資産は、便器、洗面

器、洗面化粧台、浴槽、釜、ユニットバス、シャワー、ユニットシャワー、システムキッチン、ナースコールなどです。これらは皆、家屋評価されていると思ってよいでしょう。

生徒 ナースコールは、家屋評価なのですね。

講師 衛生設備で、ナースコールは家屋評価です。しかし、他の医療設備である資産、例えば医療機器・装置及びユニット、医療用ガス設備、吸引設備、ボンベ、真空ポンプ、消毒設備、手術設備、X線設備などは、償却資産申告対象になります。

生徒 医療設備は、特定の業務上の利便性を高める設備と考えるわけですね。ナースコールは、室内の呼びベルとでも考えているのでしょうか……。

講師 運搬設備では、エレベーター、エスカレーター、ダムウエイター（小荷物専用昇降機）は家屋評価となるものです。

生徒 では、償却資産申告対象となる資産は、どのようなものでしょうか。

講師 よく工場で使用されるベルトコンベアー、工場用リフト、ループシステム設備、それに天井クレーン設備などは、家屋評価にはなっていません。これらは、分かりやすいと思います。

運搬設備の申告で間違いやすい資産に、垂直搬送機があります。垂直搬送機は、工場、作業場で、上下階の荷役搬送などに使用されるものです。この垂直搬送機とエレベーターは、ともに上下の階をつなげるものです。しかし、その中身は異なっているものなのです。

垂直搬送機は、基本的には、設置のために建築確認申請や労働基準局の許可、設置後の定期検査報告も不要な資産です。垂直搬送機は、人が乗りこんだ状態で運転するおそれのないものなのです。人の乗る昇降機（エレベーター）とは安全基準も含め、取扱いが基本的に異なっています。

生徒 なるほど、これを理解していない経理担当者は、垂直搬送機を昇降機（エレベーター）と同じ括りの資産勘定名にしてしまいますね。そして、誤ってしまうということですね。

講師 そうなのです。固定資産台帳を作成するとき、現物資産を検視することなく経理処理をする担当者に多く誤りが発生するところです。

＊　＊　＊　＊　＊　＊

〈**Answer**〉

「3　垂直搬送機」

2-36 家屋との区分　特殊設備など

Q

次のうちで、償却資産の申告が必要なものはどれか。

1　ゴンドラ

2　キャノピー

3　厨房設備

講師 ここでは、このQの解答を先にいいます。このQは、すべてが償却資産の申告対象であり、そして、申告対象外でもあります。どちらにでもなる可能性があるということです。つまり、名称だけでは、わからないのです。

生徒 詳しい説明をお願いします。

講師 まず、ゴンドラです。これは高層ビルにある箱型の窓拭き用ゴンドラは家屋です。しかし、ゴンドラでもチェアゴンドラ等簡易なものは償却資産になります。同じように移動性・可動性の清掃機器も償却資産になります。

生徒 次のキャノピーですが、そもそも、どのような資産ですか。

講師 キャノピーとは、建築物にみられる上部を蓋状に覆った庇のことです。多くが柱で支えられています。例えば、ガソリンスタンドでは給油機の上を覆っています。雨よけのため、ガソリンスタンドにはキャノピーはつきものです。キャノピーは、建物本体の庇を延長したものである場合は家屋になります。しかし、建物と独立した柱で支えられたものは家屋評価されません。つまり構築物となり、償却資産になります。

キャノピーは、ほかにも遊歩道、建物の玄関部分など、あらゆる場所に存在しています。これらは建物と独立していれば構築物になり償却資産申告対象になります。キャノピーは、固定資産税では、家屋にも償却資産にもなり得るのです。

このため、キャノピーは、申告漏れが多く発生しています。

生徒 なるほど。では、最後の厨房設備です。厨房設備は、システムキッチンは家屋評価であるけれど、事業用である、寮・病院・社員食堂・飲食店・ホテル・百貨店などの厨房設備は、特定の生産又は業務上の利便性を高めるための設備であるので、償却資産申告対象と習いました。

講師 そのとおりです。では、厨房設備にある排水処理をするためのグリーストラップはどうでしょうか。

生徒 グリーストラップとは何ですか。

講師 グリーストラップとは、下水道に油脂を含む汚水が直接流出するのを防ぐ装置です。業務用の厨房設備には設置が義務付けられているのです。このグリーストラップを、家屋評価の排水処理設備として考えてしまうと、誤ってしまいます。似たものとして、キッチンの排水口にある生ごみを粉砕するディスポーザー設備、生ゴミ用冷蔵庫、脱臭装置は償却資産申告対象です。家屋評価の排水処理設備ではありません。

この他にも、冷凍倉庫等の冷蔵・冷凍設備、銀行の夜間金庫、銀行窓口等の受付システム、スーパーのＰＯＳシステムなど注意が必要な資産があります。

判断の曖昧なものは、自治体担当者に確認したほうがよいと思います。

＊　＊　＊　＊　＊　＊

〈Answer〉

名称では判別不能。

〈参考〉

主な設備等を例示しますと、次のとおりです。

設備等の種類	設備等の分類	設備等の内容	家屋と設備等の所有関係			
			同じ場合		異なる場合	
			家屋	償却資産	家屋	償却資産
建築工事	内装・造作等	床・壁・天井仕上、店舗造作等工事一式	○			◎
電気設備	受変電設備	設備一式		◎		◎
	予備電源設備	発電機設備、蓄電池設備、無停電電源設備等		◎		◎
	中央監視設備	設備一式		◎		◎
	電灯コンセント設備、照明器具設備	屋外設備一式		◎		◎
		屋内設備一式	○			◎
	電力引込設備	引込工事		◎		◎
	動力配線設備	特定の生産又は業務用設備		◎		◎
		上記以外の設備	○			◎
	電話設備	電話機、交換機等の機器		◎		◎
		配管・配線、端子盤等	○			◎
	LAN 設備	設備一式		◎		◎
	放送・拡声設備	マイク、スピーカー、アンプ等の機器		◎		◎
		配管・配線等	○			◎
	監視カメラ（ITV）設備	受像機（テレビ）、カメラ、録画装置等の機器		◎		◎
		配管・配線等	○			◎
	避雷設備	設備一式	○			◎
	火災報知設備	設備一式	○			◎
給排水衛生設備	給排水設備	屋外設備、引込工事、特定の生産又は業務用設備		◎		◎
		屋内の配管等、高架水槽、受水槽、ポンプ等	○			◎
	給湯設備	局所式給湯設備（電気温水器・湯沸器用）		◎		◎
		局所式給湯設備（ユニットバス用、床暖房用等）、中央式給湯設備	○			◎
	ガス設備	屋外設備、引込工事、特定の生産又は業務用設備		◎		◎
		屋内の配管等	○			◎
	衛生設備	設備一式（洗面器、大小便器等）	○			◎
	消火設備	消火器、避難器具、ホース及びノズル、ガスボンベ等		◎		◎
		消火栓設備、スプリンクラー設備等	○			◎
空調設備	空調設備	ルームエアコン（壁掛型）、特定の生産又は業務用設備		◎		◎
		上記以外の設備	○			◎
	換気設備	特定の生産又は業務用設備		◎		◎
		上記以外の設備	○			◎
その他の設備等	運搬設備	工場用ベルトコンベア、垂直搬送機		◎		◎
		エレベーター、エスカレーター、小荷物専用昇降機（ダムウェーター）等	○			◎
	厨房設備	顧客の求めに応じるサービス設備（飲食店・ホテル・百貨店等）、寮・病院・社員食堂等の厨房設備		◎		◎
		上記以外の設備	○			◎
	その他の設備	冷凍・冷蔵倉庫における冷却装置、ろ過装置、POSシステム、広告塔、ネオンサイン、文字看板、袖看板、簡易間仕切（衝立）、機械式駐車設備（ターンテーブルを含む）、駐輪設備、ゴミ処理設備、メールボックス、カーテン・ブラインド等		◎		◎
外構工事	外構工事	工事一式（門・塀・緑化施設等）		◎		◎

横浜市「償却資産　申告の手引き」より

第３章 償却資産の課税団体

3-1　課税団体の原則

Q

次のうちで、償却資産の申告場所はどこか。

1　所得税、法人税の申告地の市役所・町村役場

2　資産の所在する区域を管轄する市役所・町村役場

3　居住地の市役所・町村役場

講師「償却資産の範囲」はとりあえず終了して今回から、「課税団体」について説明をします。

生徒「課税団体」とは、申告者は、どこに申告して、どこが課税団体になるかということですね。

講師この申告先、課税団体については、償却資産に係る固定資産税の基本の部分です。固定資産税は、一般的に土地、家屋として認識されています。つまり、「不動産」です。不動産登記され、その存在が動かないものです。償却資産の範囲には、建物附属設備や構築物もありますが、不動産登記とは直接的な関係は薄いです。

そして、土地、家屋と違って「動産」というものが多く存在しています。

生徒機械や工具器具備品のことですね。

講師そうです。この他にも動産には、動産であるがゆえに複雑な事例が生まれています。これは追って説明します。

まず、地方税法342条1項では、「固定資産税は、固定資産に対し、当該固定資産所在の市町村において課するのが原則」とうたっています。

これは、原則である。そして、これには例外のようなものもあるということも言外に含んでいます。

生徒 このＱのＡは、とりあえず「２　資産の所在する区域を管轄する市役所・町村役場」ということでよいのでしょうか。

講師 そうです。まず、資産の所在する区域を管轄する市役所・町村役場ということは、企業会計、法人税、所得税と大きく相違しているところです。

生徒 確かに、企業会計、そして、法人税、所得税申告では、固定資産台帳の資産はひとつにまとめられています。その資産の中身を、わざわざ分けるということはありませんね。

講師 償却資産の固定資産税の免税点は、この範囲、つまり自治体の申告先ごとで考えています。例えば、大量の資産を持っていても、それが当該固定資産所在の市町村ごとに分かれて、かつ、それらがおのおのの範囲で免税点を考えるということです。つまり、全ての自治体に申告しても、それらがおのおので免税点以下ならば、償却資産の固定資産税は、どこの自治体からも課税されないこともあり得るということなのです。

生徒 なるほど。

講師 そうなると、恣意性が生まれる土壌があり得てしまいます。償却資産には、機械や工具器具備品などの動産ばかりではありません。船舶やガスタンク容器のように、もともと動くことが宿命づけられた資産もあります。

それらについて、地方税法では、どう考えているかということになってくるのです。

「課税団体」の考え方をどうするかが重要なテーマになってきます。

＊　＊　＊　＊　＊　＊

〈Answer〉

「２　資産の所在する区域を管轄する市役所・町村役場」

3-2　移動性・可動性資産の意義

Q

次のうち、償却資産の申告で、移動性資産はどれか。

1　油脂類のドラム缶

2　モバイルパソコン

3　フェリー

生徒 まず、言葉の整理からお願いします。移動性・可動性の資産の説明をお願いします。

講師 まず、船舶、車両、航空機など、自力によって本来移動することのできる資産を、「移動性資産」といいます。

生徒 では、可動性資産とは、どのような資産のことをいうのでしょうか。

講師 可動性資産とは、建設用機械、ドラム缶など、他の機械力その他によって移動させることができて、なおかつ工事現場や作業場等の移動に伴って、その所在が移動していく資産。これを「可動性資産」といいます。これは、大ざっぱな括りとして考えてください。

生徒 どちらも移動が前提であり、移動が宿命づけられた資産ですね。それが自力か、他力で移動するかということなのでしょうか。

講師 具体的には、漁船、輸送船、航空機、鉄軌道用の車両、ケーブルカーは、移動性資産といえるでしょう。

この他にも、移動性・可動性資産には、浚渫船、サイドポンプ、ミキサー、ブルドーザー、パイルハンマー、シートパイルなどの土木建設用の機械設備、車両運搬具及び金属製架設資材、フォークリフト、コンテナ、ポータブルコンテナ、魚缶など、倉庫業、運送業用の特殊自動車及びコンテナ類。容器類では、プロパンガス、アセチレンガス、フレオンガス、液体酸素、圧縮酸素等のボンベ、油脂類のドラム缶、輸送用タンクなどに使用されるドラム缶・ボンベなどがあります。

生徒 なるほど、ずいぶんと事例としてはあるものですね。

講師 地方税法の固定資産税は、固定資産に対し、当該固定資産所在の市町村において課するのが原則である（地法342）としていることは、先に述べました。

生徒 固定資産というのは、土地や家屋のように不動産であって、移動は前提にはなっていないと思っていました。しかし、償却資産は不動産だけではなく、動産も含んでいて複雑なわけですね。地方税では、固定資産所在の市町村において課するのが原則であれば、このような動くことを前提とした資産については、どのように考えていけばよいのでしょうか。

講師 つまり、課税団体はどこか、申告先はどこになるかということですね。（３－３へつづく）

＊　＊　＊　＊　＊　＊

〈Answer〉

「3　フェリー」

3-3　移動性・可動性資産　賦課期日

Q

次のうちで、償却資産の申告が不要な資産はあるか。

1　賦課期日には使用禁止されるブルドーザー

2　賦課期日に置き場所が不明瞭なプロパンガス容器

3　賦課期日に移動途中の船舶

講師 移動性・可動性の資産の課税団体を説明するまえに、まず、固定資産税の賦課期日について確認しましょう。

生徒 固定資産税の賦課期日は、課税年度の１月１日と理解しています。

講師 違います。注意してください。課税年度の初日の属する年の１月１日が賦課期日です。

では、具体的にその賦課期日について、もう少し考えましょう。例えば、固定資産税の家屋は、１月１日に完成して建っていれば、その年度は、家屋が課税されることになります。仮に１月３日に家屋が完成して建物が建ったのならば、その年度の家屋課税はされません。賦課期日１月１日は、未完成の状態だからです。そして、土地の課税標準額が減額される住宅用地特例についても、同様に考えます。

生徒 なるほど。

講師 では、このような場合は、どう考えるのでしょう。土地の場合ですが、ある土地があり、１年の間に、山林だったところを、雑種地にして駐車場に使います。そのあとに、家を建ててしまいました。１年間のうちで、使用していた月に分けて課税されるのでしょうか。違いますよね。

生徒 地目についても、賦課期日にどのような使い方をしていたかで、1年間の税金が決まるということなのですね。1月1日の土地の現況がどうだったか。山林、雑種地、宅地のうち、どのような地目として使用されていたかということですか。

講師 そうです。賦課期日の現況の地目で年度課税の評価が決まるのです。

では、そこで、土地や家屋と違う移動性・可動性資産はどう考えるのでしょうか。償却資産の申告対象であるガスボンベや船舶など、移動途中、置き場所が常に動きます。まさしく移動性、可動性の資産です。

それらの資産は、常駐していないことが宿命のために、どこにあるかが不明であれば、申告しなくてもよいのでしょうか。会社の都合で賦課期日に使用しなければ、申告を免れるのでしょうか。そして、資産が移動の途中であるという理由で申告が不要なのでしょうか。解答は、そんなことはないということです。

このＱの事例のように、どのような理由であれ、主たる定けい場又は定置場を定めて申告することが必要になってくるのです。

生徒 主たる定けい場又は定置場……？

＊　＊　＊　＊　＊　＊

〈Answer〉

申告が不要なものはない。

3-4　移動性・可動性資産　主たる定けい場又は定置場

Q

次のうちで、償却資産の考えで正しいのはあるか。

1　移動性・可動性資産は、県や国に申告するものがある。

2　移動性・可動性資産は、移動途中の場合、二分割して自治体に申告をする。

3　移動性・可動性資産は、賦課期日のみで判断される。

講師 それでは、まず、税法を確認しましょう。地方税法では342条2項で「船舶、車両その他これらに類する物件については、第389条第１項第１号の規定の適用がある場合を除き、その主たる定けい場又は定置場所在の市町村を前項の市町村とし、船舶についてその主たる定けい場が不明である場合においては、定けい場所在の市町村で船籍港があるものを主たる定けい場所在の市町村とみなす。」とされています。

生徒 もう少し噛み砕いて法の文言の説明をお願いします。

講師 まず、移動性・可動性償却資産の中には、総務大臣等が「指定する資産」と、「指定されない資産」が存在します。前者の「指定する資産」については、関連自治体に配分される「配分資産」というものがあります。これは県や国に申告するものです。償却資産には、市町村以外に県、国へ申告するものがあります。まず、これを頭に入れてください。

生徒 漁船の中には、湾内で漁をする小型船舶と遠洋漁業にでかける大型船舶があります。使用する港が、あまりにも広範囲になっています。これなどは「配分資産」の船舶と、「配分資産」でない船舶に分かれそうです。ここでいう「主たる定けい場」と、「主たる定置場」は、どう考えるのでしょうか。

講師 「主たる定けい場」とは、船舶の場合に使用されます。この場合、その発着地関係、旅客輸送関係、在泊時間の長短、入港回数等の具体的事実及び資料に基づき船舶航行の本拠地として認定される場所のことをいいます。一般的には賦課期日の属する年の前年中における停泊日数の最も多い定けい場が、主たる定けい場としては考えられます。

「主たる定置場」とは、車両や建設用機械等の場合に使用されます。車両などは運行され、移動していますが、その場合の本拠地的な場所、通常定置される場所のことです。

この場合も、管理関係、作業終了後における帰投場所、作業時における場所等、総合的に勘案して認定されるということです。

生徒 「主たる定けい場」と、「主たる定置場」の意義ですね。

講師 では、なぜ「主たる定けい場」と、「主たる定置場」が明示されているのか。ここでも、固定資産税の本来の趣旨が、資産と市町村との応益関係であるからです。移動性・可動性資産は、賦課期日現在の現況のみをもってすることなく、賦課期日を含む相当の期間の現況を基礎として判断すること、当該償却資産の管理関係、当該償却資産が運行されない場合、通常定置される場所など、それらを総合的に考慮していくことが、税の趣旨から考えるとわかってくると思います。

生徒 確かに、移動性・可動性資産は便宜的、一時的に動くことはいくらでもあります。船舶の停泊港や、車両の基地などの存在を考え、そして、固定資産税の趣旨に照らせば、主に受益している自治体に申告すべきだとは思います。

講師 このQで考えてほしいのは、基本である応益課税の原則に戻って、通常定置される場所等を総合的に考慮して、申告する自治体が判断されるものである。移動性償却資産が、賦課期日の１月１日、輸送中であった場合は、出発地、到着地の二分割で申告することもない……ということなのです。

＊　＊　＊　＊　＊　＊

〈Answer〉

「1　移動性・可動性資産は、県や国に申告するものがある。」（配分資産）

〈参考〉

行政実例　**〈土建業者の所有する移動性償却資産の課税について〉**

（昭和32自丁市発第96号
自治庁市町村税課長回答）

問１　土建業者の所有する償却資産で、転々と住所を移動するもののうち、賦課期日を含めて約６ヶ月程度一市町村内に所在する場合においては、相当の長期間所在したものとして課税して差し支えなきや。

問２　昭和26年４月13日地財委税第814号「償却資産の課税権の帰属について」の回答のうち賦課期日を含んでその前後において相当の長期間同一の市町村に……・とあるが、賦課期日をはさんで前後の双方ともに相当の長期間を必要とするものか（Ａ図）或いは相当の長期間のうちに賦課期日が含まれ､賦課期日の前（又は後）が僅か10日間程度の場合（Ｂ図）何れの場合を指すものであるか。

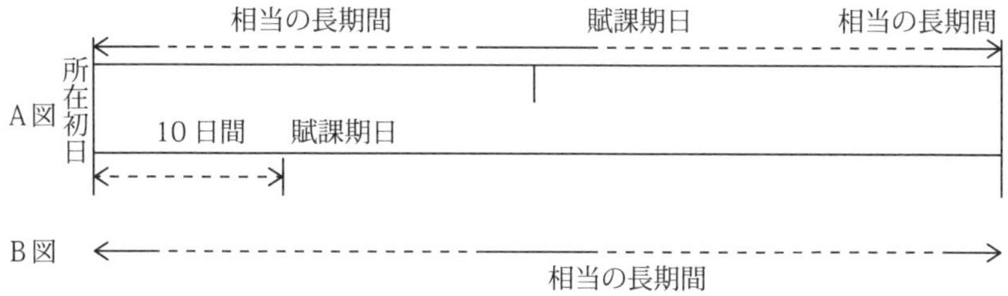

問３　相当の長期間とは何ヶ月程度を云うものであるか。

答　土建業者の所有する償却資産のように、その所在が各市町村にわたって移動するものについての課税権は、一般的にはこれらの償却資産が賦課期日を含んで相当の長期間同一の市町村に所在する場合は当該市町村にあると認めるのが適当であると解すべきである。従って、問１については、御見込みの通り。

問２については、賦課期日を含んで相当長期間所在すれば足りるものであり、その期間を賦課期日の前後に分ちそれぞれの期間について相当な長期間であることを必要とする趣旨ではない。

問３については、他の市町村に所在する期間との比較において相対的に判断すべきものである。

行政実例 **〈プロパンガスボンベの課税権の帰属〉**

（昭42　自治省固定資産税課長電話回答）

問　大宮市にあるプロパンガス製造業者から割賦販売（所有権留保付）によって取得した秩父市の販売業者にかかるガスボンベについて、プロパンガスの充てんは大宮市の製造業者の工場にて行っている場合のプロパンガスボンベの管理事務所は、大宮市のガス製造業者の充てん工場をいうものか。あるいは秩父市の販売業者の事業所をいうものか。

（注）プロパンガスボンベについてはこれを管理する事務所等にその主たる定置場があるものであること。

答　プロパンガスボンベの管理事務所は充てん工場であるとの実例があるが、これはその充てん工場がガスボンベの保管場所であり、さらに容器管理（数量把握点検維持補修耐圧検査）も行っているところから判断されたものであって、すべて充てん工場が管理事務所となるものではない。

設問の場合、充てん工場はガスの充てんを行うのみであって、ボンベの管理を行っているのは事実の所有者である販売業者であるので、管理事務所は秩父市の販売業者の事業所である。

3-5　移動性・可動性資産　長期に本邦外にある船舶等

Q

次のうちで、償却資産の考え方で正しいのはどれか。

1　長期間（１年以上）本邦外に所在する船舶は課税対象外。

2　極めて多くの港湾に短時日停泊する船舶は課税対象外。

3　船舶は、船籍港が「主たる定けい場」になることがある。

生徒　「主たる定けい場」「主たる定置場」の考え方については分かりました。しかし、現実には、船舶で「主たる定けい場」が不明の場合というのがあります。

このような場合は、どのように考えたらよいのでしょうか。

講師 船舶については、配分船舶を除いて、原則としては、主たる定けい場所在の市町村が、全面的にその課税権を有するとしています。それが原則です。

しかし、ご指摘のとおり、主たる定けい場が不明な場合ということが現実にはあります。ここでいう、「主たる定けい場が不明である」とは、年間ほとんど外航にある場合や、極めて多くの港湾に短時日停泊する場合のことを前提にしています。

生徒 では、不明な場合は、具体的にはどうすればよいのでしょうか。

講師 主たる定けい場が不明の場合は、定けい場所在の市町村で「船籍港」のあるものを主たる定けい場所在の市町村とすると、地方税法では定めています。

生徒 なるほど「船籍港」なのですね。では、「船籍港」とはどういうものか、もう少し詳しく説明をお願いします。

講師 船舶所有者は、船舶登記規則の定めるところによって船舶登記を行います。同時に、船舶法の定めるところによって船舶原簿に登録をします。それが船舶の船籍港です。船籍港は、船籍国籍証書の交付を受ける地であり、船籍港の名称は市町村の名称によるものとされています。

船籍港となるべき市町村は、船舶の航行し得る水面に接した市町村に限られます。原則として船舶所有者の住所、又はその最寄りの地に定めることを要するとされています。

生徒 なるほど、では、船籍が本邦内にあって、先ほどの「年間ほとんど外航」の「ほとんど」の範囲を超えた場合、つまり、1年以上の長期間にわたって引き続き本邦外に所在するような船舶は、申告課税の対象なのでしょうか。

講師 確かに、遠洋漁業などで、賦課期日を含み1年以上の長期にわたり本邦外にあって操業する漁船があります。この場合は、船籍が本邦内にあっても、固定資産税を課税することはできません。

行政実例で「当該年度の初日の属する年の前年の1月2日から当該年度の初日の属する年の1月1日までの間引き続き本邦外に所在する

船舶については、固定資産税を課することができないものとして取り扱うことが適当」とされているのです。

生徒 これも、自治体との受益関係からの考え方なのですね。

＊　　＊　　＊　　＊　　＊　　＊

〈Answer〉

「1　長期間（1年以上）本邦外に所在する船舶は課税対象外。」
「3　船舶は、船籍港が「主たる定けい場」になることがある。」

〈参考〉

〈船籍港とは〉

船籍港とは、船舶所有者が船舶登記規則の定めるところによって船舶登記を行い、同時に船舶法の定めるところによって船舶原簿に登録をし、船籍国籍証書の交付を受ける地であって、船籍港の名称は市町村の名称によるものとされており、船籍港となるべき市町村は、船舶の航行し得る水面に接した市町村に限られ、原則として船舶所有者の住所又はその最寄りの地に定めることを要するものどされている。

行政実例 **〈船舶に対する固定資産税の課税権の帰属について〉**

（昭和27．4．10地財委税第398号
地方財政委員会事務局市町村税課長回答）

問　船舶についてその主たる定けい場不明である場合とはどんな場合か。
例　賦課期日の1月1日から起算して
A市に於て　1月～5月　定けい
B市に於て　6月～8月　定けい
C市に於て　9月～12月　定けい
D市　船籍港
上の場合、A市に課税権があると思われるが。
D市では定けい場不明と解釈し、D市に課税権ありと主張するがいずれが正論か公式なご回答をされ度。

答　船舶に係る主たる定けい場とは、旅客貨物の輸送関係、在泊時間、入港回数等の状況により、船舶の本拠地と認められるものを指すものと解すべきであるが、具体的な認定にあたっては、停泊日数の最も多い港湾を主たる定けい場とするのが最も妥当であると解せられる。
　設例については停泊日数その他具体的資料が不明であるため認定し難いが停泊日数が明瞭である場合は、その最も多いものを主たる定けい場とすべきである。単に船籍港であるだけでは、主たる定けい場ということはできない。
　近年、遠洋漁業における操業方法の変遷に伴い、賦課期日含み１年以上の長期に亘り本邦外にあって操業する漁船が漸増しつつある状況にありますが、これら漁船に対する固定資産税の課税の可否について、いささか疑義がありますので次について御回報下さい。

記

問　賦課期日を含み１年以上の長期に亘り本邦に入港実績のない船舶に対する固定資産税の課税権の有無及びその理由（この場合、船籍は本邦内にあるものとする。）。

答　長期間にわたって引き続き本邦外に所在する船舶に対しては、固定資産税を課税することはできないものと解する。
　この場合、具体的には当該年度の初日の属する年の前年の１月２日から当該年度の初日の属する年の１月１日までの間引き続き本邦外に所在する船舶については、固定資産税を課することができないものとして取り扱うことが適当である。

3-6　配分資産

Q

次のうちで、償却資産の考え方で正しいのはどれか。

1　「配分資産」は、配分自治体、配分方法の定めがある。
2　「配分資産」は、「移動性・可動性資産」の一部である。
3　「配分資産」は、道府県知事に申告するものがある。

生徒　「移動性・可動性資産」の考え方はわかってきました。続けて、「配分資産」について説明をお願いします。

講師 例えば、鉄軌道、発送電施設などを思い描いてください。これらは、複数の市町村にまたがって所在しているものです。これらの固定資産について、それぞれの市町村で評価することはとても困難です。

また、先のQにあったような、移動性・可動性資産である船舶などの償却資産も、その使用の実態が、一市町村内に定置するに止まらないで、複数の市町村にわたるものが存在しています。

このように、複数の市町村にまたがって所在、移動するような資産が、配分資産になります。

「移動性・可動性資産」は、「配分資産」の一部であることはありますが、「配分資産」は、「移動性・可動性資産」の一部ではありません。

生徒 では、土地に定着した鉄道線路、発送電施設以外である「移動性・可動性資産」などで、具体的な事例範囲があるのでしょうか。

講師 航空機でいえば、定期航空運送事業用のもの。船舶でいえば、総務大臣が価格等を決定すべき船舶は総トン数500トン以上のもの（ただし、道府県知事が価格等を決定するものとして総務大臣が指定したものを除く。）。

そして、総トン数500トン未満で２以上の道府県にわたって定期的に使用されるもの及びパージ船が配分資産の対象になります。

生徒 このような配分資産は、誰が評価しているのでしょうか。各自治体が集まって判断しているのでしょうか。

講師 配分資産については、関係市町村の道府県で、全体を一の固定資産として道府県知事が評価します。また、関係市町村が２以上の道府県にまたがるときは、総務大臣が評価します。そして、その後に、その固定資産の価格等を関係市町村に配分すると、地方税法で決められているのです（地法389①一・二）。ですから、配分資産は、道府県や総務省に申告することになるのです。

生徒 では、道府県や総務省に申告された配分資産について、配分を受ける側の自治体、そして、そこへの配分方法も決まっているのでしょうか。

講師 これも規則で定めがあるのです。「地方税法第389条第１項により道府県知事、又は総務大臣が決定する固定資産の価格の配分に関する規則」です。

生徒 この規則によって配分を受ける自治体、また、配分方法のルールや具体例について説明していただけますか。

講師 まず、わかりやすい例でいえば、鉄道及び軌道の例です。配分を受ける自治体は、当然、鉄道及び軌道施設が所在する市町村です。そして、配分方法は、路線の所在する市町村における鉄道及び軌道の賦課期日現在における単線換算キロ数に応じて、あん分されるということです。この他、船舶など移動性・可動性資産についても、そこには、細かな配分方法が定められています。

償却資産の配分資産申告先は道府県や総務省ですが、償却資産の納付書については各関係自治体から発送されているのです。

＊　＊　＊　＊　＊　＊

〈Answer〉

「1　「配分資産」は、配分自治体、配分方法の定めがある。」

「3　「配分資産」は、道府県知事に申告するものがある。」

第４章
償却資産の納税義務者

4-1　償却資産の所有者

Q

固定資産税は、固定資産の所有者に課するのが原則だが、次のうちで、償却資産の所有者の考え方で正しいのはどれか。

1　償却資産の所有者は、使用者を所有者とみなすことがある。

2　償却資産の所有者は、固定資産を減価償却している者である。

3　償却資産の所有者は、償却資産課税台帳に所有者として登録されている者である。

生徒 新しいテーマに入りました。「償却資産の納税義務者」についてです。

このＱは償却資産の所有者についてですが、「２　償却資産の所有者は、固定資産を減価償却している者である。」がＡではないのでしょうか。

講師 違います。これ以外の「１　償却資産の所有者は、使用者を所有者とみなすことがある。」と「３　償却資産の所有者は、償却資産課税台帳に所有者として登録されている者である。」がＡなのです。

この二つの考え方が正しいのです。

生徒 地方税法では、「減価償却額又は減価償却費が法人税法又は所得税法の規定による所得の計算上損金又は必要な経費に算入されるもの」とありますけれど、これは違うのでしょうか。

講師 この法律は、「減価償却額又は減価償却費が法人税法又は所得税法の規定による所得の計算上損金又は必要な経費に算入されるもの」

で終わっているわけではありません。

「損金又は必要な経費に算入されるもののうちその取得価額が少額である資産その他の政令で定める資産以外のもの（これに類する資産で法人税又は所得税を課されない者が所有するものを含む。）をいう。」と記されています。「以外のもの」の「資産」を定めているのです。つまり、この地方税法341条１項４号の定義は、償却資産の対象「資産」に対する定義です。所有者の定義ではありません。

生徒 なるほど。

講師 「所有者」は地方税法343条１項で、「固定資産税は、固定資産の所有者に課するのが原則である」と定めています。では、その「所有者」とはどう定義されているか。法律では、同条３項で「第１項の所有者とは、償却資産課税台帳に所有者として登録されている者をいう。」と続けて述べられています。これが、「所有者」の定義なのです。

わざわざ、「償却資産課税台帳に所有者として登録されている者」と定義している。

このような書き方は、例外の存在があるということなのです。この場合、固定資産台帳の資産を減価償却している者には限ってはいないのです。

生徒 もう少し詳しく説明してください。

講師 わかりやすい例では、償却資産申告対象になる簿外資産があります。簿外資産とは、固定資産台帳に載らない資産です。この簿外資産は、税務会計、企業会計では、減価償却することはありません。

また、国税では、減価償却費を計上している人が、固定資産を所有している人とは限ってはいない場合があります。

生徒 減価償却費を計上している人が、固定資産を所有している人とは限ってはいない場合とは、どういうことでしょうか。

講師 それはこういうことです。国税には、「生計を一にする」親族に支払う必要経費という考えがあります。個人事業主は、生計を一にする配偶者その他の親族に対して、給料、家賃、借入金の利子などの対価を支払っても、必要経費とすることはできません。そして、その給料等の支払を受けた親族側も、その給料等は受け取っていないものとして取り扱われます。

しかし、その親族の必要経費、例えば固定資産税、減価償却費、保険料や資産損失は、その親族ではなく、その事業主が負担したものとして必要経費になるのです。

ちなみに、この例外として存在しているのが、親族への支払を必要経費とすることができる専従者控除の制度です。

生徒 専従者控除は、知っていたのですが……。減価償却について、具体例での説明をお願いします。

講師 そうですね。国税の「生計を一にする」親族に支払う必要経費の具体的な例でいえば、父親の所有する土地建物などを店舗として賃借して、子供が事業を営んでいる場合についてです。店舗などの資産は父親が持っています。しかし、減価償却費などの必要経費は子供の必要経費となるということです。

生徒 なるほど、固定資産の所有者と減価償却費の計上者は一致していませんね……。これも、減価償却については、費用処理を基本に考える国税との違いなのでしょうか。

講師 この他に、このような場合はどうでしょう。例えば、２以上の者が同一の物に対して共同して一定の割合で一の所有権を有しているような共有物について、納税義務者の認定はどうなるのでしょうか。

生徒 国税は、持分に応じた減価償却費の計上になると思います。

講師 この場合、固定資産税では共有持分となり、代表者ほか何名というような共有者名での納税義務者の認定になります。そして、共有償却資産については、共有者おのおのに連帯納税義務があるものとして処理されるのです（地法10の２）。

なお、共有で資産を所有している者が、共有資産以外に、それぞれ償却資産を所有している場合は、その資産とは別に共有資産独自に免税点の判定を行うことになります。これなども、国税の考えとは、一致していないところになると思います。

生徒 なるほど……。

講師 また、固定資産の所有者が不明な場合は、課税対象外になってしまうのでしょうか……。

生徒 固定資産の所有者が不明な場合というのは、どのような場合が考えられますか。

講師 地方税法では343条4項で、固定資産の所有者の所在が震災、風水害、火災、その他の事由によって不明である場合においては、その使用者を所有者とみなす。そして、これを固定資産課税台帳に登録して、その者に固定資産税を課することができるとしているのです。

生徒 なるほど、この場合、「使用者を所有者とみなして……」課することができるのですね。

講師 もっとも、風水害では、減免という考えが存在していますので、自治体の条例も確認するようにしてください。

生徒 償却資産というと、どうしても企業会計、税務会計の減価償却の考え方に引っ張られてしまいますが、しかし、どうやら、それでは駄目なようですね。「事業」「建物」「家屋」「減価償却」など、似た言葉を使いながら、定義が違っていることが、誤謬を引き起こしているような気がしてきました。

講師 この他にも、企業会計、税務会計などと異なる事例はあります。建物に取り付けた内装など特定附帯設備の所有者は厳密には誰でしょうか。民法242条では「付合」という考え方があります。不動産所有者は、従として付合したものの所有権を取得するという考え方があります。

また、資産には、さまざまな所有形態があります。リース、レンタル、信託などでも、さまざまな所有形態に分かれています。リースも、所有権移転ファイナンス・リース、所有権移転外ファイナンス・リース、オペレーティング・リース取引など、さまざまな形態があります。それらの資産は、それぞれの法による所有者が固定資産の所有者になり、申告義務を負い、納税義務者になるのでしょうか。減価償却は、これらの場合、どのように計上されるのでしょうか。

それらについて考えていきましょう。（4－2へつづく）

＊　＊　＊　＊　＊　＊

〈**Answer**〉

「1　償却資産の所有者は、使用者を所有者とみなすことがある。」

「3　償却資産の所有者は、償却資産課税台帳に所有者として登録されている者である。」

4-2　特定附帯設備

Q

次のうちで、特定附帯設備について償却資産の考え方で正しいのはどれか。

1　地方税法の「特定附帯設備」と民法の「付合」は同一の内容である。

2　テナントの取り付けた特定附帯設備を家屋の所有者に売却したら家屋評価になる。

3　「取り付けた者」の範囲には、取り付けた者からの相続は該当しない。

生徒　建物に取り付けた内装など特定附帯設備については、先のQで説明いただきました。この「特定附帯設備」について、その申告者、納税義務者の関係について、基本からのご教示をお願いします。

講師　地方税法343条の各項は、固定資産税の納税義務者等を示した条文です。この9項では、こう述べられています。ここは、特定附帯設備についての条文です。

「家屋の附帯設備（家屋のうち附帯設備に属する部分その他総務省令で定めるものを含む。）であつて、当該家屋の所有者以外の者がその事業の用に供するため取り付けたものであり、かつ、当該家屋に付合したことにより当該家屋の所有者が所有することとなったもの（以下この項において「特定附帯設備」という。）については、当該取り付けた者の事業の用に供することができる資産である場合に限り、当該取り付けた者をもつて第１項の所有者とみなし、当該特定附帯設備のうち家屋に属する部分は家屋以外の資産とみなして固定資産税を課することができる。」

この法律は、平成16年度地方税法改正（施行日は平成16年４月１日）を受けて、市町村が条例でこの「みなし規定」を制定した場合に、すごく重要になってきます。

生徒 まず、市町村の条例の制定が前提として必要なのですね。そして、ここで、家屋の付合という言葉が出てきますね。

講師 では、家屋の付合を確認しましょう。民法242条では、こう述べられています。

「不動産の所有者は、その不動産に従として付合した物の所有権を取得する。ただし、権原によってその物を附属させた他人の権利を妨げない。」

つまり、ここでは家屋に付合した物の所有権を、家屋所有者が取得することが、民法の考え方なのです。そこで、「特定附帯設備」については、地方税法の中で、特別に当該取り付けた者を所有者とみなし、当該特定附帯設備のうち家屋に属する部分は家屋以外の資産とみなして固定資産税を課することができる、としたのです。

たとえていえば、テナントの施工した内装等は、本来、民法上は付合の考え方が働くが、地方税法では、家屋ではなく、償却資産の申告対象になり得るとしたのです。

生徒 家屋の特定附帯設備とは、内装の他にどのようなものがあるのでしょうか。

講師 家屋の特定附帯設備は、平成16年10月８日に総務省から「地方税法第343条第９項の適用に関する留意事項について」という通知文が出ています。そこで「家屋の附帯設備」の範囲を次のように説明しています。

「本項に規定する「家屋の附帯設備」には、家屋に属する部分と家屋に属さない部分があること。家屋に属する部分とは、固定資産評価基準第２章における建築設備及び特殊設備並びに地方税法施行規則（昭和29年総理府令第23号）第10条の２の７に規定するものであり、家屋に属さない部分とは、第341条第４号に規定する償却資産その他家屋に取り付けられたものであること。」

これが「家屋の附帯設備」の範囲なのですが、「固定資産評価基準第２章における建築設備及び特殊設備」とは、家屋評価基準の内容を理解していないと分かりにくいところです。「建築設備」とは、電気設備、衛生設備、給水設備、空調設備、防災設備、運搬設備などです。最後の運搬設備とは、建物に設置されている気送管、エレベーター、小荷物専用昇降機、エスカレーター等をいうものです。「特殊設備」とは、映画館などの家屋に施工される特殊な舞台、椅子、銀行や事務所に設置される金庫室の扉などです。

生徒 法律条文の家屋の附帯設備のところで、かっこ書の部分に「その他総務省令で定めるものを含む。」とありますが、その内容はどのようなものでしょうか。

講師 「その他総務省令で定めるものを含む。」ですが、「省令」であれば、「施行規則」を確認します。法律は、項ずれもありますので注意して読んでください。

【地方税法施行規則】

（法第343条第９項の家屋の附帯設備）

第10条の２の10　法第343条第９項に規定する総務省令で定めるものは、木造家屋にあっては、外壁、内壁、天井、造作、床又は建具とし、木造家屋以外の家屋にあっては外周壁骨組、間仕切骨組、外部仕上、内部仕上、床仕上、天井仕上、屋根仕上又は建具とする。

生徒 なるほど。それらが、地方税法343条９項に規定する「家屋の附帯設備」なのですね。これでは、家屋か償却資産か、固定資産税の納税義務者は誰かなど、複雑に関係してきますね。

講師 当該家屋に付合したことにより当該家屋の所有者が所有することとなったもの、これを「特定附帯設備」と呼び、この「特定附帯設備」については、当該取り付けた者の事業の用に供することができる資産である場合に限り、当該取り付けた者をもって第１項の所有者とみなすということなのです。固定資産税の納税義務者が、誰になるか注意しながら考えてください。

では、もう少し深い説明に入ります。この「取り付けた者」の範囲が、どこまでかということです。

生徒 自らの事業に「取り付けた者」だけではないということですか。

講師 「取り付けた者」には、特定附帯設備を自らの事業の用に供するために取り付けた者の他にも、当該取り付けた者から、その法的地位を承継（包括承継、個別承継を問わない。）した者が含まれると考えられています。

生徒 すみません。その法的地位を承継（包括承継、個別承継を問わない。）した者とは、具体的には誰になるのでしょうか。

講師 例えば、当該取り付けた者からの相続、賃借権もしくは営業の譲渡があった者です。取り付けた者が法人である場合では、当該法人の合併もしくは分割した法人が該当します。取り付けた者が個人事業者である場合では、当該個人事業者のいわゆる法人成り等により、家屋の所有者に対して特定附帯設備を使用する権原を取得した者が該当することになります。

生徒 なるほど、それらが法的地位を承継（包括承継、個別承継を問わない。）した者になるのですね。これも、償却資産の納税義務者が誰かを考えるときに、重要なポイントですね。

講師 この規定は、平成16年４月１日以後に取り付けられた特定附帯設備に対して課する平成17年度以後の年度分の固定資産税について適用されます。もう、規定ができて10年以上の年月を経ていますが、この規定は、適用後に建築された新増分家屋に取り付けられた特定附帯設備のみを対象とするものではありません。

適用後において、新たに在来分家屋に取り付けられた特定附帯設備も対象としているのです。

なお、施行日前に取り付けられた特定附帯設備に対する固定資産税については、従前の例によるものとされています（平成16年地方税法改正法附則10②）。

生徒 Qの「1　地方税法の「特定附帯設備」と民法の「付合」は同一の内容である。」と、「3　「取り付けた者」の範囲には、取り付けた者からの相続は該当しない。」は、どうやら、誤りのようですね。

では、「2　テナントの取り付けた特定附帯設備を家屋の所有者に売却したら家屋評価になる。」について、説明をお願いします。

講師 特定附帯設備がその要件を満たされなくなった場合、また、取り付けた者の事業の用に供することができる資産でなくなった場合は、当該附帯設備については、対象外となります。そして、納税義務者が民法242条の「付合」により、家屋の所有者に変更されることにもなってきます。

ここで、注意しなければならないのは、当該変更による家屋の価格の変更の要因は、増改築等のように家屋自体の形態の変化によるものではないために、地方税法349条２項１号に規定する「その他これらに類する特別の事情」に該当しません。つまり、基準年度を待って、当該家屋の価格を変更決定し、課税標準の変更を行うべきもので、第２及び第３年度においては課税標準の変更を行う必要はないものと解されていることです。

生徒 この場合は、地方税法349条（土地又は家屋に対して課する固定資産税の課税標準）の「地目の変換、家屋の改築又は損壊、その他これらに類する特別の事情」の範疇ではないということなのですね。

講師 もう少し具体的に説明すると、賃貸借契約終了時に特定附帯設備を収去しなかった場合、又は当該取り付けた者が当該特定附帯設備を取り付けた家屋の所有者となった場合は、どうなるのでしょうか。

まず、当該附帯設備のうち家屋に属する部分についてです。これは、家屋に含めて価格を変更決定し、家屋所有者に対して課税することになります。次に、当該附帯設備のうち家屋に属さない部分についてです。

これは、償却資産として家屋の所有者に対して課税します。

ただし、当該部分が将来においても使用されないことが客観的に明確であるなど、いわゆる用途廃止資産に該当する場合には、固定資産としての性格が失われます。課税客体とはならなくなるのです。

生徒 難しいですね……。

講師 これは、特定附帯設備が居住用に供されるなど、「非事業用資産」となった場合でも、当該附帯設備のうち家屋に属する部分については、家屋に含めて価格を変更決定し、家屋所有者に対して課税されます。

しかし、家屋に属さない部分については、固定資産としての性格が失われます。

課税客体とはならなくなるのです。これについては、総務省平成16年10月８日付留意事項通知文が自治体へ向けて発出されています。

＊　＊　＊　＊　＊　＊

〈Answer〉

「2　テナントの取り付けた特定附帯設備を家屋の所有者に売却したら家屋評価になる。」

〈参考〉

【地方税法】（抄）

（不動産取得税に関する用語の意義）

第73条　不動産取得税について、次の各号に掲げる用語の意義は、それぞれ当該各号に定めるところによる。

六　建築　家屋を新築し、増築し、又は改築することをいう。

七　増築　家屋の床面積又は体積を増加することをいう。

八　改築　家屋の壁、柱、床、はり、屋根、天井、基礎、昇降の設備その他家屋と一体となって効用を果たす設備で政令で定めるものについて行われた取替え又は取付けで、その取替え又は取付けのための支出が資本的支出と認められるものをいう。

（固定資産税に関する用語の意義）

第341条　固定資産税について、次の各号に掲げる用語の意義は、それぞれ当該各号に定めるところによる。

一　固定資産　土地、家屋及び償却資産を総称する。

二　土地　田、畑、宅地、塩田、鉱泉地、池沼、山林、牧場、原野その他の土地をいう。

三　家屋　住家、店舗、工場（発電所及び変電所を含む。）、倉庫その他の建物をいう。

四　償却資産　土地及び家屋以外の事業の用に供することができる資産（鉱業権、漁業権、特許権その他の無形減価償却資産を除く。）でその減価償却額又は減価償却費が法人税法又は所得税法の規定による所得の計算上損金又は必要な経費に算入されるもののうちその取得価額が少額である資産その他の政令で定める資産以外のもの（これに類する資産で法人税又は所得税を課されない者が所有するものを含む。）をいう。ただし、自動車税の課税客体である自動車並びに軽自動車税の課税客体である原動機付自転車、軽自動車、小型特殊自動車及び二輪の小型自動車を除くものとする。

（固定資産税の納税義務者等）

第343条

9　家屋の附帯設備（家屋のうち附帯設備に属する部分その他総務省令で定めるものを含む。）であつて、当該家屋の所有者以外の者がその事業の用に供するため取り付けたものであり、かつ、当該家屋に付合したことにより当該家屋の所有者が所有することとなったもの（以下この項において「特定附帯設備」という。）については、当該取り付けた者の事業の用に供することができる資産である場合に限り、当該取り付けた者をもつて第１項の所有者とみなし、当該特定附帯設備のうち家屋に属する部分は家屋以外の資産とみなして固定資産税を課することができる。

（土地又は家屋に対して課する固定資産税の課税標準）

第349条

2　基準年度の土地又は家屋に対して課する第二年度の固定資産税の課税標準は、当該土地又は家屋に係る基準年度の固定資産税の課税標準の基礎となった価格で土地課税台帳等又は家屋課税台帳等に登録されたものとする。ただし、基準年度の土地又は家屋について第二年度の固定資産税の賦課期日において次の各号に掲げる事情があるため、基準年度の固定資産税の課税標準の基礎となつた価格によることが不適当であるか又は当該市町村を通じて固定資産税の課税上著しく均衡を失すると市町村長が認める場合においては、当該土地又は家屋に対して課する第二年度の固定資産税の課税標準は、当該土地又は家屋に類似する土地又は家屋の基準年度の価格に比準する価格で土地課税台帳等又は家屋課税台帳等に登録されたものとする。

一　地目の変換、家屋の改築又は損壊その他これらに類する特別の事情

【民法】

（不動産の付合）

第242条　不動産の所有者は、その不動産に従として付合した物の所有権を取得する。ただし、権原によってその物を附属させた他人の権利を妨げない。

〈リース取引に関する会計基準の改正について〉

リース取引については企業会計基準（以下、「会計基準」という。）で定められている。従前の会計基準では、ファイナンス・リース取引については、通常の売買取引に係る方法に準じて会計処理を行うこととされており、ファイナンス・リース取引のうち所有権移転外ファイナンス・リース取引については、一定の注記を要件として通常の賃貸借取引に係る方法に準じた会計処理（以下、「例外処理」という。）を採用することを認めてきた。現状では大半の企業において、この例外処理が採用されている。

しかし、

ア　会計上の情報開示の観点からは、ファイナンス・リース取引については、借手において資産及び負債を認識する必要がある。

イ　例外処理がほぼすべてを占める現状は、会計基準の趣旨を否定するような特異な状況であり、早急に是正される必要がある。

などの意見から、平成19年３月30日に「企業会計基準第13号　リース取引に関する会計基準」が改正された。

改正後の会計基準では、ファイナンス・リース取引については所有権移転ファイナンス・リース及び所有権移転外ファイナンス・リースの双方と

も、通常の売買取引に係る方法に準じて会計処理を行うこととされ、例外処理をなくした（参考：第125回企業会計基準委員会資料）。

〈所有権移転リース取引と所有権移転外リース（法基通７－６の２－１【解説】）〉

所有権移転外リース取引とは、そのリース取引が次の要件のいずれかに該当するもの（これらに準ずるものを含む）以外のものをいう（法令48の２⑤五）。

⑴　リース期間終了の時又はリース期間の中途において、当該リース取引に係る契約において定められている当該リース取引の目的とされている資産（以下、「目的資産」という。）が無償又は名目的な対価の額で当該リース取引に係る賃借人に譲渡されるものであること。

⑵　当該リース取引に係る賃借人に対し、リース期間終了の時又はリース期間の中途において目的資産を著しく有利な価額で買い取る権利が与えられているものであること。

⑶　目的資産の種類、用途、設置の状況等に照らし、当該目的資産がその使用可能期間中当該リース取引に係る賃借人によつてのみ使用されると見込まれるものであること又は当該目的資産の識別が困難であると認められるものであること。

⑷　リース期間が目的資産の法法令第56条（減価償却資産の耐用年数、償却率等）に規定する財務省令で定める耐用年数に比して相当短いもの（当該リース取引に係る賃借人の法人税の負担を著しく軽減することになると認められるものに限る。）であること。

「これらに準ずるもの」とは次のものをいう。

⑴　リース期間の終了後、無償と変わらない名目的な再リース料によって再リースをすることがリース契約において定められているリース取引

⑵　賃貸人に対してそのリース取引に係るリース資産の取得資金の全部又は一部を貸し付けている金融機関等が、賃借人から資金を受け入れ、当該資金をして当該賃借人のリース料等の債務のうち当該賃貸人の借入金の元利に対応する部分の引受けをする構造になっているリース取引

4-3　所有権留保付売買資産

Q

所有権留保付売買資産（割賦販売の事例）で、償却資産の考え方で正しいのはどれか。

1　割賦販売の資産の申告は、原則として買主が行う。

2　割賦販売の資産の申告は、原則として売主及び買主の共有で行う。

3　割賦販売の賦課徴収は、売主及び買主の共有物とみなされていない。

生徒 まず、所有権留保付売買の言葉の意味を教えてください。

講師 所有権留保付売買とは、売主が売買代金を担保するため、代金が完済されるまで引渡しを終えた目的物の所有権を留保することです。例えば、建設用機械など、大型の資産を買うときに、キャッシュでは買えないので、ローンを組みます。このような取引は割賦販売と呼ばれています。

この場合、買主は、その償却資産を使用することができますが、その所有権は販売代金が完済されるまで売主に留保される旨の条件が付されています。このような事例が所有権留保付売買です。

生徒 なるほど、言葉のとおり、売買はされているが、所有権が、完全に移転したわけではない。所有権は留保されているということですね。

講師 では、この資産の納税義務者の認定はどうなるのでしょうか。

まず、確認するのは、地方税法では342条３項で、償却資産に係る売買があった場合で、売主が当該償却資産の所有権を留保しているときは、固定資産税の賦課徴収については、当該償却資産は売主及び買主の共有物とみなすとされているということです。

つまり、この場合、売主及び買主は、当該償却資産に対する固定資産税については地方税法10条の２第１項の規定によって連帯納税義務者になるということです。

生徒 連帯納税義務者とは、売主又は買主に対し、納税通知書の発付、督促及び滞納処分をすることができるということですね。

では、申告者のほうも「2　割賦販売の資産の申告は、原則として売主及び買主の共有で行う。」と考えてよいのでしょうか。

講師 ところがです。現実には、所有権留保の主な目的というのは、販売代金債権を担保することにあるわけです。また、税務会計においても、買主がその償却費を損金に算入することは認められています。それらの理由から、買主が固定資産税を負担している場合が多いのが現状なのです。

そこで、地方税では、どう考えるか。取扱通知（市町村税関係）第３章10では、割賦販売の場合等にあっては、社会の納税意識に合致するよう原則として買主に対して課税するものとし、当該償却資産の申告についても、原則として買主が行うよう取り扱うものとするとしているのです。

生徒 なるほど、現状を踏まえて考えないといけないのですね。このQでは申告者は誰か、納税義務者（連帯納税義務者）は誰か。その関係を、しっかりと把握しなければ混乱してしまいますね。

＊　＊　＊　＊　＊　＊

〈**Answer**〉

「1　割賦販売の資産の申告は、原則として買主が行う。」

4-4　信託された償却資産

Q

信託の場合、償却資産の考え方で正しいのはどれか。

1　信託の資産の申告は、委託者・受託者の共有で行う。

2　信託の資産の申告は、受益者が行う。

3　信託の資産の申告は、信託行為がどのような定めかによる。

生徒 「信託」の意味の説明から、お願いします。

講師 信託とは、委託者が受託者たる個人又は信託会社等に対して、信託行為（信託契約、遺言、自己信託）によって金銭や土地などの財産を移転し、受託者は委託者が設定した信託目的に従って受益者のためにその財産（信託財産）の管理・処分などをすることをいいます。

生徒 もう少し、かみ砕いて説明をお願いします。

講師 まず、財産があります。金銭、株式や国債などの有価証券、土地・建物、他にも、特許権や著作権などの知的財産権なども信託では、「信託財産」になります。そして、その「信託財産」に「委託者」「受託者」「受益者」が関わってきます。金銭、株式などの「信託財産」を、「受託者」に信託する人間が「委託者」です。「受託者」は、「委託者」から財産を引き受けます。そして、信託の目的に従って管理・処分します。

この場合、「受託者」は、信託業の担い手であり、信託銀行、都市銀行、地方銀行等の信託業務を取り扱っている金融機関、信託会社などがあてはまります。そして、その「信託財産」から生じる利益を受ける人間が「受益者」です。

注意が必要なのは、「受益者」はだれでもなることができ、「委託者」自ら「受益者」になることもあります。

土地、家屋の場合には、不動産登記簿の「信託目録」に記されます。

生徒 固定資産税（償却資産）はどう考えるのですか。

講師 通常、信託された建物等の償却資産（受変電設備等）は、第三者への譲渡を前提としていません。この場合、信託を引き受けた信託会社が納税義務者となります。しかし、信託会社（信託業務を兼営する銀行を含む。）が信託の引受けをした償却資産で、その信託行為の定めるところに従って当該信託会社が他の者にこれを譲渡することを条件として当該他の者に賃貸しているものについては、当該償却資産が当該他の者の事業の用に供するものであるときは、当該他の者をもって所有者（納税義務者）とみなされることが、地方税法343条８項に記されています。

生徒 具体的には、どのような例がありますか。

講師 例えば、鉄道車両、船舶等にみられる例です。製造会社が地方鉄軌道業者、海運業者等にこれらの償却資産を売り渡す場合、金融の必要上、法律的には信託会社にこれらを信託することがあります。信託会社は、形式的に所有権を取得し、代金の回収を終了した後、使用者に所有権を移転することとしているものです。これらの償却資産については、実質的な使用収益者に課税しようとするものなのです。

＊　＊　＊　＊　＊　＊

〈Answer〉

「3　信託の資産の申告は、信託行為がどのような定めかによる。」

〈参考〉

行政実例 **〈信託された資産の納税義務者について〉**

問　A社は、B信託銀行が信託を引き受けた船舶を将来においてこれを譲り受ける条件のもとに賃借し、海運業を営んでいる。

この場合、船舶の所有者はB信託銀行と考えられ、固定資産税における償却資産の申告も、A社が行う必要はないものと考えるがいかが。

答　A社が賃借している船舶は、信託銀行が信託の引受けをした船舶で、その信託行為の定めるところに従い、A社に対して譲渡することを条件に賃貸しているものであり、A社はこれを海運業のように供しているものであるから、法第343条第8項に該当すると認められ、A社が所有者とみなされ、固定資産税の納税義務を負うことになる。したがって、申告についてもA社が行わなければならない。

地方税法第343条第8項

信託会社（金融機関の信託業務の兼営等に関する法律（昭和18年法律第43号）により同法第1条第1項に規定する信託業務を営む同項に規定する金融機関を含む。以下この項において同じ。）が信託の引受けをした償却資産で、その信託行為の定めるところにしたがい当該信託会社が他の者にこれを譲渡することを条件として当該他の者に賃貸しているものについては、当該償却資産が当該他の者の事業の用に供するものであるときは、当該他の者をもつて第一項の所有者とみなす。

4-5　所有者が死亡した場合の納税義務者

Q

償却資産の考え方で正しいのはどれか。

1　資産の所有者が死亡した場合、死亡日と賦課期日は関係する。

2　資産の所有者が死亡した場合、死亡日と賦課期日は関係しない。

3　相続権者の全員が相続放棄した場合は課税対象にならない。

生徒「３　相続権者の全員が相続放棄した場合は課税対象にならない。」は、今までの地方税の基本的な考えである自治体からの受益権の考え方からすれば、課税対象にならないことはあり得ないと思います。

では、地方税法の「賦課期日」の考え方が、所有者が死亡した場合は、どのように影響するのかがわかりません。

講師「すでに死亡して相続権者が２～３名あるが遺産相続もせず、そのままになっている固定資産について、実質的に管理使用している者に合算して課税してよいか。また、合算課税する場合は、本人の承諾を必要とするか。合算課税は全くできないものなのか。」という実務事例があります。

それについて、「実務提要」の中では、「賦課期日前」と「賦課期日後」で解説されています。

生徒「賦課期日前に被相続人が死亡している場合」は、どうなりますか。

講師「地方税法343条２項により、所有者として登録されている者が死亡しているときは、賦課期日現在において現にこれを所有している現実の所有者が納税義務者となり、設例の場合、民法898条の規定により、当該固定資産は相続権者の共有に属するものであり、法10条の２第１項の規定により、連帯納税義務が発生するので、そのいずれに対して課税しても差し支えない。」とされています。

生徒では、「賦課期日後、被相続人が死亡した場合」は、どうなるのでしょうか。

講師「民法900条から902条までの規定による相続分により、あん分して計算した額を各相続人に課税すべきであって、設例の場合、実質的に管理、使用している者に合算課税すべきではない。」とされています。

生徒 被相続人の死亡が「賦課期日」前後により、異なっているのですね。

講師 ちなみに、相続権者の全員が相続放棄した場合は、相続財産法人が設立されますので、賦課期日前に被相続人が死亡している場合は、当該相続財産法人に課税され、賦課期日後、被相続人が死亡した場合は、当該相続財産法人から、未徴収分を徴収することができるとされています。

＊　＊　＊　＊　＊　＊

〈Answer〉

「1　資産の所有者が死亡した場合、死亡日と賦課期日は関係する。」

〈参考〉

行政実例 **〈被相続人が死亡した場合の課税について〉**

問　すでに死亡して相続権者が２～３名あるが遺産相続もせず、そのままになっている固定資産について、実質的に管理使用している者に合算して課税してよいか。また、合算課税する場合は、本人の承諾を必要とするか。合算課税は全くできないものなのか。

答　質問の内容が判然としないので、一般的に考えられる次の二つの場合について考える。

(1)　賦課期日前に被相続人死亡している場合

法第343条第２項により、所有者として登録されている者が死亡しているときは、賦課期日現在において現にこれを所有している現実の所有者が納税義務者となり、設例の場合、民法第898条の規定により、当該固定資産は相続権者の共有の属するものであり、法第10条の２第１項の規定により、連帯納税義務が発生するので、そのいずれに対して課税しても差し支えない。

⑵　賦課期日後、被相続人が死亡した場合

民法第900条から第902条までの規定による相続分によりあん分して計算した額を各相続人に課税すべきであって、設例の場合、実質的に管理、使用している者に合算課税すべきではない。

⑶　なお、相続権者の全員が相続放棄した場合は、相続財産法人が設立されるので、⑴の場合にあっては、当該相続財産法人に課税され、⑵の場合にあっては、当該相続財産法人から、未徴収分を徴収することができる。

第５章 償却資産の評価

5-1 「前年前」「前年中」取得

Q

次のうちで、償却資産の考え方で正しいのはどれか。

1 「前年中」取得の資産は、「月割償却法」を採用する。

2 前年１月１日取得は、「前年中」取得ではない。

3 国税で「定額法」を採用された資産は、同じ「定額法」を用いる。

講師 まず、地方税法での償却資産の評価について確認します。地方税法388条１項では、総務大臣は、固定資産の評価の基準並びに評価の実施の方法及び手順（「評価基準」）を定め、これを告示しなければならないとされています。そして、地方税法403条１項では、市町村長は、「評価基準」によって、固定資産の価格を決定しなければならないとされています。

生徒 どうやら、国税の評価と、異なっているようですね。

講師 「評価基準」第１節では、償却資産の評価は、「前年中」に取得された償却資産にあっては当該償却資産の取得価額を、「前年前」に取得された償却資産にあっては、当該償却資産の前年度の評価額を基準とし、当該償却資産の耐用年数に応ずる減価を考慮してその価額を求める方法によるものとする、とされています。

生徒 取得が、「前年中」と「前年前」で、評価額の算出が違うということなのでしょうか。

講師 そうです。「前年中」に取得された償却資産とは、当該年度の初日の属する年の前年中に取得（承継取得を含む。）されたものをいいます。

生徒 この「前年中」とは、1月1日から12月31日までのことですね。

講師 違います。「前年中」とは、前年の1月2日から、本年の1月1日までです。本年の1月1日は含まれるので、気を付けてください。

固定資産税の土地、家屋と同様に、賦課期日1月1日の状態が考慮されているのです。

生徒 なるほど。

講師 そして、前年中に取得された償却資産の評価は、当該償却資産の取得価額から当該償却資産の取得価額に「耐用年数に応ずる減価率表（旧定率法）」（評価基準別表第15）に掲げる耐用年数に応ずる減価率（評価基準第1節二）に2分の1を乗じて得た額を控除してその価額を求める方法によります。

生徒 この「定率法」の計算式で、2分の1を乗じるとは、つまり、すべての資産が「半年償却」を行うということなのですね。法人税法、所得税法上の減価償却の方法は資産により「月割償却法」を採用していますよね。そして、国税、所得税などで使用される「定額法」の方法は、償却方法が、固定資産税（償却資産）では行われることがない。これでは、初年度から、国税とは評価額が異なってきますね。

では、「前年中」ではなく、「前年前」に取得された償却資産で、新たに固定資産税を課されることとなるものとは、いったい、どのような事例があるのでしょうか。

講師 当該年度の前年度まで固定資産税が非課税とされており、当該年度から課税されることとなる場合、従来まで自家用として使用されていたものを新たに事業用に使うようになった場合、この他にも、移管資産の評価で当該償却資産が所在した他市町村の前年度評価額が不明な場合などが考えられます。

これらの場合は、当該償却資産の取得価額を基準とし、当該償却資産を取得した年から前年までの経過年数に基づいて算定した当該償却資産の耐用年数に応ずる減価を考慮してその価額を求める方法によって評価額が算出されます。

＊　＊　＊　＊　＊　＊

〈Answer〉

「2　前年１月１日取得は、「前年中」取得ではない。」

〈参考〉

償却資産の評価は、前年中に取得された償却資産にあっては当該償却資産の取得価額を、前年前に取得された償却資産にあっては当該償却資産の前年度の評価額を基準とし、当該償却資産の耐用年数に応ずる減価を考慮してその価額を求める方法によるものとする（評価基準第１節一）。

1　前年中に取得された償却資産の評価

⑴　前年中に取得された償却資産とは

前年中に取得された償却資産とは、当該年度の初日の属する年の前年中（前年の１月２日から本年の１月１日まで）に取得（承継取得を含む）されたものをいう。

⑵　前年中に取得された償却資産の評価

前年中に取得された償却資産の評価は、当該償却資産の取得価額から当該償却資産の取得価額にｒ／２を乗じて得た額を控除してその価額を求める方法によるものとする。

この場合においてｒは当該償却資産の「耐用年数に応ずる減価率表」（評価基準別表第15）に掲げる耐用年数に応ずる減価率とする（評価基準第１節二）。

別表第15の「耐用年数に応ずる減価率表」の減価率とは定率法による減価率であり、償却資産の評価は特殊な場合を除き、定率法によるものとする。

〈半年償却法と月割償却法〉

ア　半年償却法とは

前年中に取得した資産について取得価額から当該取得価額に半年分だけの減価率（ｒ／２）を乗じて得た額を控除する方法、すなわち前年の中央となる時点に当該資産が取得されたものとみなして、６か月分に相当する償却計算を行う方法である。

固定資産税における償却資産の評価は、半年償却法を採用している。

イ　月割償却法とは

当該資産を取得した月から期末までの月数に応じて償却を行う方法をいう。

> ２　前年前に取得された償却資産の評価
> (1)　前年度において既に固定資産税を課されているものの評価
> 　当該償却資産の前年度の評価額から当該償却資産の評価額に当該償却資産の「耐用年数に応ずる減価率表」に掲げる耐用年数に応ずる減価率を乗じて得た額を控除して求める方法による（評価基準第１節三）。

5-2　償却資産の償却方法

Q

次のうちで、償却資産の考え方で正しいのはどれか。

１　償却資産の償却方法として「取替法」が認められている。
２　償却資産の償却方法として「生産高比例法」が認められている。
３　償却資産の償却方法として「合理的方法」が認められている。

生徒 国税と異なり、償却資産の評価は、評価基準で、「定率法」によると定められている、ということではないのでしょうか。

講師 たしかに、一般の償却資産の評価は、「評価の基本」に従って、その償却資産の価額を求める方法によるものです。しかし、取替資産又は鉱業用坑道については、その資産の特性等にかんがみ、特別な評価の方法（「取替法」又は「生産高比例法」）によるものとして、評価基準においても、これらの償却資産の評価についての特例が定められているのです。減価償却の方法について、基本的な考え方を整理しましょう。

　まず、国税（法人税、所得税）では、「定額法」、「定率法」、「生産高比例法」、「取替法」、「その他合理的方法」が認められています。そして、固定資産税（償却資産）では、「定率法」（評価基準３章１節二、三（別表15））、「取替法」の特例（評価基準３章２節）、「生産高比例法」の特例（評価基準３章３節）が認められているということです。

生徒 「生産高比例法」と「取替法」とはどのような償却方法か、教えていただけますか。

講師 「生産高比例法」とは、鉱業用固定資産に用いられる償却方法です。鉱業用減価償却資産の取得価額から、その残存価額を控除した金額を当該資産の耐用年数（当該資産の属する鉱区の採掘予定年数がその耐用年数より短い場合には、当該鉱区の採掘予定年数）の期間内における資産の属する鉱区の採掘予定数量で除して計算した一定単位当たりの金額に、各事業年度における鉱区の採掘数量を乗じて計算した金額を、事業年度の償却限度額として償却する方法のことです。

生徒 では、「取替法」はどのような償却方法なのでしょうか。

講師 「取替法」とは、軌条、枕木その他多量に同一の目的のために使用される減価償却資産で、毎事業年度使用に耐えなくなった、これらの資産の一部が、ほぼ同量ずつ取り替えられるものに対する償却方法のことです。

評価額が取得価額の100分の50に達するまでは定額法又は定率法で償却計算を行い、評価額が取得価額の100分の50に達した以後は100分の50にとどめます。

これは、法人税法、所得税法で定められています。

生徒 この他にも、期末帳簿価額を基礎とする特例もあったと思いますが……。

講師 確かに、評価基準において、かつては、期末帳簿価額を基礎として価額を求める償却資産に係る平成20年度までの評価の特例が定められていました（申告及び評価に関する事務の簡素化を図るため、法人税における税務計算の結果を利用して償却資産の評価額を求めようとする趣旨による）。

しかし、現在は「平成21年12月25日総務省告示第577号」で、評価基準の「第４節　期末帳簿価額を基礎として価額を求める償却資産に係る平成20年度までの評価の特例」は削除されてしまっているのです。

＊　＊　＊　＊　＊　＊

〈**Answer**〉

「1　償却資産の償却方法として「取替法」が認められている。」

「2　償却資産の償却方法として「生産高比例法」が認められている。」

5-3　時価・償却可能限度額等

Q……………………………………………

次のうちで、償却資産の考え方で正しいのはどれか。

1　償却資産の価格とは、「適正な時価」である。

2　償却資産は、国税（法人税、所得税）の残存価額と同じくする。

3　平成19年４月１日以後取得する償却資産は、法人税等と同じ定率法（250パーセント定率法）が適用されることとなった。

講師 もう一度、今までのところをおさらいします。

基本は、償却資産の価格とは、「適正な時価」とされています（地法341）。償却資産の「適正な時価」とは、正常な条件の下における取引価格とされています（平成10年12月10日東京地裁判決平成９年（行ウ）第242号）。

そして、償却資産の評価は、前年中に取得された償却資産にあっては当該償却資産の取得価額を、前年前に取得された償却資産にあっては当該償却資産の前年度の評価額を基準とし、当該償却資産の耐用年数に応ずる減価を考慮して、その価額を求める方法によるものとされています（評価基準第１節一）。

しかし、「取替資産」又は「鉱業用坑道」については、その資産の特性等にかんがみて、特別な評価の方法（取替法又は生産高比例法）によるものとして、評価基準において、これらの償却資産の評価についての特例が定められている――ということでした。

生徒 そこまではわかりました。しかし、期末帳簿価額を基礎として価額を求める償却資産に係る平成20年度までの評価の特例は、どうして削除されたのでしょう。

講師 国税で、平成19年度税制改正において減価償却制度の改正が行われたのです。「平成19年分　所得税の改正のあらまし（国税庁発行）」から引用して説明しましょう。

1　平成19年4月1日以後に取得された減価償却資産

償却可能限度額（取得価額の95％相当額）及び残存価額が廃止され、耐用年数経過時に「残存価額1円」まで償却できるようになった。

2　平成19年3月31日以前に取得された減価償却資産

各年度分において事業所得等の金額の計算上必要経費に算入された金額の累積額が償却可能限度額まで達している場合には、その達した年分の翌年分以後5年間で1円まで均等償却することとされた。なお、この改正は、平成20年分以後の所得税について適用される。

3　新たな償却方法

平成19年4月1日以後に取得された減価償却資産の償却方法については、新たな定額法及び新たな定率法が定められた。

また、平成19年3月31日以前に取得した減価償却資産の償却方法については、改正前の計算の仕組みが維持されつつ、その名称が、定額法は「旧定額法」に、定率法は「旧定率法」等に改められた。

――ということなのです。

生徒 なるほど、償却可能限度額及び残存価額を廃止し、1円（備忘価額）まで償却可能になった。つまり、この「残存価額1円」まで償却できるようになったということが、特例廃止の背景にあるということなのですね。

講師 しかし、固定資産税（償却資産）は、国税のこの減価償却の処理を採用していません。

固定資産評価基準でも、「償却資産の評価額は、当該償却資産の評価額が当該償却資産の取得価額又は改良費の価額の100分の5に相当する額を下ることとなる場合においては、当該100分の5に相当する額とする。」として残っています。

ここは、注意するところです。誤解した解釈をして、企業の電算申告システムのプログラムを組み、又は、国税の考えと同一の処理を行い、誤ったシステム処理の申告をしがちなところでもあります。

古い資産（老朽化した構築物、看板等）のほうが、むしろ、自治体からの有形、無形の受益関係（風水害、火災等での消防、防災、また、警察等の防犯など自治体からの受益）を得ているということが残存価額５％として残した理由にもなっています。

＊　＊　＊　＊　＊　＊

〈Answer〉

「1　償却資産の価格とは、「適正な時価」である。」

5-4　取得価額　付帯費

Q

次のうちで、固定資産税（償却資産）の考え方で正しいのはどれか。

1　デザイン料は、償却資産の申告対象である。

2　デザイン料は、償却資産の申告対象でない。

3　デザイン料は、償却資産の申告対象になる場合とならない場合がある。

講師 償却資産の取得価額について、まず、固定資産評価基準から、基本を確認しましょう。固定資産評価基準では、第３章第１節五で、「償却資産の取得価額とは、償却資産を取得するためにその取得時において通常支出すべき金額（当該償却資産の引取運賃、荷役費、運送保険料、購入手数料、関税、据付費その他当該償却資産をその用途に供するために直接要した費用の額を含む。）をいうもの」としています。

生徒 わかりました。

講師 そして、「原則として、他から購入した償却資産にあってはその購入の代価に、自己の建設、製作、製造等に係る償却資産にあっては、その建設、製作、製造等のための原材料費、労務費及び経費の額に当該償却資産の付帯費の額を含めた金額によるものとする。」なのです。

生徒 なるほど、購入した場合も、購入ではなく、自己建設、制作、製造の場合でも「付帯費の額」は含むということですね。

講師 この「付帯費の額」の考え方は、混乱を招くところです。例えば、固定資産の中でも、「無形固定資産」は、償却資産申告の場合は対象外になります。

「無形固定資産」とは、特許権・借地権（地上権を含む。）・商標権・実用新案権・意匠権・鉱業権・漁業権（入漁権を含む。）などの権利のことです。

生徒 会社計算規則74条３項３号の「無形固定資産」ですね。

講師 では、ここで、デザイン料の事例で考えてみましょう。デザイン料は、付帯費の額に含まれるような改装のための設計料の場合、「有形固定資産」の取得価額に算入されます。しかし、デザインが意匠登録されるものである場合、デザイン料として支出した金額は、「無形固定資産（意匠権）」の取得価額に算入されることとなります。

生徒 なるほど、勘定科目には決まりがない。法律でこうするとも明示されてはいない。だから、このようなことが起こり得ますね。

つまり、デザイン料が、「有形固定資産」に含まれるようであれば、償却資産申告対象になるということであり、「無形固定資産」に含まれるようであれば、償却資産申告対象外になるということなのですね。

講師 ここが、償却資産の申告では重要になってきます。実務上は、固定資産台帳の「有形固定資産」の勘定科目には、引取運賃、荷役費、運送保険料、購入手数料、関税、据付費、デザイン料、設計料などの付帯費を、便宜上、本体から分離して計上されていることがあります。

ここは、勘定科目の名称だけで判断してはいけない。注意をするポイントです。

また、固定資産評価基準の第３章第１節五では、こう続きます。

「ただし、当該金額が当該償却資産を取得するためにその取得時において通常支出すべき金額と認められる額と明らかに、かつ、著しく相違すると認められる場合にあっては、その取得時において通常支出すべき金額によるものとする。」

生徒 前回のQにあった償却資産の「適正な時価」ですね。たしか「適正な時価」とは、正常な条件の下における取引価格のことをいっているのでした（平成10年12月10日東京地裁判決平成９年（行ウ）第242号）。

＊　＊　＊　＊　＊　＊

〈**Answer**〉

「３　デザイン料は、償却資産の申告対象になる場合とならない場合がある。」

5-5　取得価額　圧縮記帳

Q

次のうちで、償却資産の取得価額の考え方で正しいのはどれか。

1　圧縮記帳の会計処理を認めている。
2　圧縮記帳の会計処理を認めていない。
3　圧縮記帳の会計処理を、場合により、認めている。

生徒 固定資産の「評価額」と「取得価額」の関係が、少しわかりかけてきました。

講師 「取得価額」についてですが、固定資産評価基準では、次の第３章第１節六で、「償却資産の取得価額は、本章に特別の定めがある場合を除くほか、法人税法及びこれに基づく命令又は所得税法及びこれに基づく命令による所得の計算上当該償却資産の減価償却費の計算の基礎となる取得価額の算定の方法の例によって算定するものとする。」としています。

生徒 つまり、所得税、法人税の取得価額を使用しろと言っているのですね。評価基準は、償却資産の取得価額、減価償却方法について、原則として税務計算上の取扱いの方法に合わせることとされているということですね。

講師 しかし、固定資産評価基準では、第３章第１節六の後半の「ただし書」で、こう続けています。

「法人税法第42条から第50条まで及び第142条の規定により法人の各事業年度の所得の計算上損金に算入される額並びに所得税法第42条から第44条まで及び第165条の規定により個人の各年の所得の計算上総収入金額に算入しない額は、当該償却資産の取得価額に含めて算定するものとし、同法第58条に規定する取得資産の取得価額は、当該取得資産の取得時における価額によって算定するものとする。」

生徒 具体的には、どういうことをいっているのでしょうか。

講師 これは、いわゆる圧縮記帳された額については、それを認めず、当該償却資産の取得価額に含めて算定するものとするということなのです。

圧縮記帳とは、国又は地方公共団体の社会政策又は経済政策上の必要によって、特定の企業又は個人が補助金の交付を受けた場合など、取得した資産について価値の減少の事実が生じていないにもかかわらず、法人の場合では、一定の金額（圧縮限度額）まで、帳簿価額の減額による損金算入を認める制度のことですが、それを、地方税（償却資産）では、認めないということです。

生徒 圧縮記帳の会計処理の方法には、取得価額について直接減額を行う場合と、積立金方式で圧縮記帳を行う場合がありますよね。

講師 ここで誤りやすいのは、取得価額について直接減額を行った場合です。固定資産台帳では、直接減額後の額が、取得価額に記載されています。自治体の実地調査では、法人税申告の別表13（圧縮記帳）などを確認しながら、取得価額が直接減額されていないか、過去の処理も含めて調べる必要があります。

固定資産税（償却資産）が、圧縮記帳を認めていないのは、国税と取得価額の捉え方が、そもそも違っているからなのです。この背後にある考えは、固定資産税（償却資産）は、資産価値に応じて所有者に対して課税する財産税、行政サービスとの間にある受益関係があるという応益性に着目した税金だからなのです。

企業などが、圧縮記帳で補助金の交付を受けた場合、評価額の基本になる取得価額が、それにより異なってしまうのは、認めていないということなのです。

＊　＊　＊　＊　＊　＊

〈**Answer**〉

「2　圧縮記帳の会計処理を認めていない。」

5-6　取得価額　相続

Q

父親の死亡による相続で、子が事業承継した場合、償却資産申告時の取得価額の考え方で正しいのはどれか。

1　父親が経営していたときの新品購入価格に基づく取得価額。

2　相続時の中古品としての時価、あるいは相続時の帳簿上の残存価額。

3　上記、どちらも選択可能。

生徒 このQは「相続」の取得価額はどうするかですね。どのように考えればよいのでしょうか。

講師 まずは、原則は、固定資産評価基準（第１節六）です。ここでは、特殊な場合を除き、法人税法及びこれに基づく命令又は所得税法及びこれに基づく命令に規定する取得価額算定の方法によって算定するものとされています（評価基準第１節六）。

ここを基本に考えてください。

生徒 このQの事例では、どうなるのでしょうか。

講師 父親が昨年死亡した場合です。そして、相続した息子が、資産を受け継いで事業を継いでいます。このような事例の場合に、償却資産の申告に当たっては、この工場の機械設備等の「取得価額」は次のどちらと考えるべきかという問題でした。

(1) 父親が経営していたときの新品購入価格に基づく取得価額

(2) 相続時の中古品としての時価、あるいは相続時の帳簿上の残存価額

生徒 企業会計の考えによれば、どちらも、適正な時価のようで、どちらも選択可能な気がしますが……。

講師 解答は(1)です。

所得税法施行令126条２項には、「贈与、相続、遺贈により取得した減価償却資産の取得価額は、その減価償却資産を取得した者が引き続き所有していたものとみなした場合における取得価額に相当する金額とする」旨の規定があります。つまり、償却資産は、当初の半年償却、残存簿価の取扱いの相違などの考え方の相違も含め、原始取得価額での申告ということになります。

償却資産申告では、「原始取得価額」とは、今後も重要なキーワードになってきます。

生徒 なるほど……。

講師 この他にも、償却資産の取得価額では、法人税法及びこれに基づく命令又は所得税法及びこれに基づく命令に規定する取得価額算定の方法によるものがありますので、法人税法、所得税法の理解が必要になります。

具体的には、自己の建設、製作又は製造に係る減価償却資産の取得価額、固定資産の取得価額に算入しないことができる租税公課、土地についてした防壁、石垣積み等の費用等の取扱いなどは、国税（法人税、所得税）と同様に取得価額算定の方法によって算定して考えるということです。

生徒 では、固定資産評価基準（第１節六）が原則の中の、特殊な場合とは、どういう事例のことでしょうか。

講師 特殊な場合とは「償却資産の取得価額は、本章に特別の定めがある場合を除く」の「本章に特別の定め」がある事例としては、「取得価

額が明らかでない償却資産の取得価額」、「物価の変動に伴う取得価額の補正」などがあります。そして、この他に「所有権留保付割賦販売」、「共有物」などの事例があります。

取得した資産が、このような場合に遭遇したら、申告時の取得価額は注意が必要です。

＊　＊　＊　＊　＊　＊

〈**Answer**〉

「1　父親が経営していたときの新品購入価格に基づく取得価額。」

5-7　取得価額　割賦販売・リース資産

Q

次のうちで、償却資産の考え方で正しいのはどれか。

1　割賦販売の申告は、リース資産と同様に資産の使用者が行う。

2　割賦販売の申告は、共有資産として売主、買主が行う。

3　割賦販売の申告は、買主が原則的には行う。

生徒 割賦販売とは、売買代金の支払を分割して支払うことを条件とした販売方式のことですね。一般には、クレジット販売とも呼ばれています。割賦販売には、支払間隔に応じて、月賦・年賦などの方法がありました。そして、割賦販売はたいていが、資産が先渡しになっています。

講師 そうですね。それが一般的な理解です。そして、割賦販売には、「所有権留保付」と、「所有権留保」をしてはならないと定められている場合（不動産販売など）の割賦販売があります。

生徒 「所有権留保」とは、売主が売買の目的物の商品を引き渡しても、残代金の確保のために目的物の所有権を買主に移転せず、自己の所有権としてとどめておくことですね。

所有権の考えが複数ある割賦販売の場合、償却資産の申告は、どのようになるのでしょうか。

講師 地方税法342条３項では、「償却資産に係る売買があった場合において売主が当該償却資産の所有権を留保しているときは、固定資産税の賦課徴収については、売主及び買主の共有物とみなす。」とあります。

そして、取扱通知（第３章第１節十）では、所有権留保付割賦販売について、連帯納税義務者となるものであること。「売主又は買主に対し、納税通知書の発布、督促及び滞納処分をすることができる」とあります。

ところが、同じ取扱通知では、「割賦販売については、固定資産税（償却資産）では、社会の納税意識に合致するように、原則として買主に課税して、申告についても、原則として買主が取り扱うもの」ともされています。

ここの考え方は押さえてください。

生徒 なるほど、原則として買主が取り扱う資産の「申告」と、資産は「売主及び買主の共有物とみなす。」ここは独特で、重要な、理解しなければならないポイントですね。

講師 そして、本題の取得価額についてです。所有権留保付割賦販売について、事業の用に供している状態における取得価額を算定すべきであるので、事業の用に供している買主の通常支出すべき金額を算定します。

すなわち、買主の購入代価に付帯費の額を含めた金額が取得価額となります。では、ここで、割賦販売ではなく、リース契約について考えてみましょう。

生徒 リース契約ですか……？

講師 そうです。リース契約の中には、割賦販売に類似したもの、つまり、リース会社の有する所有権が形式的なものに過ぎず、実質的にその所有権が賃借人にある場合があります。この場合は、どうでしょう。

結論としては、所有権留保付割賦販売と同様の取扱いがされることになります。そして、そのときの買主（賃借人）の取得価額なのですが、「リース期間中に支払うべきリース料の合計額（リース料の額の合計額のうち利息相当額から成る部分の金額を合理的に区分することができる場合には、当該リース料の額の合計額から当該利息相当額を控除した額とすることができる。)」そして、「賃借人がリース物件を事業の用に供するために支出した費用の額。」この二つの合計額が取得価額になります。

この場合の再リース料の額は、原則として、リース資産の取得価額に算入しません。ただし、当初から再リースをすることが明らかな場合は、当該再リース料の額は、リース資産の取得価額に含める（法法64の2)。このように、考えるのです。

生徒 なるほど、これは特殊な場合の取得価額の算定方法になりますね。

＊　＊　＊　＊　＊　＊

〈**Answer**〉

「3　割賦販売の申告は、買主が原則的には行う。」

5-8　取得価額　共有物・自家消費

Q

次のうちで、償却資産の取得価額の考え方で正しいのはどれか。

1　償却資産申告の取得価額は、自家消費を認めている。

2　償却資産申告の取得価額は、共有資産の持分比率に合わせて申告する。

3　償却資産申告の取得価額は、共有資産の持分比率による申告を認めていない。

生徒 地方税法342条３項では、「償却資産に係る売買があった場合において、売主が当該償却資産の所有権を留保しているときは、固定資産税の賦課徴収については、売主及び買主の共有物とみなす。」とありました。

ここで、共有物について整理して教えていただきたいと思います。

講師 まず、これから説明する共有物の説明には、先に説明した所有権留保付割賦販売の場合は除かれますので、注意してください。

生徒 わかりました。

講師 固定資産税では、共有物の取得価額は、各共有者がその償却資産を事業の用に供するために通常支出すべき金額の合計額が算定されます。例外的なものとしては、共同住宅などで区分所有法に基づき、区分所有されて課税されることがあります。

生徒 つまり、共同住宅は、区分所有法に基づき、区分所有されているかどうかで、土地や家屋の固定資産税の課税標準額は異なっているということですね。

講師 では、区分所有法以外の共有資産について考えてみましょう。仮に、ある資産を２社で共同購入した場合の事例を考えてみてください。その場合の各社の取得価額は、その資産の持分比率に合わせて購入費用を按分した後の金額になる場合があると思います。購入費用を按分した後の金額の数字が、固定資産台帳に取得価額として記載されていても、それは償却資産の取得価額ではありません。

生徒 なるほど……。共有資産は、常に按分ではない。合算額で申告するということですね。

講師 さらに、注意すべき点があります。共有物というのは、按分した後の金額でも、固定資産台帳に、記載されなくなってしまう事例もあり得ます。例えば、青色申告法人である中小企業者等が利用できる「取得価額30万円未満の減価償却資産の損金算入の特例」の事例です。取得価額が30万円に満たない減価償却資産の取得価額は一括して損金算入できるという、良く利用される特例の場合です。

30万円を超える備品が、業務に必要となることは意外に多いものです。こうした30万円を超える備品が、同じフロア内にオフィスを構える２社が共有したことで、その購入費用を特例の処理で、損金処理されているケースがあります。

この場合は、そもそも固定資産台帳に記載はされません。しかし、固定資産税（償却資産）の場合は、共有物として、単独所有の償却資産とは別に、共有者名での合計額で申告対象になります。

生徒 なるほど、そうですね……。

講師 個人事業の自家消費の場合も、注意して考えてください。固定資産の自家消費の場合、例えば、ペンションのテレビなどの資産で、自家消費部分を分けて固定資産台帳に取得価額を計上しても、償却資産申告では、原始取得価額が申告の取得価額になるのです。

＊　＊　＊　＊　＊　＊

〈Answer〉

「3　償却資産申告の取得価額は、共有資産の持分比率による申告を認めていない。」

5-9　取得価額　適格合併・非適格合併

Q

企業の合併時、償却資産の取得日、取得価額の考え方で正しいのはどれか。

1　「適格合併」「非適格合併」は、その償却資産を取得するために通常要する価額を取得価額とする。

2　「適格合併」「非適格合併」は、資産を事業の用に供するために直接要した費用の額を加えたものを取得価額とする。

3　「適格合併」「非適格合併」は、合併の日が償却資産申告の資産取得日となる。

生徒 合併とは二つの会社が一つになることぐらいの知識しかありません。合併の基本から、説明をお願いします。

講師 合併によって消滅する会社の権利義務は、全て存続（新設）会社に移転します。合併又は分割により受け入れた償却資産の取得価額の考え方についてですが、通常の合併又は分割により受け入れた償却資産は、その合併等のときにおけるその償却資産を取得するために通常要する価額、そして、その合併等に係る合併法人又は分割継承法人が、その資産を事業の用に供するために直接要した費用の額、この二つの合計額です（法法62①、法令54①六）。

生徒 はい、わかりました。

講師 次に、適格合併についての説明です。まず、「適格合併」とは、税法で定める一定の要件（資本関係、支配関係等）を満たす合併のことです。「非適格合併」というのはその条件を満たしていない、ということになります。

「適格合併」は、被合併会社の資産・負債を簿価で引き継げる、消滅会社の繰越欠損金を引き継げるといった税務上のメリットを受けることができます。

次に、「適格合併」で、移転を受けた償却資産減価償却費の計算の基礎となる取得価額の考え方です。適格合併等に係る被合併法人又は現物分配法人が、その適格合併等の日の前日又は当該残余財産の確定の日の属する事業年度において、その資産の償却限度額の計算の基礎とすべき取得価額、そして、その適格合併等に係る合併法人又は被現物分配法人がその資産を事業の用に供するために直接要した費用の額の合計額となります。

生徒 すみません。もう少し、具体的に説明してください。

講師 では、具体的な数字で考えてみましょう。

平成28年５月に、Ａ社がＢ社を吸収合併し、次のような償却資産を受け入れた場合のＡ社の取得価額及び耐用年数は次のとおりだった事例です。

・資産の種類……製造設備
・耐用年数……９年
・Ｂ社の取得価額……50,000千円（内20,000千円は減価償却済み）
・Ｂ社の取得時期……平成25年５月
・Ａ社の受入価額……25,000千円（内1,000千円は、事業の用に供するために直接要した費用の額）

【適格合併の場合】合併による資産等の移転は、帳簿価額により行われる。
取得価額……51,000千円（50,000千円＋1,000千円）
取得時期……平成25年５月（被合併法人（Ｂ社）が取得した時期）
耐用年数……９年（ただし、中古資産の耐用年数によることもできる。）

【非適格合併の場合】　合併による資産等の移転は、原則、時価により移転したものとして取り扱われる。
取得価額……25,000千円（24,000千円＋1,000千円）
取得時期……平成28年５月（合併法人（Ａ社）が受け入れた時期）
耐用年数……９年（ただし、中古資産の耐用年数によることもできる。）

これを考える時、「適格合併」と「非適格合併」では、申告する取得日、取得価額が異なっていること、資産を事業の用に供するために直接要した費用の額を加えたものを取得価額とすること、などに注意してください。

生徒　「適格合併」の申告では、原始取得価額、原始取得日が使用されるのですね……。

＊　＊　＊　＊　＊　＊

〈Answer〉

「２　「適格合併」「非適格合併」は、資産を事業の用に供するために直接要した費用の額を加えたものを取得価額とする。」

5-10 取得価額　自己の建設、製作又は製造

Q

次のうちで、自己建設の取得価額の原則的な考え方で正しいのはどれか。

1　直接原価（原価を変動費を固定費に分ける等）によっている。
2　予定原価又は標準原価による取得価額も認められている。
3　構築物の建設のために行う地質調査の費用は取得価額に含まれる。

生徒 たしかに、自己建設の取得価額や自己で製作又は製造した資産の場合の取得価額はどのように判断してよいかわかりません。そのような資産は、結構あるのでしょうか。

講師 実地調査で、現況を確認すると、製造業、建築関係など、自社で建設、製造等が可能な事業者の場合に、簿外資産としてそのような資産が存在している場合があるのです。このような場合、資産が事業の用に供されていて償却資産申告対象になるものは取得価額を求めることになります。

生徒 そうなのですね。

講師 自己の建設、製作又は製造に係る償却資産の取得価額の求め方は、原則として、その資産の建設等のために要した原材料費、労務費及び経費。それに、その資産を事業の用に供するために直接要した費用の額の合計額になります（評価基準第3章第1節五）。

生徒 この場合の注意点はあるのでしょうか。

講師 原則として直接原価（原価を変動費と固定費に分ける等）とか、予定原価又は標準原価による取得価額は認められていません。しかし、法人が自己の建設等に係る資産につき算定した建設等の原価の額が税務計算上の取得価額（先の合計額）と異なる場合であっても、その原価の額が適正な原価計算に基づいて算定されている限りは、その原価の額に相当する金額をもって、取得価額とみなされます。

生徒 賃貸借の場合は、どのように考えますか。例えば、賃貸人が自己の製造した製品を賃貸しているため、その製品を本来の用途に応じた事業の用に供するために通常支出する金額と比較して低い価額があります。

講師 その場合であっても、その製品の原価が適正に算出されている場合は、製造のための原材料費、労務費及び経費の額に、賃借人が支出した付帯費の額を加えた額が取得価額になると考えます。適正な時価が基本となる考え方です。

生徒 その他に留意点はありますか。

講師 よく質問されるのが、構築物等の建設のために行う地質調査等の費用があります。専ら構築物等の建設のために行う地質調査、地盤強化、地盛り、特殊な切土等で、土地の改良のためのものでない工事に要した費用の額などです。これらの費用は、その構築物等の取得価額に算入されます（法基通７－３－４）。

その他にも、事後的に支出する費用として、新工場の落成、操業開始等に伴って支出する記念費用等のように、償却資産の取得後に生ずる付随費用の額というものがあります。これらの費用は、その償却資産の取得価額に算入しないことができます。

また、構築物等の建設に伴って支出する住民対策費、公害補償費等の費用の額で当初からその支出が予定されているもの（毎年支出することとなる補償金を除く。）についてですが、法人税上、たとえ、その支出が建設後に行われるものであっても、その構築物等の取得価額に算入します（法基通７－３－７）。

生徒 事後的に支出する費用の考え方は、重要ですね。

講師 これらの例示した費用の取得価額の考え方については、法人税基本通達などに準拠して考えます。

＊　＊　＊　＊　＊　＊

〈Answer〉

「３　構築物の建設のために行う地質調査の費用は取得価額に含まれる。」

5-11　取得価額　贈与・交換ほか

Q

次のうちで、取引当事者の相互間に贈与があった場合の取得価額の考え方で正しいのはどれか。

1　低価買入の場合は、現実に支出した額をもって取得価額とする。

2　高価買入の場合は、現実に支出した額をもって取得価額とする。

3　高価買入、低価買入の場合、現実に支出した額をもって取得価額にできない。

生徒 先の相続のQで、所得税法施行令を教えていただきました。たしか償却資産の内容としては、贈与は、当初の取得年、原始取得価額での償却資産申告ということだったと思います。

講師 そうです。贈与、相続（限定承認に関わるものを除く。）もしくは遺贈（包括遺贈のうち限定承認に係るものを除く。）で譲り受けた資産の取得価額については、当該償却資産を取得した者が引き続き所有していたものとみなした場合における所得税法施行令126条各号の規定により計算された金額……ということでした。

しかし、贈与という言葉は、親子間だけでなく、もっと広義に使われていませんか。例えば、贈与が、法人の間など、利害関係者から、減価償却資産を購入した場合に使用されることはないでしょうか。

生徒 ありますね。知り合いであるから、ほとんど無償に近いような現物出資を受けた資産や、特別安い金額で譲ってもらう場合も、贈与された資産だから、というときがあります。諸般の事情で、資産の不当高価買入れということもないわけではありません。

講師 そうなのです。購入の代価が、「時価」に比して著しく差異があり、取引当事者の相互間に「贈与」の事実があったと認められる場合があります。その関係性の中で、高価買入もありますし、低価買入もあります。

生徒 そのような場合は、どう考えるのでしょうか。

講師 まず、高価買入です。法人が減価償却資産を時価に比して不当に高い代価で買い入れた場合、その買い入れた価額のうちに相手方に実質的に贈与したと認められる金額がある場合の取得価額は、買入価額から贈与したと認められる金額を控除した金額とすると、国税ではされています（法基通７－３－１）。

また、その逆の低価買入の場合は同様の趣旨から、その取得価額は、買入価額に贈与を受けたと認められる金額を加算した金額とすることになります。

これは、明らかで、著しく相違すると認められる場合にまで、現実に支出した額をもって取得価額としてしまうと、固定資産税の課税標準となるべき価格は、「適正な時価」である趣旨に反してしまうことになります。つまり、このようなことは、同種の償却資産との評価の均衡を大きく失することになり、適当ではありません（評価基準第３章第１節五）。

なお、ここでの「著しく相違する」とは、定価の１割引、２割引とかで購入したような、通常ある割引の差異のことは含めていません。

ちなみに、交換、担保権の実行及び代物弁済などで、その資産を移転したことによって取得した償却資産の取得価額も、同様に、一般的に取得時において購入するとした場合の価額と、その償却資産を事業の用に供するために直接要した費用の額の合計額になります。

生徒 なるほど、「適正な時価」との関係は、固定資産税（償却資産）の場合は、特に重要になってくるわけですね……。

＊　＊　＊　＊　＊　＊

〈Answer〉

「３　高価買入、低価買入の場合、現実に支出した額をもって取得価額にできない。」

5-12　取得価額　無償贈与・評価替え

Q

次のうちで、償却資産申告の取得価額・「適正な時価」の考え方で正しいのはどれか。

1　メーカーから広告宣伝用看板が無償贈与された場合、「適正な時価」を求める。

2　税務会計上、簿外資産で処理された場合、「適正な時価」の取得価額は適用されない。

3　会社更生法の更生計画認可の決定に伴って評価換えした資産は、その事実を生じた時、「適正な時価」の取得価額とする。

生徒 国税の税務計算では、資産の不当高価買入れや現物出資資産の過大評価により実質的贈与相当部分がある場合は、買入価額又は受入価額から当該贈与相当額を控除した金額を取得価額としている。「適正な時価」を求める固定資産税（償却資産）の場合も、同様に考えているということはわかりました。

贈与の取得価額については、常に国税と同じように考えればよいのですね。

講師 そのように、単純な話でもないのです。贈与の関係でも、国税と相違していることもあります。例えば、販売業者がメーカーから広告宣伝用資産のうち、看板、ネオンサイン、緞帳のような専らメーカーの広告宣伝用のために使用される資産について、考えてみましょう。

このような資産を贈与された場合は、販売業者が直接利益を享受するわけではありません（法基通4－2－1）。国税の考え方からも、一般的には、このような資産を固定資産台帳に計上されていないと思います。そして、簿外資産として処理されています。「有形固定資産が、存在していれば、有形、無形の自治体からの受益関係がある。」というのが、固定資産税の考え方の基本でしたよね。

自治体の職員が、実地調査をする場合、固定資産台帳にも記載がされないところなので、簿外資産は注視する項目です。

このような贈与の資産は、償却資産申告対象資産としては注意をしなければなりません。

生徒 なるほど。今までの講義でも、共有物など、国税と処理が相違するものがありました。

この他に、注意すべき国税との相違はあるのでしょうか。

講師 国税には、資産の評価替えが認められています。

生徒 「評価替え」とは、具体的には、どういうことでしょうか。

講師 法人税法25条各号は（資産の評価益の益金不算入等）についてですが、法人税法25条２項では「内国法人がその有する資産につき更生計画認可の決定があつたことにより会社更生法（平成14年法律第154号）又は金融機関等の更生手続の特例等に関する法律（平成８年法律第95号）の規定に従つて行う評価換えその他政令で定める評価換えをしてその帳簿価額を増額」することについて記されています。また、法人税法33条各号は（資産の評価損の損金不算入等）についてですが、法人税法33条３項では「内国法人がその有する資産につき更生計画認可の決定があつたことにより会社更生法又は金融機関等の更生手続の特例等に関する法律の規定に従つて行う評価換えをしてその帳簿価額を減額」することが記されています。法人税では、このように、会社更生法等による評価換えについて認められています。しかし、固定資産税においては、取得時において通常支出すべき金額が取得価額となることから（評価基準３章１節五）、取得時以降に評価換えを行っても、減価償却費の計算の基礎となる取得価額は変わらないのです。これは、会社更生などの実施された会社に、よくある事例です。

生徒 なるほど、固定資産税（償却資産）では、企業の会社更生法などの個別の事情で、取得価額が変わってくることは認めていないということなのですね。

＊　＊　＊　＊　＊　＊

〈Answer〉

「1　メーカーから広告宣伝用看板が無償贈与された場合、「適正な時価」を求める。」

5-13　取得価額　消費税

Q

次のうちで、償却資産の取得価額の考え方で正しいのはどれか。

1　消費税額は、税込み経理方式となる。

2　消費税額は、税抜き経理方式となる。

3　消費税額は、税込み経理方式か、税抜き経理方式かは、事業者の国税（法人税等）選択に従う。

生徒 これまで償却資産申告時の取得価額について講義していただきましたが、消費税の取扱いはどうなるのでしょうか。

消費税の納税義務者である事業者は、法人税、所得税の所得計算に当たり、消費税は、税込み経理方式、税抜き経理方式のどちらも選択することが可能になっています。

どちらを選択するかによって取得価額は違ってくると思います。固定資産税（償却資産）では、消費税について、どのように考えているのでしょうか。

講師 いくつかの例外をこれまで説明しましたが、原則の確認をします。

固定資産税における償却資産の取得価額の算定に当たっては、法人税法及びこれに基づく命令又は所得税法及びこれに基づく命令による所得の計算上当該償却資産の減価償却費の計算の基礎となる取得価額の算定の例によること——これが原則です。

そこで、消費税額については、法人税法等と同様に、税込み経理方式と税抜き経理方式のいずれかを選択して適用することとされています。

この考え方は、個々の固定資産ごとに、税込み経理方式か、税抜き経理方式かを、適用することはできないということです。

生徒 事業者の基本とする税込み経理方式か、税抜き経理方式かの選択に従うということなのですね。

講師 確かに、税込み経理方式を採用している事業者については、取得価額の算定をするに当たって、消費税を含めて考えています。

反対に、税抜き経理方式を採用している事業者が、取得価額の算定をするに当たっては、消費税は含まない、と考えています。

ただし、税抜き経理方式を採用している事業者であっても、法人税法施行令139条の４第５項に規定する控除対象外消費税額等を、税務会計上において固定資産の取得価額に算入している場合は、当該固定資産(償却資産)の取得価額に控除対象外消費税額等を含めて考えます。

生徒 なるほど。では、免税事業者等の消費税の処理は、どう考えるのでしょうか。

講師 ご指摘のとおり、消費税には免税点が設けられています。個人事業者又は法人の基準期間における課税売上高が1,000万円以下である場合は、その年の納税義務が免除されています。このような納税義務を免除された事業者（免税事業者）の場合には、税込み経理方式となるので、消費税は取得価額に含めることとして、通常、自治体は指導しています。

生徒 固定資産（償却資産）の消費税の考え方がわかりました。

＊　＊　＊　＊　＊　＊

〈Answer〉

「３　消費税額は、税込み経理方式か、税抜き経理方式かは、事業者の国税（法人税等）選択に従う。」

5-14　取得価額　取得価額が明らかでない償却資産

Q

次のうちで、償却資産の取得価額の考え方で正しいのはどれか。

1　「取得価額が明らかでない」受変電設備は、「再取得価額」等で申告する。

2　「取得価額が明らかでない」受変電設備は、建物一括で経理処理された場合は申告不要。

3　「取得価額が明らかでない」受変電設備は、申告不可能。

生徒 自己の建設、製作、無償贈与以外に、「取得価額が明らかでない償却資産」とは、どのような事例があるのでしょうか。

講師 例えば、業務用賃貸ビルが転々と譲渡され、そこに受変電設備、門、塀等の事業用償却資産が一緒に含まれている、そもそも工事見積書がない、そして、このQにあるように減価償却資産の計上は建物勘定に一括したので不明であるというような事例などがあります。

そのような場合は、それらを理由に、処理が不可能と判断して、申告しなくてもよいのでしょうか。

生徒 たしかに、それでは課税が不公平になりますね。申告不可能としてしまうのも変ですし……。

講師 国で告示されている「固定資産評価基準（昭和38年自治省告示第158号）」では、これについて項目を設けて記載されています。具体的には、「取得価額が明らかでない償却資産の取得価額」は、当該償却資産の「再取得価額」を基本にして、二つの手法を挙げています。まず、再取得価額が明らかな場合には、「再取得価額」とする。また、再取得価額が不明な場合には、「推定取得価額」とすることとしています。

生徒 「再取得価額」とは、具体的には、どのような手法なのでしょうか。

講師 この場合の「再取得価額」とは、当該年度の賦課期日に一般市場において当該償却資産を新品として取得するために通常支出すべき金額（付帯費の額を含む。）ということです。具体的には、市販の積算参考図書、各種カタログ、業者照会、他の納税義務者の同一商品の評価実例等により判明した、賦課期日現在の新品取得価額が「再取得価額」と考えます。

そして、中古資産を取得した場合には、その償却資産を新品として取得するために支出すべき金額から、取得の日までの経過年数に応じ、評価基準第３章第１節二から四までに準じてその耐用年数に応ずる減価を行った後の価額を「再取得価額」にするということです。

生徒 なるほど。では、もうひとつの「再取得価額」が不明な「推定取得価額」はどのように考えればよいのでしょうか。

講師 「再取得価額」が不明なときは、「資産再評価の基準の特例に関する省令（昭和25年大蔵省令第54号）」の第２条又は第３条の規定の例によって推定して求めた当該償却資産の取得の時期における正常な価額を「推定取得価額」にすることとされています。

生徒 「推定取得価額」の省令の中身を、もう少し詳しく教えてください。

講師 省令では、「その取得価額について最も古い記録に記載された価額」、「その償却資産の取得の時期におけるその償却資産又はこれに類似する他の償却資産」、「その償却資産の構造又は型式によって推定される取得価額」などを示しています。

さらに、その具体的な、詳しい計算方法についてなどは、「資産再評価の基準の特例に関する省令（昭和25年大蔵省令第54号）（取得価額の不明な資産）」を参考にすることとされていますので、現実には、再取得価額が不明な資産、「推定取得価額」と遭遇したときに、一つずつ、この省令を確認しながら進めるのがよいと思います。

*　　*　　*　　*　　*　　*

〈Answer〉

「1「取得価額が明らかでない」受変電設備は、「再取得価額」等で申告する。」

5-15 取得時期　工場等における機械及び装置

Q

次のうちで、償却資産評価を考えるときに、正しいのはどれか。

1　機械の場合、「取得時期」は資産「購入日」と一致しなければならない。

2　機械の場合、固定資産台帳が「棚卸資産」であれば申告対象外である。

3　機械の場合、「取得時期」は「試運転」が考慮されることがある。

生徒 これまで、償却資産の「取得価額」について、相続、贈与、交換、合併、それに消費税の取扱い、取得価額が明らかでない場合などのさまざまな事例を教えていただきました。同じように、償却資産の評価で、「取得時期」にも、配慮や注意しなければならないことがあるのですね。

講師 そうです。「取得時期（取得日）」は、「取得価額」「耐用年数」とともに、償却資産の評価算出の重要な要素の一つです。償却資産の評価では、「取得価額」と同様に「取得時期」でも、企業会計、税務会計と考えが異なっている場合があります。

ここは、誤りやすいところでもあります。

生徒 なんだか、まだ漠然としています。具体的な事例での解説をお願いします。

講師 一般的な考えとして、資産の取得の時期というのは、その資産の所有権を取得した日です。しかし、償却資産における取得時期での重要なポイントは、取得した日より、その資産が事業の用に供することができることとなった時期を重視していることです。つまり、賦課期日（1月1日）現在において、資産が事業の用に供することができる状態にあるかどうかの判定が、必要になるときがあります。

このQの事例の工場等における機械及び装置で考えてみましょう。

例えば、工場などで、新たに機械を購入した場合、直ちにこれを使用することなく、しばらくの間、倉庫等に貯蔵しておくということがあります。その貯蔵期間中、その機械は棚卸資産に該当し、償却資産の課税客体とはなりません。その後、機械を所定の場所に組み立てて据え付け、配線あるいは配管等の付帯工事を行い、製品の生産を開始し得る状態になった時点で、初めて償却資産の課税客体となります。

つまり、企業会計、税務会計上は、「棚卸資産」で計上、処理されていても、賦課期日（1月1日）を経過するときに事業の用に供していれば、それは償却資産の申告対象資産になるということです。

生徒 なるほど。企業の固定資産台帳とはタイムラグが生じていることがあるということですね。

講師 償却資産では、機械装置は、生産を開始し得る状態になった時点を事業の用に供することができることとなった時期とし、その時点を取得時期とします。この基準になるポイントとして、機械装置の「試運転」があります。取得時期の判定に当たっては、必ずしも試運転が完了することを要件としていませんが、行政実例（昭和52年自治固第14号自治省）では、「試運転の完了とは、運転状態の試験により、当該企業の事業の用に供し得る程度の機能が発揮されることが確認されたときをいうものと解する。」としています。

そして、具体的な試運転の完了時期の判定に当たっては、一部の例外を除き、「一般的には、当該法人の試運転計画によって認定するのが適当」としているのです。

生徒 そうなのですね……。

講師 つまり、その資産の種類、機能、企業の形態・内容等を検討し、客観的な事実認定によって、この「資産が事業の用に供することができる状態」を判断することが求められているのです。許認可及び試運転が必要なものは、双方を考慮して判断することが必要になってきます。

*　*　*　*　*　*

〈Answer〉

「3　機械の場合、「取得時期」は「試運転」が考慮されることがある。」

5-16　取得時期　許認可が必要な償却資産

Q

次のうちで、償却資産の考え方で正しいのはどれか。

1　電気事業は、発電事業を届けた日をもって、許可日とする。

2　船舶は、総トン数によって、取得日の判断が分かれることがある。

3　船舶で、登録票の交付等のない未登録漁船は、申告対象外とされる。

生徒 先のQで、「試運転」についてが「事業の用に供することができる状態」の判断基準において重要であることがわかりました。そして、取得時期を考える場合、「許認可」及び「試運転」が必要なものは、双方を考慮して判断することが必要になると教えていただきました。そこで、今度は「許認可」について、詳しく教えてください。

講師 償却資産の中には、竣工及び使用について監督官庁の許認可を必要とするものがあります。監督官庁の「許認可」があって初めて、事業の用に供することができるのです。その場合、特別の事情（許認可手続が特に遅れている場合など）がない限りは、賦課期日現在（1月1日）に、その「許認可」があったものを、事業の用に供しうる状態にあるものと判断して取り扱われます。

生徒 では、「許認可」が必要な業種や具体的な資産と、それを判断する書面には、どのようなものがありますか。

講師 電気事業は、平成28年4月1日から電力の小売り全面自由化が行われました。それに合わせて、電気事業法が改正されました。電気事業は、発電事業（届出）、送配電事業（許可）、小売電気事業（登録）と大きく三つに分かれました。事業区分に応じ、事業の運営が規制され、電気事業者は小売電気事業者、一般送配電事業者、送電事業者、特定送配電事業者及び発電事業者となっています。そして、電気事業法の中で、それぞれ、登録、届出、許可が、定められている状況です。また、都道府県知事の認可船舶（総トン数20トン以上の船舶）では、船舶法

５条２項又は15条もしくは16条の規定による船舶国籍証書の交付又は仮船舶国籍証書の請受け。総トン数20トン未満の船舶で漁船法２条１項の漁船では、漁船法11条１項の規定による都道府県知事からの登録票の交付。それ以外の総トン数20トン未満の船舶では、小型船舶の登録等に関する法律による日本小型船舶検査機構からの登録事項通知書の交付……、これらは、監督官庁の「許認可」の対象になったとき、判断する書面が必要になってきます。

生徒 今の説明で、登録票、登録事項通知書とありました。しかし、現実には、船舶の中には、未登録漁船というものもあります。そして、漁船として、事業の用に供しています。この場合は、どう考えるのでしょうか。

講師 そもそも、漁船法10条の規定は未登録で使用することの禁止規定と解しています。この違反の事実は漁船法違反には問われるべきです。しかし、ご指摘のとおり、現実には、船舶の中には未登録漁船が存在します。そこで、行政実例（昭和37年自治丁固発第69号）では、建造して検認後相当日数を経過して登録証の交付があり、そのため未登録で正常の漁船操業をなしている漁船について、漁業法に基づく登録の有無を問わず、１月１日現在で漁業法２条の定義、解釈をもって漁業に直接操業の事実によって課税して差支えないという事例を挙げています。

生徒 なるほど、課税としては、あくまで現況主義なのですね。

＊　＊　＊　＊　＊　＊

〈Answer〉

「２　船舶は、総トン数によって、取得日の判断が分かれることがある。」

5-17　取得時期　建設仮勘定、合併

Q

次のうちで、償却資産の考え方で正しいのはどれか。

1　建設仮勘定で経理されているものは、申告対象外である。

2　建設仮勘定で経理されているものは、賦課期日の判断基準から除外される。

3　合併は、適格合併、非適格合併によって、取得日が異なる。

生徒 取得時期では、この他にも注意しなければならないことがあるようですね。

講師 まず、建設仮勘定です。周知のとおり、建設仮勘定とは、建設中の建物や製作中の機械など、完成前の有形固定資産への支出等を仮に計上するための勘定科目です。

生徒 これは、まだ、事業の用には供していないですよね。償却資産の申告対象外ではないでしょうか。

講師 ふつうはそうなのですが、建設仮勘定について、法人税では「建設中の建物、機械及び装置等の資産は減価償却資産に該当しないのであるが、建設仮勘定として表示されている場合であっても、その完成した部分が事業の用に供されているときは、その部分は減価償却資産に該当するものとする（法基通７－１－４）。」としています。

生徒 なるほど……。

講師 つまり、一部、完成して事業の用に供していれば、その部分は考慮するということです。そして、固定資産税（償却資産）の取扱通知（市町村税関係）第３章７）では、さらに、「建設仮勘定において経理されているものであっても、その一部が賦課期日までに完成し、事業の用に供されているものは、償却資産として取り扱うこと。」とされています。

生徒 つまり、償却資産では、決算書で建設仮勘定において経理されていても、賦課期日を基準にしてより厳密に判断しなさい、その資産が事業として使える状態なのか——ということなのですね。これも現況

主義ですね。

講師 この他に注意が必要なものに、合併により取得された資産の取得時期があります。合併については、適格合併、非適格合併によって、取得時期が異なってくるのです。適格合併の場合、合併法人が合併により受け入れた償却資産は、被合併法人から所有権を承継したものとして取り扱われます。つまり、当該資産の取得時期は、被合併法人が当初取得した時期となります。

一方、非適格合併の場合、合併法人は合併により受け入れた償却資産の所有権を、合併の日に取得したことになります。したがって、合併の日から事業の用に供していれば合併の日が取得時期となります。

ここで、合併法人における合併の日とは、合併の効力を生ずる日をいいます（法基通1－2－4）。

生徒 ここでいう、合併の効力を生ずる日とは、いつのことですか。

講師 新設合併の場合は、新設合併設立法人の設立登記の日です。

生徒 合併は、適格合併、非適格合併によって、取得日が異なるということですね。適格合併、非適格合併は、その取得価額の考え方と同様に、注意しなければなりませんね。

講師 この他に取得日で注意することとして、外国法人の移入資産の取得時期があります。これは外国法人が国外に有していた資産で、日本国内に移入したものがあった場合のことですが、それは、その移入資産については、その移入の時に、その外国法人が当該移入資産を取得したものとするとされています（法令188）。

＊　＊　＊　＊　＊　＊

〈Answer〉

「3　合併は、適格合併、非適格合併によって、取得日が異なる。」

5-18　取得時期　取得時期の不明な償却資産

Q

次のうちで、取得時期が不明な償却資産の取得時期の考え方で正しいのはどれか。

1　資産について最も古い記録がある時期

2　資産の属する工場又は事業場の建設の時期

3　資産の構造又は型式によって推定される取得の時期

生徒 これまで、許認可が必要な償却資産、建設仮勘定、合併など償却資産の取得時期について、さまざまな事例を教えていただきましたが、現実にはどうしても、取得時期の不明な償却資産というのは存在すると思います。

それについては、どう判断すればよいのでしょうか。

講師「資産再評価の基準の特例に関する省令」(昭和25年大蔵省令第54号)が、この場合の判断をするときの根拠法令になります。

その第１条で、「資産再評価法第33条に規定する取得の時期の不明な資産については、左の各号のいずれか一に掲げる時期をその取得の時期とみなすことができる。」としています。

生徒 この省令の各号で具体的には、どのように示されているのですか。

講師 第１号は、「当該資産について最も古い記録がある時期」です。

生徒 なるほど、それは納得できます。

講師 第２号は、「左に掲げる年数を当該資産の取得の時期から基準日(固定資産税にあっては賦課期日)までの経過日数とみなした場合におけるその取得の時期」です。左に掲げる年数とは、

「イ　固定資産の耐用年数等に関する省令別表１又は別表４に掲げる資産については、その基準日以後の使用可能年数を見積り、その年数を、当該資産について同表に定められた耐用年数を1.15倍した年数から控除した年数」そして、「ロ　固定資産の耐用年数等に関する省令別表２に掲げる資産については、その基準日以後の使用可能年数を見積

り、その年数を、当該資産を新たに取得した場合においてこれにつき通常の管理又は修理をなすものとして予測される使用可能年数から控除した年数」です。

生徒 つまり、基準日（賦課期日）以後の使用可能年数を見積ることによって逆算していくということなのですね。なんとなく、この考え方もわかります。

講師 第３号は、「左のイからトまでに掲げる時期のうち当該資産の取得の時期に最も近いと認められる時期

イ　当該資産の属する工場又は事業場において事業設備として当該資産と一体をなす他の資産で当該資産の取得の時期と同一の時期又はこれに近接する時期に取得したと認められるものの取得の時期

ロ　当該資産を有する者又は当該資産がその用に供されている事業と同一種類の事業を営む他の者の有する当該資産と同一種類の資産でその基準日における現況が当該資産に類似するものの取得の時期

ハ　当該資産の構造又は型式によって推定される取得の時期

ニ　当該資産に表示されているその製作の時期

ホ　当該資産の属する工場又は事業場の建設の時期

ヘ　当該資産がその用に供されている事業の開始の時期

ト　当該資産の取得価額が明らかである場合において、その取得価額によって推定される取得の時期」です。

生徒 なるほど、しかし、これでは複数の取得時期が考えられることもありますね。

講師 そうです。そこで「資産再評価の基準の特例に関する省令」１条のただし書では、「当該資産について第３号の規定による取得の時期が第２号の規定による取得の時期の前である場合においては、第１号又は第２号に掲げる時期をその取得の時期とみなさなければならない。」としているのです。

＊　＊　＊　＊　＊　＊

〈Answer〉

三つすべてが正しい。

5-19　耐用年数　原則

Q

次のうちで、償却資産の使用する耐用年数（「減価償却資産の耐用年数等に関する省令」別表）の考え方で正しいのはどれか。

1　「別表１　機械及び装置以外の有形減価償却資産の耐用年数表」と「別表２　機械及び装置の耐用年数表」以外の使用はない。

2　「別表４　生物の耐用年数表」は、使用される。

3　「別表６　開発研究用減価償却資産の耐用年数表」は、使用される。

講師 これまで、償却資産の評価を算出するのに、重要な要素になる「取得価額」、そして、「取得時期」について説明をしてきました。

３番目の重要な項目として、「耐用年数」についての話をしたいと思います。つまり、その資産はいくらで、いつ購入して、そして、何年の耐用年数の資産なのか。この三つの要素がそろわないと、税額の基本となる評価額の算出はできません。

生徒 償却資産の評価額の算出については、初年度の月割償却でなく、半年償却です。これまでも、決算書や国税の算出した評価額と違うことは学びましたが、耐用年数では、何に気をつければよいのでしょうか。

講師 では、まずは、耐用年数の原則の考え方です。国税局長の承認を受けた耐用年数、中古資産の耐用年数を除いて、固定資産評価基準では、第１節八で、償却資産の耐用年数は、「減価償却資産の耐用年数等に関する省令（昭和40年大蔵省令第15号）別表第１、第２、第５及び第６に掲げる耐用年数によるものとする」、としています。

これは、一般的には、国税の確定申告で利用され、国税庁ホームページ、市販本等で確認できるものです。

省令別表は、次のように定められています。

別表１　機械及び装置以外の有形減価償却資産の耐用年数表

別表２　機械及び装置の耐用年数表

別表３　無形減価償却資産の耐用年数表

別表4　生物の耐用年数表
別表5　公害防止用減価償却資産の耐用年数表
別表6　開発研究用減価償却資産の耐用年数表
別表7　平成19年3月31日以前に取得をされた減価償却資産の償却率表
別表8　平成19年4月1日以後に取得をされた減価償却資産の償却率、改定償却率及び保証率の表
別表9　平成19年3月31日以前に取得をされた減価償却資産の残存割合表

このうち、地方税である償却資産は、この別表の中の第1、第2、第5及び第6に掲げ耐用年数によることとされています。ここが重要なポイントなのです。

ちなみに、別表の第1から第4までは一般の資産についての耐用年数表であり、第5及び第6は特殊な条件、用途等の場合に適用される耐用年数表です。

生徒 なるほど、別表7以降は不使用ということですね。これは、国税は平成19年度税制改正で減価償却制度の見直しが行われ、税務会計においては償却可能限度額及び残存価額の廃止により残存簿価1円まで償却することが可能になりました。しかし、地方税（償却資産）は、評価額の最低限度については見直すことはしていません。このことに起因するわけですね。

また、「別表3　無形減価償却資産の耐用年数表」「別表4　生物の耐用年数表」が使用する別表で抜けていますが、つまり、この別表3、4を使用しないということは「無形減価償却資産」と「生物」は、償却資産では申告対象外になるということですね。

講師 厳密にはやや違います。生物でも、耐用年数省令別表第1の「器具及び備品」に掲げる「生物」は申告対象です。具体的には、動物園、水族館等の生物、備品として有するような盆栽、熱帯魚等の生物、医療用の生物があります。また、この「生物」の範疇には、熱帯魚、カナリヤ、番犬その他の生物を入れる容器（器具及び備品に該当するも

のに限る。）も含まれます（耐用年数通達２－７－16）。

生徒 もう一つ、固定資産評価基準の中で「別表５　公害防止用減価償却資産の耐用年数表」と「別表６　開発研究用減価償却資産の耐用年数表」について使用するとありました。これらの開発研究用資産などについても申告対象になるということですね。そして、この場合（公害防止用、開発研究用）は、耐用年数は「別表５」「別表６」を使用するということですね。

講師 そうなのですが、減価償却資産の耐用年数の適用の特例として、法人が別表第５（公害防止用減価償却資産）又は別表第６（開発研究用減価償却資産）に掲げられている減価償却資産について、別表第１又は別表第２の耐用年数を適用している場合には、継続して適用することを要件としてこれを認めるとも、耐用年数通達（１－１－10）ではされているのです。

＊　　＊　　＊　　＊　　＊　　＊

〈**Answer**〉

「3 「別表6　開発研究用減価償却資産の耐用年数表」は、使用される。」

5-20　耐用年数　開発研究用・公害防止用償却資産

Q

次のうちで、償却資産の使用する耐用年数（「減価償却資産の耐用年数等に関する省令」別表）の考え方で正しいのはどれか。

1　別表第５（公害防止用減価償却資産）は、構築物は含まれない。

2　別表第６（開発研究用減価償却資産）は、従来から有していた減価償却資産で他の用途から開発研究の用に転用されたものも含まれる。

3　別表第６（開発研究用減価償却資産）は、必要に応じて、開発研究の用に供されるものも含まれる。

生徒 償却資産では、耐用年数は「別表5」「別表6」を使用するということでした。別表第5（公害防止用減価償却資産）と別表第6（開発研究用減価償却資産）について、もう少し詳しい説明をお願いします。

講師 この二つは、企業が特別に設備などを要する減価償却資産の範疇に当たり、早期の減価償却を図るためのもので、特別な耐用年数が設けられています。具体的には、別表第5（公害防止用減価償却資産）は、「汚水処理」又は「ばい煙処理」の用に供されている構築物並びに機械及び装置のことです。前者の「汚水処理」とは、汚水等の沈でん、ろ過、中和、生物化学的方法、混合、冷却又は乾燥その他これらに類する方法による処理をいいます。

工場等で生じた汚水等（汚水、坑水、廃水又は廃液をいい、温水を含む。）で、そのまま排出すれば公害が生ずると認められるものを、公害の生じない水液にして排出するために特別に施設された汚水処理の用に直接供される減価償却資産のことです（耐用年数省令2一、耐用年数通達2－9－1～4）。

生徒 では、ここでの「ばい煙処理」とは、どういうことでしょうか。

講師 「ばい煙処理」とは、大気汚染防止法2条1項若しくは7項（定義等）に規定するばい煙若しくは粉じん又は同法17条1項（事故時の措置）に規定する特定物質（ばい煙を除く。）の重力沈降、慣性分離、遠心分離、ろ過、洗浄、電気捕集、音波凝集、吸収、中和、吸着又は拡散の方法その他これらに類する方法による処理のことをいいます。

そして、「ばい煙処理用減価償却資産」とは、工場等内で生じた、ばい煙、粉じん又は特定物質を公害の生ずるおそれのない状態で排出（大気中に飛散しないように防止して公害のおそれのない状態を維持することを含む。）をするため、特に施設された、ばい煙処理の用に供する減価償却資産のことをいいます。

生徒 別表第5（公害防止用減価償却資産）も、公害防止用の資産であれば全てでなく、定義付けがあるということですね。

講師 次に、別表第6（開発研究用減価償却資産）は、開発研究の用に供されている建物附属設備、構築物、工具、器具及び備品、機械及び装置のことです。

では、「開発研究用」とはどのようなものかといいますと、新たな製品の製造若しくは新たな技術の発明又は現に企業化されている技術の著しい改善を目的として特別に行われる試験研究のうち、「新規原理の発見又は新規製品の発明のための研究」「新規製品の製造、製造工程の創設又は未利用資源の活用方法の研究」「これらの研究を基礎とし、これらの研究の成果を企業化するためのデータの収集」「現に企業化されている製造方法その他の生産技術の著しい改善のための研究」のことです（耐用年数省令２二、耐用年数通達２－10－１～３）。

開発研究用減価償却資産には、開発研究の用に供するため新たに取得された減価償却資産の他にも、従来から有していた減価償却資産で他の用途から開発研究の用に転用されたものも該当します。この場合、転用時から耐用年数省令別表第６の耐用年数によることができます。

なお、ここでは、他の目的のために使用されている減価償却資産で、必要に応じ開発研究の用に供されるものは、開発研究用減価償却資産には含まれませんので注意してください。

生徒 同じ資産でも、用途、目的が、ここでは関係してくるということですね。

＊　＊　＊　＊　＊　＊

〈Answer〉

「２　別表第６（開発研究用減価償却資産）は、従来から有していた減価償却資産で他の用途から開発研究の用に転用されたものも含まれる。」

5-21　耐用年数　用途・種類等

Q

次のうちで、償却資産の考え方で正しいのはどれか。

1　製造業用設備の耐用年数は統一されている。

2　緑化施設の耐用年数は統一されていない。

3　ブルドーザーは、「車両」の耐用年数を使用する。

生徒 償却資産の評価額を算出するための耐用年数は、同じ資産でも、用途、目的が関係するということはわかりました。このQはこの他にも、耐用年数で注意するところはあるということなのでしょうか。

講師 「別表１　機械及び装置以外の有形減価償却資産の耐用年数表」を適用する場合ですが、資産「種類」についてです。「建物」「建物附属設備」「構築物」「船舶」「航空機」「車両及び運搬具」「工具」「器具及び備品」に分かれています。

そして「構造又は用途」に区分され、それぞれ「細目」の耐用年数が定められています。この細かな分類については重要になってきます。

生徒 どうしてですか。

講師 例えば、同一の減価償却資産であっても、その用途によって定められている耐用年数が異なっている場合というのがあります。例えば、構築物の緑化施設でも、工場緑化施設は７年、その他の緑化施設は20年です。

「構築物」の「緑化施設」という名称でも、これほど、耐用年数は異なっているのです。

生徒 「緑化施設」でも、ずいぶんと耐用年数が異なっていますね。

講師 それでは、車両はどうでしょうか。トラッククレーン、ブルドーザー、ショベルローダー、ロードローラー、コンクリートポンプ車など、特殊自動車に該当しない建設車両について、どう考えるかです。

これらは、人又は物の運搬を目的とせず、作業場において作業することを目的とするものなので、「車両及び運搬具」「特殊自動車」に該当せず、「機械及び装置」に該当するのです。

生徒 そうなのですね……。

講師 次に「別表２　機械及び装置の耐用年数表」を適用する場合です。これについては各種の製造業、鉱業、建設業、公共事業、サービス業等で使用される機械装置の耐用年数が「設備の種類」ごとに定められています。これらの耐用年数は、個々の機械の年数が定められているものではなく、それぞれの「設備の種類」に属する各種の耐用年数を総合した耐用年数として定められています。

製造業用設備でも、（電気機械器具）製造業用設備は７年、（情報通信機械器具）製造業用設備は８年、（輸送用機械器具）製造業用設備は９年と異なっています。先のトラッククレーンなど建設車両等の耐用年数の判定も、「機械及び装置」でしたので、いずれの「設備の種類」に該当するか、法人の当該設備の使用状況等からいずれの業種用の設備として通常使用しているかによって判定されます。

生徒 なるほど……。

講師 そこで問題になるのは、一つの資産が二以上の用途に共通して使用するということも生じることです。この場合について、耐用年数通達（1－1－1）では、「その使用目的、使用の状況などから勘案して、合理的に判定するものとする。その耐用年数はその判定の基礎となった事実が著しく異ならない限り、継続して適用する」というように耐用年数では考えられているのです。

＊　＊　＊　＊　＊　＊

〈Answer〉

「2　緑化施設の耐用年数は統一されていない。」

〈参考〉

〈緑化施設の区分〉

緑化施設が耐用年数省令別表第１の「構築物」の「緑化施設」のうち、工場緑化施設に該当するかどうかは、一の構内と認められる区域ごとに判定する。その区域内に施設される建物等が主として工場用のものである場合のその区域内の緑化施設は、工場緑化施設に該当する。
　この場合において工場用の建物には、作業場及び工場の構内にある守衛所、詰所、監視所、タイムカード置場、自転車置場、消火器具置場、更衣所、仮眠所、食堂（簡易なものに限る）、浴場、洗面所、便所その他これらに類する建物の他、発電所又は変電所の用に供する建物も含まれる。
　なお、工場の構外に施設された緑化施設であっても、工場の構外にめぐらした並木など、工場の緑化を目的とすることが明らかなものも工場緑化施設に含まれる（耐用年数通達２－３－８の３、２－３－８の４）。

5-22　耐用年数　貸与・賃借等

Q

次のうちで、償却資産の考え方で正しいのはどれか。

1　貸与資産の耐用年数は、貸与を受けている者の資産の用途等に応じて判定される。

2　他人の建物に対する造作の耐用年数は、賃借期間を耐用年数として償却することができない。

3　旅館（鉄筋コンクリート造建物）の和風の木造の内部造作は、木造の耐用年数とする。

生徒 償却資産では、貸与資産やテナントが内装をする事例も多くあり、どれも悩む問題ですね。

講師 まず、貸与資産の耐用年数ですが、貸与している減価償却資産の耐用年数は、別表において貸付業用として特掲されているものを除いて、原則として、「貸与を受けている者のその資産の用途等に応じて判定する」（取扱通達１－１－５）とされています。

生徒 別表において貸付業用として特掲されているものには何があるのですか。

講師 別表において貸付業用として特掲されているものには、別表第１

の「車両及び運搬具」の中の「貸自動車業用」及び「器具及び備品」の「10　生物」のうち「植物」があります。

生徒 他人の建物に対する造作の耐用年数は、どう考えるのですか。

講師 他人の建物に対する造作の耐用年数についてですが、法人が建物を賃借し自己の用に供するため造作した場合の造作に要した金額は、当該造作が建物についてされたときは、当該建物の耐用年数、その造作の種類、用途、使用材質等を勘案して、合理的に見積った耐用年数によります。

この場合、現に使用している用途を他の用途に変えるために造作した場合が含まれます。そして、建物附属設備についてされたときなのですが、この場合は建物附属設備の耐用年数により償却するとされています。

生徒 賃借期間は考慮されないのですか。

講師 国税の取扱通達では、当該建物について賃借期間の定めがあるもので、かつ、有益費の請求又は買取請求をすることができないものについては、当該賃借期間を耐用年数として償却することができるとされています。

この場合、賃借期間の更新のできないものに限っていること。また、「できる規定」であることも合わせて考えてください。

（注）　同一の建物（一の区画ごとに用途を異にしている場合には、同一の用途に属する部分）についてした造作は、そのすべてを一の資産として償却をするのであるから、その耐用年数は、その造作全部を総合して見積ることに留意する（耐用年数通達１－１－３）。

生徒 造作の構造が当該建物の骨格の構造と違っている場合というのがありますよね。

講師 建物の内部に施設された造作についてですが、その造作が建物附属設備に該当する場合を除いて、その造作の構造が当該建物の骨格の構造と異なっている場合においても、それを区分しないで当該建物に含めて当該建物の耐用年数を適用します。

生徒 異なっている場合の具体例を教えてください。

講師 例えば、旅館等の鉄筋コンクリート造の建物について、その内部を和風の様式とするため特に木造の内部造作を施設した場合、当該内部造作物を建物から分離して、木造建物の耐用年数を適用することはできません。

また、工場建物について、温湿度の調整制御、無菌又は無じん空気の汚濁防止、防音、遮光、放射線防御等のために特に内部造作物を施設した場合には、当該内部造作物が機械装置とその効用を一にするとみられるときであっても、当該内部造作物は建物に含めることに留意しなければならないのです（耐用年数通達1－2－3）。

＊　＊　＊　＊　＊　＊

〈**Answer**〉

「1　貸与資産の耐用年数は、貸与を受けている者の資産の用途等に応じて判定される。」

5-23　耐用年数　船舶

Q

次のうちで、償却資産の考え方で正しいのはどれか。

1　船舶安全法で規定されている救命ボートは、船舶の耐用年数を使用する。

2「砂利採取船」に搭載されている砂利採取用機械は、船舶の耐用年数を使用する。

3　基脚により固定した「かき船」は、船舶の耐用年数を使用する。

生徒 船舶は難しいです。耐用年数も何を使用するか、いつも混乱します。

講師 船舶に対する耐用年数については、「船舶法第４条から第19条までの適用を受けるもの」と、「その他のもの」に区分して判定されます。つまり、総トン数が20トン未満の船舶については、船舶法４条から19

条までの規定の適用がないのです（船舶法20）。

生徒 船舶に搭載する機器の判断がわからないのですが……。

講師 基本は、船舶安全法及びその関係法規により施設することを規定されている電信機器、救命ボートその他の法定備品については、船舶と一括してその耐用年数が適用されます。

生徒 電信機器、救命ボートなどは、船舶の一部と考えるのですね。

講師 それ以外の工具、器具及び備品、この他にも機械及び装置など船舶に常時搭載するものについても船舶と一括して、その耐用年数を適用します。しかし、法人がこれらの資産を船舶と区分して耐用年数省令別表第１又は第２に定める耐用年数を適用しているときは、それが特に不合理と認められる場合を除き、これが認められます。

生徒 不合理と認められる場合とは、どのような場合ですか。

講師 「しゅんせつ船」、「砂利採取船」及び「発電船」に搭載されている掘削機、砂利採取用機械等の作業用機器及び発電機のような場合、その船舶の細目の区分に関係する機器について、これらを搭載している船舶本体と分離して別個の耐用年数を適用することなどが、不合理と認められる場合に該当します。

生徒 しゅんせつ船及び砂利採取船の定義はあるのですか。

講師 耐用年数省令別表第１の「船舶」の「しゅんせつ船及び砂利採取船」とは、しゅんせつ又は砂利採取（地表上にある砂、砂利及び岩石の採取を含む。）用の機器を搭載しているなど、主としてしゅんせつ又は砂利採取に使用される構造を有する船舶をいいます。

しゅんせつ又は砂利採取を行うとともに、その採取した砂、砂利、岩石等を運搬することができる構造となっている船舶も含めることができるとされています。

生徒 この他にも、起重機船には自力で水上を航行しないものがあります。かき船は、その形状及び構造はまるで船舶です。このようなものについてはどのように考えるのですか。

講師 サルベージ船、工作船、起重機船その他の作業船は、自力で水上を航行しないものであっても船舶に該当するため船舶の耐用年数を適用しますが、固定資産税上機械及び装置として取り扱います。

いわゆるかき船、海上ホテル等のようにその形状及び構造が船舶に類似していても、主として建物又は構築物として用いることを目的として建造（改造を含む。）されたものは、船舶に該当しないため船舶の耐用年数を適用しません。基脚等により固定したものは、固定資産税上の家屋に該当します（耐用年数通達２－４－４）。

＊　＊　＊　＊　＊　＊

〈Answer〉

「1　船舶安全法で規定されている救命ボートは、船舶の耐用年数を使用する。」

〈参考〉

行政実例 **〈固定資産税課税標準の適用について〉**

（昭和33自丙固発第２号
自治庁市町村税課長回答）

問一　地方税法施行規則第11条（現行第11条の３）に定める船舶以外の船舶（浚渫船、砂利採取船）は、すべて課税標準の特例を適用すべきか。

二　船舶法第20条の規定の適用をうける総屯数20屯未満又は積石数200石未満の船舶及び端舟その他櫓櫂のみで運転する船は如何に取扱うべきか。

三　推進器を有しない浚渫船、砂利採取船は機械設備とみなして固定資産税を課税すべきか。

答　地方税法第349条の３第６項（現行第７項）の規定による船舶とは、地方税法施行規則第11条第２項（現行第11条の３）に規定する船舶以外の船舶をいうものであるが、推進器を有しない浚渫船、砂利採取船は地方税法第349条の３第６項（現行第７項）の適用をうける船舶に該当しないものである。

したがってこれについては機械設備として固定資産税を課税すべきものである。

5-24　耐用年数　法定耐用年数改正・用途変更の耐用年数の取扱い

Q

次のうちで、償却資産の考え方で正しいのはどれか。

1　法定耐用年数が変更された場合、その年の新耐用年数とする。

2　固定資産税と、法人税及び所得税では、適用年度に違いが存在する。

3　用途変更の耐用年数の変更は、認められていない。

生徒 法定耐用年数が改正された場合の取扱いについて教えてください。

講師 耐用年数の適用に当たっては、原則として省令による法定耐用年数によることとしています。しかし、当該法定耐用年数が変更された場合には、新たな耐用年数が適用されることとなった年の賦課期日現在の償却資産の評価について、新耐用年数により評価額の算出を行います。

生徒 平成20年度税制改正において、耐用年数省令の見直しが行われました。このとき、減価償却資産の耐用年数表が大きく変更されています。特に、機械及び装置については390区分を55区分へ見直す全面改正が行われましたが、償却資産では、どのようなところを注意すればよいでしょうか。

講師 大切なのは、適用年度についてです。改正後の耐用年数については、固定資産税と、法人税及び所得税では、適用年度に違いがあるため、注意しなければいけません。固定資産税における適用年度は、平成21年度分の評価額計算から改正後の耐用年数を適用します。

国税における適用年度は、法人等の平成20年４月１日以後に開始する事業年度の所得に対する法人税、個人の平成21年分以後の所得税について、改正後の耐用年数を適用します。また、法人等の平成20年３月31日以前に開始した事業年度の所得に対する法人税、個人の平成

20年分以前の所得税については、改正前の耐用年数を適用するのです（耐用年数省令附則（平成20年財務省令第32号）参照）。

実地調査では、確認が必要なポイントになります。

生徒 なるほど……。

講師 改正前耐用年数と改正後耐用年数との対比は、耐用年数に関する取扱通達の付表９「機械及び装置の耐用年数表（別表第２）における新旧資産区分の対照表」により行ってください。

生徒 用途変更があった場合の耐用年数の取扱いは、どう考えますか。

講師 従来使用していた資産を他の用途に転用した場合で、転用前と転用後の用途についてそれぞれ異なった耐用年数が定められているときは、転用後はその用途について定められている法定耐用年数によります。

償却計算は、転用前についてはその法定耐用年数で、転用後の賦課期日からは転用後の法定耐用年数に応ずる償却率に切り換えて行うのです。

例えば、令和元年５月に耐用年数が10年であったものを、耐用年数８年の用途に転用した場合、令和元年度までは耐用年数10年の償却率で、令和２年度以後は、耐用年数８年の償却率を用いて評価額の計算を行います。

＊　＊　＊　＊　＊　＊

〈Answer〉

「2　固定資産税と、法人税及び所得税では、適用年度に違いが存在する。」

「固定資産税（償却資産）における特別な評価の取扱要領について」（平成２年12月10日付け財第814号）に定めるところによる。

5-25　耐用年数　耐用年数の短縮

Q

次のうちで、償却資産の考え方で正しいのはどれか。

1　耐用年数の短縮承認を受けた減価償却資産の一部を、これに代わる新たな資産と取り替えた場合にも短縮は認められる。

2　固定資産税は、納税地の所轄国税局長の承認を受けなくても耐用年数を短縮できる要件を充足していれば耐用年数の短縮は可能とされている。

3「耐用年数の短縮の承認通知書」は、法人税のみで、所得税では除かれている。

生徒 耐用年数の短縮とは、どのようなことをいうのでしょうか。

講師 国税の税務計算上の取扱いの中で、減価償却資産の使用可能期間が法定耐用年数に比して著しく短い場合、法人又は青色申告書を提出する個人は、その該当する減価償却資産の使用可能期間を基礎としてその償却限度額を計算することについて納税地の所轄国税局長の承認を受けたときは、その承認に係る使用可能期間をもって耐用年数とみなすことができるとされているのです。

そして、固定資産税は、このような法人税法施行令57条１項又は所得税法施行令130条１項の規定により国税局長の承認を受けて耐用年数が短縮された場合は、承認を受けた日以後に到来する賦課期日に係る年度分の評価額計算から、短縮耐用年数が適用されることになります。

生徒 納税地の所轄国税局長の承認を受けることが前提なのですね。

講師 法人等が耐用年数の短縮承認を受けた減価償却資産の一部について、これに代わる新たな資産と取り替えた場合も、「短縮特例承認資産の一部を取り替えた場合の届出書」を納税地の所轄税務署長を経由して納税地の所轄国税局長に提出したときは、当該届出書の提出をもって承認があったものとみなされます（法令57⑦、所令130⑦）し、この他にも、法人等が耐用年数の短縮承認を受けた減価償却資産と材質又は制作方法を同じくする資産を取得した場合、「耐用年数の短縮の特例を受けた減価償却資産と材質又は製作方法を同じくする減価償却資産を取得した場合等の届出書」を納税地の所轄税務署長を経由して納税地の所轄国税局長に提出したときも、当該届出書の提出をもって承認があったものとみなされます（法令57⑧、所令130⑧）。

生徒 取り替えたような場合の考え方ですね。固定資産税上では、どう考えますか。

講師 この耐用年数の短縮承認を受けた減価償却資産については、固定資産税の償却資産においても当該承認を受けた耐用年数を適用します。当該資産については、短縮耐用年数を使用可能期間とみなして、控除額の加算ができます（評価基準第３章第１節九２）。

ここでの考え方は、たとえ耐用年数を短縮できる要件を充足していても、賦課期日現在において国税局長の承認を受けていない場合は、短縮した耐用年数を適用することはできないということなのです（評価基準第３章第１節八ただし書）。

生徒 どのようなことに、注意すればよいのですか。

講師 地方税の償却資産申告書の表には、必ず「短縮耐用年数の承認」の欄があります。自治体の税務職員は、法人税又は所得税にかかる「耐用年数の短縮の承認通知書」、「短縮特例承認資産の一部を取り替えた場合の届出書」又は「耐用年数の短縮の特例を受けた減価償却資産と材質又は製作方法を同じくする減価償却資産を取得した場合等の届出書」の写しの添付を求めます。そして、その届書の内容を確認しなければなりません。

そして、耐用年数の短縮承認を受けた減価償却資産について、当該承認を受けた耐用年数を適用する場合は、自治体で定める「耐用年数の短縮確認を適用した償却資産にかかる届書」などの提出を求めて、資料保管するのが、地方税の窓口には必要になると思います。

*　*　*　*　*　*

〈Answer〉

「1　耐用年数の短縮承認を受けた減価償却資産の一部を、これに代わる新たな資産と取り替えた場合にも短縮は認められる。」

〈参考〉

【固定資産税　償却資産評価基準】

第4節　経過措置

一　耐用年数が短縮された償却資産の評価に関する経過措置

1　平成23年4月1日前に開始した事業年度に法人が受けた法人税法施行令の一部を改正する政令（平成23年政令第196号）による改正前の法人税法施行令（以下「旧法人税法施行令」という。）第57条第1項に規定する国税局長の承認（同年4月1日以後に開始する事業年度において同年6月30日前に受けるものを含む。）に係る償却資産の評価については、当該償却資産の前年度の評価額から旧法人税法施行令第57条第1項に規定する使用可能期間に応ずる減価率を乗じて得た額を控除してその価額を求める方法によるものとする。

2　平成23年以前の各年分の減価償却資産の償却費の計算について個人が受けた所得税法施行令等の一部を改正する政令（平成23年政令第195号）による改正前の所得税法施行令（以下「旧所得税法施行令」という。）第130条第1項に規定する国税局長の承認に係る償却資産の評価については、当該償却資産の前年度の評価額から旧所得税法施行令第130条第1項に規定する使用可能期間に応ずる減価率を乗じて得た額を控除してその価額を求める方法によるものとする。

5-26　耐用年数　中古資産

Q

次のうちで、償却資産の考え方で正しいのはどれか。

1　中古資産を取得した場合、法定耐用年数を用いなければならない。

2　中古資産の見積耐用年数には「見積法」と「簡便法」がある。

3　法人が中古資産に改良等のために支出した金額がある場合は、法定耐用年数による。

生徒 中古資産は、耐用年数表をそのまま使用するのは適していないと思います。

講師 まず、ここでの「中古資産」の定義は、法定耐用年数の全部又は一部を経過した償却資産のことをいいます。中古資産を取得した場合、法定耐用年数を用いるか、当該資産をその用に供した時以後の使用可能期間の年数を見積った耐用年数とすることができるとされています（評価基準第３章第１節八ただし書）。

生徒 法定耐用年数も、見積った耐用年数も、どちらも使用できるのですね。

講師 見積耐用年数については、個々の中古資産の現況から適正に見積る「見積法」と見積法によることが困難な場合は、「簡便法」によって計算した年数を見積耐用年数とすることもできます。

生徒 その区別は、どう考えればよいのですか。

講師 見積法によることが困難なものとは見積りのために必要な資料がないため技術者等が積極的に特別の調査をしなければならない場合、この他にも、耐用年数の見積りに多額の費用を要すると認められることにより使用可能期間の年数を見積ることが困難な減価償却資産のことをいっています。

そして、次に耐用年数を簡便法により計算する場合ですが、その資産の経過年数が不明なときは、その構造、形式、表示されている製作の時期等を勘案して、その経過年数を適正に見積るものとするとされているのです。

生徒 法人が中古資産に改良等のために支出した金額がある場合の耐用年数は、どう考えるのですか。

講師 改良費がその償却資産の再取得価額の100分の50に相当する金額を超えるときは、法定耐用年数によるものとされています。

なお、この場合の再取得価額とは、その年度の賦課期日に、一般市場において、その償却資産を新品として取得するために通常支出すべき金額のことをいっています。そして、改良費が償却資産の中古の取得価額の100分の50に相当する金額以下であり、見積法によることが困難な場合、この場合は簡便法による見積耐用年数を用いることができるとされています。そして、固定資産税でも、改良を加えたことにより増加した部分の耐用年数は、その改良を加えられた償却資産の耐用年数を適用する（評価基準第３章第１節十三）とされています。

つまり、改良を加えられた償却資産が中古資産の見積耐用年数を適用している場合は、その改良費に係る部分についても、その見積耐用年数を適用することができます。そして、改良費の金額によっては、法定耐用年数が適用される場合もあるということです。

生徒 総合償却資産の場合は、どう考えるのですか。

講師 総合償却資産とは、機械及び装置並びに構築物で、その資産の種類に属する個々の資産の全部につき、その償却の基礎となる価額を個々の資産の全部を総合して定められた耐用年数により償却することとされている資産のことですね。

例えば、法人が工場を一括して取得する場合などがあります。この場合は、耐用年数省令別表第１、第２、第５又は第６に掲げる一の「設備の種類」又は「種類」に属する資産の相当部分につき中古資産を一時に取得した場合に限り、次によりその資産の総合耐用年数を見積ってその中古資産以外の資産と区別して償却することができます。

その他、中古資産の耐用年数にはさまざまな事例があります。その考え方、計算方法などは、国税庁の取扱通達「第５節　中古資産の耐用年数」を確認しながら、判断していくことが必要になってきます。

＊　＊　＊　＊　＊　＊

〈Answer〉

「2　中古資産の見積耐用年数には「見積法」と「簡便法」がある。」

〈参考〉

〈取扱通達　第5節　中古資産の耐用年数〉

1　1－5－1　中古資産の耐用年数の見積法及び簡便法
2　1－5－2　見積法及び簡便法を適用することができない中古資産
3　1－5－3　中古資産に資本的支出をした後の耐用年数
4　1－5－4　中古資産の耐用年数の見積りが困難な場合
5　1－5－5　経過年数が不明な場合の経過年数の見積り
6　1－5－6　資本的支出の額を区分して計算した場合の耐用年数の簡便計算
7　1－5－7　中古資産の耐用年数を簡便法により算定している場合において法定耐用年数が短縮されたときの取扱い
8　1－5－8　中古の総合償却資産を取得した場合の総合耐用年数の見積り
9　1－5－9　取得した中古機械装置等が設備の相当部分を占めるかどうかの判定
10　1－5－10　総合償却資産の総合残存耐用年数の見積りの特例
11　1－5－11　見積法及び簡便法によることができない中古の総合償却資産
12　1－5－12　取り替えた資産の耐用年数

〈減価償却資産の耐用年数等に関する省令に規定する中古資産の耐用年数等〉

第３条　個人において使用され又は法人（法人税法第２条第８号（定義）に規定する人格のない社団等を含む。以下第５条までにおいて同じ。）において事業の用に供された所得税法施行令第６条各号（減価償却資産の範囲）又は法人税法施行令第13条各号（減価償却資産の範囲）に掲げる資産（これらの資産のうち試掘権以外の鉱業権及び坑道を除く。以下この項において同じ。）の取得（同法第２条第12号の８に規定する適格合併又は同条第12号の12に規定する適格分割型分割による同条第11号に規定する被合併法人又は同条第12号の２に規定する分割法人からの引継ぎ（以下この項において「適格合併等による引継ぎ」という。）を含む。）をしてこれを個人の業務又は法人の事業の用に供した場合における当該資産の耐用年数は、前２条の規定にかかわらず、次に掲げる年数によることができる。ただし、当該資産を個人の業務又は法人の事業の用に供するために当該資産について支出した所得税法施行令第181条（資本的支出）又は法人税法施行令第132条（資本的支出）に規定する金額が当該資産の取得価額（適格合併等による引継ぎの場合にあつては、同法第62条の２第１項（適格合併及び適格分割型分割による資産等の帳簿価額による引継ぎ）に規定する時の帳簿価額）の100分の50に相当する金額を超える場合には、第２号に掲げる年数についてはこの限りでない。

一　当該資産をその用に供した時以後の使用可能期間（個人が当該資産を取得した後直ちにこれをその業務の用に供しなかった場合には、当該資産を取得した時から引き続き業務の用に供したものとして見込まれる当該取得の時以後の使用可能期間）の年数

二　次に掲げる資産（別表第１、別表第２、別表第５又は別表第６に掲げる減価償却資産であって、前号の年数を見積もることが困難なものに限る。）の区分に応じそれぞれ次に定める年数（その年数が２年に満たないときは、これを２年とする。）

イ　法定耐用年数（第１条第１項に規定する耐用年数をいう。以下この号について同じ。）の全部を経過した資産……・当該資産の法定耐用年数の100分の20に相当する年数

ロ　法定耐用年数の一部を経過した資産……当該資産の法定耐用年数から経過年数を控除した年数に、経過年数の100分の20に相当する年数を加算した年数

2　法人が、法人税法第２条第12号の８、第12号の11、第12号の14又は第12号の15に規定する適格合併、適格分割、適格現物出資又は適格事後設立（次項において「適格組織再編成」という。）により同条第11号、第12号の２、第12号の４又は第12号の６に規定する被合併法人、分割法人、現物出資法人又は事後設立法人（以下この項及び次項において「被合併法人等」という。）から前項本文に規定する資産の移転を受けた場合（当該法人が当該資産について同項の規定の適用を受ける場合を除く。）において、当該被合併法人等が当該資産につき同項又は第４項の

規定の適用を受けていたときは、当該法人の当該資産の耐用年数については、前２条の規定にかかわらず、当該被合併法人等において当該資産の耐用年数とされていた年数によることができる。

〈取扱通達　第５節　中古資産の耐用年数〉

1　1－5－1　中古資産の耐用年数の見積法及び簡便法
2　1－5－2　見積法及び簡便法を適用することができない中古資産
3　1－5－3　中古資産に資本的支出をした後の耐用年数
4　1－5－4　中古資産の耐用年数の見積りが困難な場合
5　1－5－5　経過年数が不明な場合の経過年数の見積り
6　1－5－6　資本的支出の額を区分して計算した場合の耐用年数の簡便計算
7　1－5－7　中古資産の耐用年数を簡便法により算定している場合において法定耐用年数が短縮されたときの取扱い
8　1－5－8　中古の総合償却資産を取得した場合の総合耐用年数の見積り
9　1－5－9　取得した中古機械装置等が設備の相当部分を占めるかどうかの判定
10　1－5－10　総合償却資産の総合残存耐用年数の見積りの特例
11　1－5－11　見積法及び簡便法によることができない中古の総合償却資産
12　1－5－12　取り替えた資産の耐用年数

〈中古資産の耐用年数の見積りの簡便法による計算例〉

法定耐用年数15年のコンクリート舗装路面を10年６か月経過後に取得した場合の簡便法による耐用年数の計算

15年－10年６か月＋（10年６か月×20％）＝180月－126月＋（126月×0.2）＝79.2月＝6.6年……６年（１年未満の端数切り捨て）

5-27　耐用年数　合併等により受け入れた資産、他

Q

次のうちで、償却資産の考え方で正しいのはどれか。

1　「適格合併」「非適格合併」ともに、受け入れた償却資産の耐用年数の考え方は新規取得の耐用年数を使用する。

2　「適格合併」「非適格合併」ともに、合併により受け入れた償却資産の耐用年数については「中古資産の耐用年数」と決められている。

3　「適格合併」は、被合併法人等においてその資産の耐用年数とされていた年数とすることもできる。

生徒 償却資産の取得価額のところで、合併には適格合併・非適格合併があることを学びました。取得価額については、資産・負債等を「簿価」で、被合併法人から引き継ぐことができるのが適格合併。資産・負債等を「時価」で、合併法人から引き継ぐことができるのが非適格合併だったと思います。

このように合併には、処理の違いがあるなかで、合併で受け入れた資産の耐用年数についてはどう考えるのですか。

講師 まず、合併又は分割により、合併法人又は分割承継法人が、被合併法人又は分割承継法人から受け入れた償却資産の耐用年数については、「中古資産の耐用年数」と同じにする。つまり、合併等後の使用可能期間を見積って耐用年数とすることができる、とされています。

生徒 なるほど、「中古資産の耐用年数」と同じように考えるのですね。そして、合併だけでなく、分割などについても同じように考えるのですね。

講師 ここで、注意が必要なのは、適格合併、適格分割、適格現物出資又は適格現物分配によった合併の場合です。合併法人等が被合併法人等から受け入れた償却資産の耐用年数は、被合併法人が中古取得等によりその資産について見積耐用年数の適用を受けていた場合は、被合

併法人等においてその資産の耐用年数とされていた年数とすることもできる、とされているのです（耐用年数省令3①②）。

生徒 なるほど、「適格合併」と「非適格合併」では、申告する取得日、取得価額が異なっていました。「非適格合併」については、資産・負債等を「時価」で、合併法人から引き継ぐことからも、「中古資産の耐用年数」と同じように考えるのは納得がいきました。

しかし、「適格合併」の場合は違うのですね。適格合併は、取得価額については、資産・負債等を「簿価」で、被合併法人から引き継ぐことができ、原始取得価額、原始取得日が使用されます。しかし、そのまま、その資産の耐用年数とされていた年数を使用するわけではなく、その資産の耐用年数とされていた年数とすることも「できる」とされているのですね。

講師 合併で引き継ぐ資産は、混乱しやすいところなので、よく考えて実務に当たってください。

生徒 ゆっくり考えないと、間違いそうです。

講師 この他にも、「改良費の耐用年数」については、改良を加えたことにより増加した部分の耐用年数は、その改良を加えられた償却資産の耐用年数を適用する（評価基準第3章第1節十三）とされています。

このことは、改良を加えられた償却資産が中古資産の見積耐用年数を適用している場合は、その改良費に係る部分についても、その見積耐用年数を適用することができる（改良費の金額によっては、法定耐用年数が適用される場合もあることに留意）とされています（耐用年数通達1－1－2、1－5－3）。

生徒 耐用年数は難しいですね。

講師 その他、耐用年数の留意事項としては、企業会計上及び税務会計上それぞれ別の耐用年数を用いている場合は、原則として、税務会計上用いている耐用年数を適用すること。従来適用していた耐用年数が訂正された場合（法定耐用年数の改定の場合を除く）は、取得時に遡り、訂正後の耐用年数を適用し、評価額を計算し直すこと。

その他にも、「法人税のみ対象」になる通達や、「耐用年数の改正があった場合」「他人の建物に付加した造作等の耐用年数」など、まだまだ、さまざまな事例があります。

迷ったときは、国税庁のホームページ「耐用年数の適用等に関する取扱通達」を確認するのですが、この場合も、法人か、個人か、どのような業種の形態化か、その資産の種類（建物、構築物、機械、車両等）など、じっくりと現況を確認しながら、実務を進めてください。

生徒 わかりました。確認するようにします。

＊　＊　＊　＊　＊　＊

〈Answer〉

「3　「適格合併」は、被合併法人等においてその資産の耐用年数とされていた年数とすることもできる。」

5-28　改良費

Q

次のうちで、償却資産の考え方で正しいのはどれか。

1　建物の避難階段を取り付けた金額は、「修繕費」である。

2　建物の増築の金額は、「修繕費」である。

3　機械装置の移設に要した金額は、「修繕費」である。

生徒 企業会計の処理に、「資本的支出」と「修繕費」があります。

講師 税務会計も、固定資産についてなされた追加的支出について「資本的支出」と「修繕費」の二つに区分しています。

資本的支出とは、「固定資産の修理、改良等のために支出した金額のうち当該固定資産の価値を高め、又はその耐久性を増すこととなると認められる部分に対応する金額」（法基通7－8－1）のことです。

改良を加えられたことによって増価した部分の評価は、本体部や他の改良部分とは区分して、あたかも「一個の独立の償却資産」であるかのように取り扱うこととされています。

　したがって、評価額はその増価した部分の金額を取得価額とし、本体部の耐用年数に応ずる減価率を使用して求めることとなる。なお、評価額の最低限度額についても、本体部と改良費とをそれぞれ別の資産として算出します。

生徒 本体に、合算されないということですね。

講師 そうです。資本的支出は、資産として計上し、減価償却の方法によって、その資産の耐用年数に応じて減価していかなければならないとされています。

　修繕費とは、「固定資産の修理、改良等のために支出した金額のうち、当該固定資産の通常の維持管理のため、又はき損した固定資産につきその原状を回復するために要したと認められる部分の金額」（法基通7－8－2）のことです。

　修繕費は、その事業年度の損金又はその年の必要経費に算入することが認められています。

生徒 地方税での違いは何ですか。

講師 「修繕費」は、償却資産の固定資産税の対象となりません。しかし、「資本的支出」は、償却資産の固定資産税の対象となるということなのです。

生徒 なるほど、確かに地方税では、大きな違いになりますね。「資本的支出」が、どのようなものか確認したいのですが。

講師 「資本的支出」には、「建物の避難階段の取付け等物理的に付加した部分に係る費用」「用途変更のための模様替え等改造又は改装に直接要した費用」「機械の部分品を特に品質又は性能の高いものに取り替えた場合」、その取替えに要した費用の額のうち通常の取替えの場合にその取替えに要すると認められる費用の額を超える部分の金額などがあります。

　しかし、建物の増築、構築物の拡張、延長等は建物等の取得に当たりますので気を付けてください（法基通7－8－1、所基通37－10）。

生徒 「修繕費」は、固定資産の通常の維持管理のための費用と理解していますが、「修繕費」で、注意するものはあるのでしょうか。

講師 「建物の移えい又は解体移築をした場合、その移えい又は移築に要した費用」「機械装置の移設に要した費用の額」。この場合には、修繕費に含まれます。

この他、「地盤沈下した土地を沈下前の状態に回復するために行う地盛りに要した費用の額」「建物、機械装置等が地盤沈下により海水等の浸害を受けることとなったために行う床上げ、地上げ又は移設に要した費用の額」「土地の水はけを良くする等のために行う砂利、砕石等の敷設に要した費用の額及び砂利道又は砂利路面に砂利、砕石等を補充するために要した費用の額」（法基通7－8－2、所基通37－11）などもあります。

これらについては、その内容の定義に限定されているものがあることや、除くものもあることもありますので、法令を確認しながら処理をお願いします。

生徒 そうですね。地方税の対象になるかの判別の境にもなってくるということなのですね。

講師 似た言葉に、「収益的支出」があります。「収益的支出」とは、有形固定資産に対する支出のうち、その機能を維持するために支出される金額のことです。この「収益的支出」は、「資本的支出」の反対概念です。一般的には、「修繕費」がこれに当たります。ただし、公営企業会計等では、収益的支出は、修繕費だけに限らず、支払利息、固定資産売却損等を含んださらに広い概念としているので、注意してください。

*　*　*　*　*　*

〈**Answer**〉

「3　機械装置の移設に要した金額は、「修繕費」である。」

5-29　増加償却

Q

次のうちで、償却資産の考え方で正しいのはどれか。

1　増加償却の適用対象企業は、内国法人と青色申告書を提出する個人である。

2　増加償却の適用資産には構築物、建物がある。

3　機械及び装置の増加償却割合が50％以上であることが適用対象である。

生徒 不思議に思っていたことなのですが、固定資産税（償却資産）申告書の表紙の右上の欄には、「短縮耐用年数の承認」とともに、「増加償却」の欄があります。増加償却の資産の処理が、今まで経験がないので、どのようなものかわかっていません。教えていただければと思います。

講師 そもそも、減価償却というのは、期間損益を明確にするための会計手続です。そのためには、減価償却資産について、その取得に要した費用を、当該資産を使用する期間に適正に配分することが必要となってくるわけです。

この場合の「使用する期間」すなわち耐用年数については、機械等の償却資産について、その材質、構造等がわが国において標準とみられるものを想定して、これらの設備が通常の維持補修を行っている場合を想定して算定されています。

生徒 「法定耐用年数」のことですね。

講師 そうです。しかし、機械装置の耐用年数は、企業等の実態に沿うよう設備の種類ごとに区分して定められているとはいえ、企業等の個々の実態に沿うことまでは及んでいません。個々の企業等が何らかの理由で操業状態が変化して機械及び装置の使用時間が増加した場合、その損耗が甚しくなります。そうなると、その耐用年数も、また短縮されることとなってきます。通常の使用時間によって算定されている法定耐用年数では、当該設備の使用期間の実態に則さないものとなってくるわけです。

生徒 確かに、そのような現実はあります。

講師 そこで、国税では、増加償却の制度を規定してその救済を図っているのです。具体的には、法人税法施行令60条又は所得税法施行令133条の規定の適用を受けた場合、普通償却限度額又は償却費の額に加算して増加償却を行います。

生徒 増加償却には、適用対象の企業、資産などはあるのでしょうか。

講師 適用対象の「企業等」は、内国法人と青色申告書を提出する個人です。適用対象の「資産」は、適用対象となっている法人又は個人の有する機械及び装置のうち、その償却方法が定額法又は定率法によっているもので、その使用時間が当該法人又は個人の通常の経済事情における平均的な使用時間を超えるものが対象になります。構築物、建物、車両等のように使用時間に耐用年数が影響を受けないもの、その他にも、耐用年数の算定の基礎としての使用時間が明確でないものについてはその適用が認められていません。

生徒 その他にも、適用対象の条件は、あるのでしょうか。

講師 適用の条件としては、増加償却割合が、10%以上であること、そして、適用を受けようとする旨を記載した法人税法施行規則20条の2又は所得税法施行規則34条に規定する届出書を適用事業年度の確定申告期限までに、又は当該年分の所得税に係る確定申告期限までに、納税地の所轄税務署長に提出し、かつ、超過操業を行ったことを証明する書類を保存していることが必要になります。

生徒 その他には、何かありますか。

講師 適用単位についてですが、増加償却の計算をする場合の機械装置の適用単位は旧耐用年数省令に定める設備の種類（細目の定めがあるものは、細目）ごとに適用します。ただし、二以上の工場に同一の設備の種類に属する設備を有する場合には、工場ごとに適用することができます（法基通7－4－5、所基通49－33）。

法人が、同一工場構内に二以上の棟を有している場合においては、一の設備の種類を構成する機械装置が独立して存在する棟があるときは、当該棟ごとに増加償却を適用することができます（耐用年数通達３－１－１）。

生徒 増加償却の計算は難しそうですね。

講師 増加償却限度額は、適用年度又は適用事業年度において超過操業を行っている機械及び装置の普通償却限度額又は償却費の額に増加償却割合を乗じて得た金額とされています。

また、増加償却割合は、超過操業を行っている機械及び装置について、1,000分の35に、その機械及び装置の１日当たりの超過使用時間を乗じて計算されます。

国税との違いは、償却資産の固定資産税の場合は、前年中に取得された償却資産は、月割償却ではなく、半年償却になるので、当該適用を受けた期間が６月を超える場合は６月として計算した額になるなど、計算方法が少し異なり、確認する箇所があるので、具体的に事例が出た場合、償却資産申告者は、自治体の窓口に行き、算出方法を含め尋ねるのがよいと思います。

自治体側では、税務署長に提出した「耐用年数の確認に関する届出書」の写し等により届書の内容を確認し、その写しを申告書に添付してもらうこと、自治体の様式の届出書を提出してもらうことなどが実務では必要になるでしょう。

＊　　＊　　＊　　＊　　＊　　＊

〈Answer〉

「１　増加償却の適用対象企業は、内国法人と青色申告書を提出する個人である。」

5-30 陳腐化償却

Q

次のうちで、償却資産の考え方で正しいのはどれか。

1 「割増償却」の減価償却資産を、「陳腐化償却」の対象とすることもできる。

2 資産の陳腐化したことの承認は、納税地の所轄税務署長が行う。

3 資産の陳腐化したことの承認は、国税局長が行う。

生徒 陳腐化償却資産とは、どのようなことをいうのでしょうか。

講師 陳腐化とは、減価償却資産が現実に旧式化したり、その資産の使用によってはコスト高、生産性の低下等により経済的に採算が悪化したりすること、流行の変遷、経済的環境の変化等により製品、サービス等に対する需要が減退し、その資産の経済的価値が低下していることなどがあります。

そして、減価償却資産の使用可能期間が、法定耐用年数より著しく短い場合（おおむね10％以上短い場合）などに、陳腐化償却資産が該当になってくるのです。

生徒 注意点は、いくつかありそうですね。

講師 租税特別措置法の特別償却のうち、「割増償却」の適用を受ける減価償却資産については、陳腐化償却の対象とすることはできません。国税局長の承認も必要です。前年中に陳腐化したことの承認を国税局長から受けた場合に、前年度の評価額から控除する額は、陳腐化償却資産の計算式によった額を加算した額となるのです。

具体的には、「陳腐化資産の償却限度額の特例の承認申請書」に必要書類を添付し、税務署長を経由して国税局長に提出して、その承認を受けることになります。

生徒 承認は国税局長なのですね。それに、新陳代謝の激しい時代、資産の陳腐化の判断というのは難しいですね。

講師 そうですね。現在、陳腐化償却資産は、国税では、耐用年数の短縮特例の中に含まれています。これは、平成23年４月１日以後に開始する事業年度において平成23年６月30日以後に、耐用年数の短縮特例の承認を受けたものから、国税では適用になります。そのため、地方税である固定資産税では、「固定資産評価基準」の中で、経過措置の項目が設けられて、判断するようになっています。

生徒「固定資産評価基準」に経過措置の項目があるのですね。

講師 減価償却資産が陳腐化した場合の償却限度額の計算には、「陳腐化償却」と「耐用年数の短縮」の二つの特例があります。

「陳腐化償却」は、過去の事業年度において損金に算入した減価償却費の額を国税局長が承認した使用可能期間によって修正するもので、過去の償却費の修正として帳簿価額を減額します。

「耐用年数の短縮」は、国税局長の承認を受けた事業年度以降に適用されるもので、耐用年数の短縮だけでは、過去の修正を行うことはできません。

そこで、この二つの特例を併用することにより、予定した使用可能期間で償却が済む状態になり、償却しきれない部分はなくなるということになるのです。減価償却資産の陳腐化により耐用年数短縮の承認を受けたときは、同時に、陳腐化償却の承認があったこととみなされます。

しかし、陳腐化償却の承認を受けた場合に、耐用年数の短縮の承認を受けたとみなす規定はありません。

つまり、法定耐用年数よりも短い使用可能期間を使う陳腐化償却の承認を受けた場合であっても、法定耐用年数に基づいて償却していくことになります。

生徒 耐用年数の短縮は、国税局長の承認を受けた事業年度以降に適用されるもの。耐用年数の短縮だけでは、過去の修正を行うことはできないのでこのように考えるのですね。

講師 固定資産税の償却資産評価基準「第４節　経過措置」の「陳腐化償却が承認された償却資産の評価に関する経過措置」には、法人と個人の別があります。このように分かれているのも、取得の時から当該承認に係る使用可能期間なども関係しているからです。

そこで、地方自治体は、陳腐化したことの承認を国税局長から受け、又は受けたとみなされる償却資産について、償却資産申告書提出の際に陳腐化償却の承認を受けたことを証する書類の写し、使用可能期間等控除額の加算に当たって、算定に必要な事項を記載した書類の添付を求めてきます。

それらの資料を持参して、確認しながら進めていくのがよいと思います。

生徒 陳腐化償却資産は難しいですね。

＊　＊　＊　＊　＊　＊

〈Answer〉

「3　資産の陳腐化したことの承認は、国税局長が行う。」

〈参考〉

〈固定資産税　償却資産評価基準〉（抄）

第４節　経過措置

二　法人に係る陳腐化償却が承認された償却資産の評価に関する経過措置

償却資産の償却費の計算について平成23年３月31日以前に開始した事業年度において、旧法人税法施行令第60条の２第１項又は第６項の規定により国税局長の承認（同年４月１日以後に開始する事業年度において同年６月30日前に受けるものを含む。）を受け又は受けたものとみなされる法人の償却資産の第１節三又は九により当該償却資産の前年度の評価額から控除する額は、第１節三又は九にかかわらず、次の１に掲げる額に、２に掲げる額を加算した額とする。

1　当該償却資産に係る前年度の評価額についてその取得の時から当該承認に係る使用可能期間を基礎として評価を行つたものとした場合に計算される額（以下２において「法人に係る前年度の修正評価額」という。）を当該償却資産に係る前年度の評価額とした場合に、第１章三又は九によつて当該前年度の評価額から控除する額

2　当該償却資産の前年度の評価額から当該償却資産の法人に係る前年度の修正評価額を控除して得た額

三　個人に係る陳腐化償却が承認された償却資産の評価に関する経過措置

償却資産の償却費の計算について平成23年以前の各年分において、旧所得税法施行令第133条の２第１項又は第６項の規定により国税局長の承認を受け又は受けたものとみなされる個人の償却資産の第１節三又は九により当該償却資産の前年度の評価額から控除する額は、第１節三又は九にかかわらず、次の１に掲げる額に、２に掲げる額を加算した額とする。

1　当該償却資産に係る前年度の評価額についてその取得の時から当該承認に係る使用可能期間を基礎として評価を行つたものとした場合に計算される額（以下２において「個人に係る前年度の修正評価額」という。）を当該償却資産に係る前年度の評価額とした場合に、第１章三又は九によつて当該前年度の評価額から控除する額

2　当該償却資産の前年度の評価額から当該償却資産の個人に係る前年度の修正評価額を控除して得た額

5-31　取替資産

Q

次のうちで、償却資産の取替資産の考え方で正しいのはどれか。

1　評価額は取得価額の100分の50を下回ることはない。

2　取替資産は、規模の拡張の取替えも含まれる。

3　取替資産には、鉄道設備の信号機は含まれない。

生徒 取替資産とは、どのような資産のことをいうのでしょうか。経理担当をしていても、今まで、経験がないのですが。

講師 取替資産とは、軌条、枕木その他多量に同一の目的のために使用される減価償却資産のことです。これらの資産は、毎事業年度（個人の場合、毎年）、使用に耐えなくなったこれらの資産の一部がほぼ同数量ずつ取り替えられます。個人の場合は、毎年になります。

生徒 なるほど、取替資産とは、枕木のようなものなのですね。この他には、どのような資産があるのでしょうか。もう少し、詳しく教えてください。

講師 鉄道関係では、枕木の他には、鉄道設備又は軌道設備で属する構築物のうち、軌条及びその附属品、分岐器、ボンド、信号機、通信線、信号線、電灯電力線、送配電線、き電線、電車線、第三軌条並びに電線支持物があります。

ただし、鉄柱、鉄塔、コンクリート柱及びコンクリート塔は除かれています。

生徒 取替資産は、鉄道関係だけなのでしょうか。

講師 インフラ関係の資産には、取替資産が関係してきます。送電設備に属する構築物のうち、木柱、がい子、送電線、地線及び添加電話線。配電設備に属する構築物のうちでは、木柱、配電線、引込線及び添架電話線。そして、電気事業用配電設備に属する機械及び装置のうち、計器、柱上変圧器、保安開閉装置、電力用蓄電器及び屋内配線があります。

この他に、ガス又はコークスの製造設備及びガスの供給設備に属する機械及び装置のうち、鋳鉄ガス導管（口径20.32cm以下のものに限る)、鋼鉄ガス導管及び需要者用ガス計量器があります。

生徒 取替資産の評価には、特徴的なことがあるのでしょうか。

講師 取替資産は、納税地の所管税務署長の承認を受けます。そして、当該取替資産の取得価額を基準とし当該取替資産の耐用年数に応ずる減価を考慮して求めた価額が取得価額の100分の50に相当する額に達するまでは当該取替資産の価額をもって評価額とします。

当該取替資産の価額が取得価額の100分の50に相当する額を下ることとなるときは、取得価額100分の50に相当する額をもって評価額とするものとされています（評価基準第2節一)。

生徒 そうなのですか。取得価額の100分の50を下回ることはないのですね。定率法、定額法の固定資産評価とは随分と異なっていますね。取替資産の取得価額は、どのように算定されるのでしょうか。

講師 取替資産の一部が使用に耐えなくなったため種類及び品質を同じくするこれに代わる新たな資産と取り替えます。この場合は、その取替えにより除去した資産の取得価額を含め、その取替えにより新たに取得した資産の取得価額を含めないで算定されます。

ただし、その種類が同一のものであってもその規模の拡張のために取り替えた場合にあっては、その取替えに要した金額を新たな取替資産の取得価額とし、その取替えにより除却した資産の取得価額を従来からの取替資産の取得価額から控除するものとされているのです（評価基準第２節二）。

生徒 ずいぶんと、今までの固定資産税の考え方とは異なっていますね。この他に、注意点はあるのでしょうか。

講師 取替法の適用単位と取替えの範囲には、注意してください。取替資産の評価は、取替資産の取得価額を資産の種類ごとに区分するものなのですが、その区分の具体的取扱いについては、税務会計における取扱いの例によっています。その種類が同一のものであっても、その規模の拡張のために取り替えたものは区分されています。取替法の適用単位は、そのように考えてください。

そして、取替えの範囲なのですが、そもそも、取替法の取替えとは、取替資産が通常使用に耐えられなくなったため取り替える場合のことをいうわけです。だから、規模の拡張もしくは増強のための取替え、又は災害その他の事由により滅失したものの復旧のための取替えは、これに該当していないのです（法基通７－６－８）。

*　　*　　*　　*　　*　　*

〈Answer〉

「1　評価額は取得価額の100分の50を下回ることはない。」

5-32　評価額の最低限度額

Q

次のうちで、償却資産の考え方で正しいのはどれか。

1　取替資産の最低限度額は、取得価額の100分の５である。

2　評価額の最低限度額は、法人税の平成19年度税制改正に準じている。

3　評価額の最低限度額は、ゼロになることもある。

生徒 評価額の最低限度額についてですが、平成19年度税制改正において減価償却制度の見直しが行われました。しかし、償却資産の固定資産税の評価額の最低限度額については見直すことはされていません。ここは、国税と相違しているので、混乱しています。

講師 そうです。税務会計においては償却可能限度額及び残存価額の廃止により残存簿価１円まで償却することが可能になりました。これは、設備投資を促進し、国際競争力の強化を図るという政策的な観点からの改正でした。

しかし、そもそも、地方税は税の目的が異なっています。自治体に資産が存在すれば、自治体からの有形無形の受益関係を得ている。そのための税であるということから、評価額の最低限度について見直すことはされていないのです。

生徒 古い資産のほうが、むしろ自治体からの有形無形の受益関係を得ている。そこで、評価額の最低限度額は継続されているということですね。

講師 償却資産の評価額の最低限度額は、当該償却資産の評価額が取得価額又は改良費の価額の100分の５に相当する額を下ることとなる場合においては、100分の５に相当する額（評価基準第１節十）。また、その場合でも、物価変動に伴う取得価額の補正を行った場合においては、補正後の額で考える。これは一般の償却資産についてのものでした。

先のＱにあった取替資産についての最低限度額は、取得価額の100

分の50に相当する額となっていましたよね。そして、鉱業用坑道については ゼロとされているのです。

生徒 評価額の最低限度額には、ゼロもあるのですか。

講師 固定資産税評価基準には節を分けて「取替資産」「鉱業用坑道」特例の説明がされています。

「第２節　取替資産の評価の特例」「第３節　鉱業用坑道の評価の特例」のことです。鉱業用坑道は、国税では減価償却方法の生産高比例法が採用されています。

生産高比例法とは、実際の利用量や採掘量を基準とした償却計算の方法です。税法上は鉱業権や鉱業用減価償却資産に関する原則的償却方法として位置づけられています。

そして、償却限度額の計算単位は、坑道については、その坑道ごと、その他の鉱業用減価償却資産については１鉱業所ごとに計算されているのです。

生徒 坑道の性格を考えると生産高比例法の、減価償却方法は納得がいく方法だと思います。

定額法、定率法の減価償却方法では、不合理になります。

講師 この坑道の減価償却方法ですが、平成19年度の税法改正により、平成19年４月１日以後に取得した鉱業権や鉱業用減価償却資産に関しては生産高比例法が適用され、旧生産高比例法に関しては平成19年３月31日以前に取得した鉱業権や鉱業用減価償却資産に対して適用されています。そして、旧生産高比例法の残存価額について、坑道の場合は０円として計算します。

生徒 評価額の最低限度額は、全て同じというわけではない。償却資産は、さまざまな資産があり、その中には耐用年数が長い資産もあるので、年度の古い地方税法や、古い企業会計の考え方を知っていなければならないということなのですね。

＊　＊　＊　＊　＊　＊

〈**Answer**〉

「3　評価額の最低限度額には、ゼロになることもある。」

5-33　評価額及び物価の変動に伴う取得価額の補正

Q

次のうちで、償却資産の補正の考え方で正しいのはどれか。

1　「評価額」と「取得価額」の補正がある。

2　「評価額」補正は存在してなく、全て減免処理で行うこととしている。

3　法人税等と同様で、青色申告以外の個人には認められていない。

生徒 耐用年数の短縮の承認、増加償却、陳腐化資産の一時償却の特例を適用した場合、これらは評価額の補正だと理解したのですが……。

講師 固定資産評価基準には、二つの補正が記されています。

「評価額」の補正と、「取得価額」の補正です。後者は、物価の変動に伴うものに対してなのです。

生徒 そもそも、「評価額」の補正とは、どういうものでしょうか。

講師 例えば、災害などの場合を考えてください。これらの状況は、個々の償却資産の個別的理由に基づいて、価額の低下があります。この現実を評価に反映させようとするということなのです。

固定資産評価基準では、こう記されています。「償却資産が災害その他の事故によって著しく損傷したこと、その他これに類する特別の事由があり、かつ、その価額が著しく低下した場合においては、当該償却資産の価額の低下の程度に応じて、本来の評価方法によって算定された評価額を減額して求めるものとする（評価基準第1節十一）」。

生徒 災害その他の事故によって著しく損傷とは、たまにあると思うのですが……。

講師 「災害その他の事故によって著しく損傷したことその他これに類

する特別の事由」の範囲は、（評価通達第４章第１節８）によるのですが、税務会計においては、法人税法33条２項の規定により、固定資産が災害その他の事由によって償却資産の価額が帳簿価額を下回ることとなった場合、その償却資産の評価替えを行ってその帳簿価額を減額したときは、その減額した部分の金額のうち評価替え直前の帳簿価額と評価替え後の価額との差額に達するまでの金額は損金に算入することとされているのです。

生徒 税務会計に、そのような規定があるのですね。

講師 これは税務会計における評価替えに伴う「評価損」計上の規定です。償却資産の評価における評価額の補正の制度はこの評価損と同様の趣旨に基づいているのです。

この「控除額の加算」の規定は青色申告以外の個人には認められていませんが、固定資産税では、当該個人に「控除額の加算」の規定を認めないことは他の法人、個人との間の評価の均衡を失します。

そこで、当該個人の所有する償却資産について控除額の加算の制度を適用すべき事由と実質的に同様な事由が生じた場合には、その償却資産の評価額を補正することができることとされています。

ただし、災害その他の事故によって著しく損傷については、自治体条例で、減免適用の事例があると思います。実務では、それとの関連性で考えてください。

生徒 では、「取得価額」の補正とは、どういうものでしょうか。

講師 償却資産の取得の時期と当該年度の賦課期日との間において償却資産の取得価額について著しい変動があると認められる場合です。この場合は、「当該償却資産の当該年度の前年度の評価額は、当該評価額の基礎となっている取得価額を卸売物価指数等を基準として総務大臣が定める補正率によって補正した額を基準とし、当該償却資産の耐用年数に応ずる減価を行って求めた額によるものとする（評価基準第１節十二）。」とされているのです。

生徒 これは、インフレの激しい時代のことですね。

講師 そうですね。物価補正の対象となる償却資産は、昭和25年12月

31日以前に取得された資産で、その取得価額に、その取得時期に応ずる「物価の変動に応ずる補正倍数表」の倍数を乗ずるものとするとされています。

評価基準では、このような事例にも対応していると頭の片隅に入れていただければよいと思います。

＊　＊　＊　＊　＊　＊

〈Answer〉

「1　「評価額」と「取得価額」の補正がある。」

〈参考〉

【固定資産評価基準】

「償却資産の取得の時期と当該年度の賦課期日との間において償却資産の取得価額について著しい変動があると認められる場合においては、当該償却資産の当該年度の前年度の評価額は、当該評価額の基礎となっている取得価額を卸売物価指数等を基準として総務大臣が定める補正率によって補正した額を基準とし、当該償却資産の耐用年数に応ずる減価を行って求めた額によるものとする。」（評価基準第１節十二）

〈税務会計における評価損の取扱い〉

1　法人税法第33条第２項（特定の事実が生じた場合の資産の評価損の損金算入）に規定する政令で定める事実は、物損等の事実（次の各号に掲げる資産の区分に応じ当該各号に定める事実であつて、当該事実が生じたことにより当該資産の価額がその帳簿価額を下回ることとなつたものをいう。）及び法的整理の事実（会社更生法（平成14年法律第154号）又は金融機関等の更生手続の特例等に関する法律（平成８年法律第95号）の規定による更生手続における評定が行われることに準ずる特別の事実をいう。）とする。

一　棚卸資産　（略）

二　有価証券　（略）

三　固定資産　　次に掲げる事実

イ　当該資産が災害により著しく損傷したこと。

ロ　当該資産が1年以上にわたり遊休状態にあること。

ハ　当該資産がその本来の用途に使用することができないため他の用途に使用されたこと。

ニ　当該資産の所在する場所の状況が著しく変化したこと。

ホ　イからニまでに準ずる特別の事実。

四　繰延資産　(略)

2　固定資産の評価損が損金の額に算入されるのは、当該固定資産について法人税法施行令第68条第3号(固定資産の評価損の計上ができる場合)に掲げる事実がある場合に限られるのであるから、当該固定資産の価額の低下が次のような事実に基づく場合には、法人税法第33条第2項（資産の評価損の損金算入）の規定の適用がないことに留意する。

⑴　過度の使用または修理の不十分等により当該固定資産が著しく損耗していること。

⑵　当該固定資産について償却を行わなかったため償却不足額が生じていること。

⑶　当該固定資産の取得価額がその取得の時における事情等により同種の資産の価額に比して高いこと。

⑷　機械及び装置が製造方法の急速な進歩等により旧式化していること(法基通9－1－17)。

〈期末帳簿価額を基礎として価額を求める償却資産に係る平成20年度までの評価の特例〉

⑴　期末帳簿価額を基礎として価額を求める償却資産の評価

固定資産税に係る平成20年度までの償却資産の評価に限り、次の各号に掲げる要件のすべてを備える法人が所有する償却資産については、当該法人の申請に基づき、賦課期日を含む事業年度の前事業年度の終了の日（以下「期末」という。）における帳簿価額を基礎として、その価額を求める方法によることができるものとする（評価基準第4節一)。

ア　減価償却資産の償却の方法として法人税法施行令第48条第1項第1号イ（2）に規定する旧定率法又は同令第48条の2第1項第2号ロに規定する定率法を選定していること。

イ　租税特別措置法又は阪神・淡路大震災の被災者等に係る国税関係法律の臨時特例に関する法律の規定により特別償却をすることができる場合に準備金方式によっていること。

これは、特別償却が認められている場合には、期末簿価を基準として評価を行うことができないが、特別償却等について、準備金方式を採用している場合には、特別償却等を行ったことによる影響が帳簿価額そのものにはまったく現れてこないためである。

ウ　市町村別に償却資産の種類、構造若しくは用途又は細目の異なるごとに償却資産の償却額の計算に関する明細が判明できる書類及び期末における償却資産の実態を記載した書類を保存していること。

これは、償却資産の申告はその償却資産が所在する市町村（本市にあっては区）別に行わなければならず、このためには、市町村別に償却資産の種類、構造若しくは用途又は細目の異なるごとに償却計算が明らかになることが不可欠であるからである。

⑵　期末帳簿価額を基礎として価額を求める償却資産の評価の方法

具体的な評価の方法等については、次の通知をもとに行うこと。

ア「期末帳簿価額を基礎として価額を求める償却資産に係る評価の特例について」

（昭和42.12.25　自治固第133号）

イ「償却資産申告書及び償却資産課税台帳の様式について」

（昭和42.12.25　自治固第134号）

第6章 税負担についての特例

6-1 税負担の特例の種類（非課税・特例等）

Q

次のうちで、正しいのはどれか。

1 わがまち特例は、「減免」（地法367）である。

2 わがまち特例は、「非課税」（地法348及び地法附則14ほか）である。

3 わがまち特例は、「課税標準の特例」（地法349の３及び地法附則15ほか）である。

生徒 税額は課税標準をもとに算出されています。償却資産に対して課する固定資産税の課税標準は、賦課期日における当該償却資産の価格で償却資産課税台帳に登録されたものとするのが原則（地法349の２）でした。例外があるということなのですね。しかし、「非課税」「課税標準の特例」「減免」の区別がはっきりとしていません。

講師 租税原則のひとつとして、公平の原則があります。租税は本来公平に負担されるべきものです。しかし、ほとんどの税について税制上の理由、もしくは経済政策上の配慮等に基づいて、税負担の特例措置がとられています。そして、固定資産税についても、この特例措置があります。その種類は、「非課税」「課税標準の特例」「税額の特例」「課税免除及び不均一課税」「減免」などです。

この中で、「税額の特例」とは、新築住宅等に対する固定資産税についての軽減措置と土地についての負担調整措置のことですが、償却資産についての適用はありません。

生徒 では、「非課税」「課税標準の特例」「課税免除及び不均一課税」「減免」の区別を教えてください。

講師 まず「非課税」です。法律において、自治体が課税することを禁止しているもの。つまり、非課税の範囲に該当するものについては、自治体の意思のいかんにかかわらず、納税義務を負わせることはできないものとされています。

このように、法律によって一律に、このような定めをすることは、本来の自治体の賦課徴収権を剥奪することになるのですが、所有者の公的な面、あるいは課税客体の公益的な用途に着目すると、全国画一的に課税の対象とすべきでないものがあるのです。

「所有者の公的な面」とは、国並びに都道府県、市町村などが所有者であること。そして「課税客体の公益的な用途」とは、公共の用に供する道路、運河用地及び水道用地などで、地方税法上の措置がされているものです（地法348及び地法附則14）。

生徒 それでは、「課税標準の特例」の違いは、どこにあるのでしょうか。

講師 「課税標準の特例」とは、公共料金の抑制、公害対策の充実等の見地から、鉄軌道、船舶、航空機その他の重要基礎産業や企業合理化設備、各種公害防止施設等について、各種特例措置が設けられていて、地方税法（地法349の３、地法附則15、15の２、15の３ほか）に規定される一定の要件を満たす償却資産については、同規定により、決定された価格から一定の軽減率を乗じたものが課税標準額となることです。

最近では、「わがまち特例」のように「市町村の条例で定める割合を乗じて得た額とする」ことも多くなっているのが特徴です。

生徒 「わがまち特例」とは、どのような内容なのでしょうか。

講師 平成24年度税制改正において、地方税の特例措置について、国が一律に定めていた内容を地方団体が自主的に判断し、条例で決定できるようにする仕組み（地域決定型地方税制特例措置）が導入されました。その通称名が、「わがまち特例」です。固定資産税「課税標準の特例」措置について、地方団体が課税標準の軽減の程度を法律で定める上限・下限の範囲内において、条例で決定できるようにされたのです。

生徒 市町村ごとに、「課税標準の特例」が異なることがあり得るようになったということなのですね。

講師 次に「課税免除及び不均一課税」についてです。地方団体は、公益上その他の事由により課税を不適当とする場合においては、課税をしないことができるとしているのが「課税免除」です。そして、地方団体は、公益上その他の事由により必要がある場合においては、不均一の課税をすることができるとしているのが「不均一課税」です（地法6）。

生徒 地方団体の「減免」とはどう違うのですか。

講師 確かに「減免」と「課税免除及び不均一課税」は、どちらも市町村の条例で定められます。「減免」の条例での具体的な適用は規則や要綱等によります。しかし「課税免除及び不均一課税」はその適用要件等について議会を通じて議論して検討されます。

「減免」とは、税額の軽減、免除の意味です。課税権を行使したものについて、市町村長は、天災その他特別の事情がある場合において固定資産税の減免を必要とすると認める者、貧困により生活のため公私の扶助を受ける者その他特別の事情がある者に限り、当該市町村の条例の定めるところにより、固定資産税を減免することができる（地法367）とするものです。

「減免」の趣旨は、主に納税義務者の担税力の喪失が認められる場合などにおいて、その税額の全部又は一部を免除することにあるのです。

生徒 「減免」は、「公益上その他の事由」ではなく、「納税義務者の担税力の喪失など」に関係してくるのですね。

講師 「減免」基準は、あくまで条例の判断によるのです。自治体によっては公益上、特に必要な場合として、休日急患診療所のような納税義務者の担税力の喪失に求めていない減免も存在しています。その他には、外国人が日本国内において所有する固定資産は、所有者が日本国内に居住すると否とにかかわらず、固定資産税を課すことができます。しかし、地方税法の非課税等の適用にならないものでも、地方税以外の法律である「日本国とアメリカ合衆国との間の相互協力及び安全保障条約第６条に基づく施設及び区域並びに日本国における合衆国軍隊の地位に関する協定の実施に伴う所得税法等の臨時特例に関する法律」又は、「日本国における国際連合の軍隊の地位に関する協定の実施に伴う地方税法の臨時特例に関する法律」に定められた場合は、除かれています。

*　*　*　*　*　*

〈**Answer**〉

「3　わがまち特例は、「課税標準の特例」（地法349の３及び地法附則15ほか）である。」

6-2　人的非課税

Q

次のうちで、考え方で正しいのはどれか。

1　宗教法人の所有している資産は、「人的非課税」になる。

2　社会福祉法人の所有している資産は、「人的非課税」になる。

3　町村の所有している資産は、「人的非課税」になる。

生徒 非課税の説明で、「所有者の公的な面」と「課税客体の公益的な用途」に着目して、と説明されていました。この説明をお願いします。

講師 固定資産税及び都市計画税の非課税の範囲は、その根拠を「固定資産の所有者の性格」に求めるもの。そして、「固定資産それ自体の性格、用途」に求めるものに区別できる、ということなのです。

前者を「人的非課税」、後者を「用途非課税（あるいは「物的非課税」）」とも称されています。

生徒 「人的非課税」について、詳しく説明してください。

講師 「人的非課税」とは、国並びに都道府県及び市町村等が所有している固定資産に対し適用するものとして、固定資産税にあっては地方税法348条１項、都市計画税にあっては地法702条の２第１項にそれぞれに定められています。人的非課税は所有者の属性に主眼をおいているのです。これはどうしてかというと、国並びに都道府県及び市町村等の公的な性格にかんがみていること。そして、国・地方公共団体相互非課税の観念に基づいた措置でもあるということです。

当該団体の所有する固定資産については、その利用状況のいかんにかかわらず固定資産税及び都市計画税を課税することができないこととするものとしているのです。ゆえに、「人的非課税」は、どのような用途に供されていても、全国画一的に課税の対象とすべきでない、絶対的非課税を意味するものとされています。

生徒 「人的非課税」の注意点はあるのでしょうか。

講師 「人的非課税」の取扱いで注意する点は、主に４点ほどあります。

① 人的非課税団体が、自己所有の固定資産を貸与している場合

② 人的非課税団体が、固定資産を貸与された場合

③ 国及び地方公共団体（財産区を除く。）が、その所有する固定資産を他の者に使用させている場合

④ 固定資産の共有者中に人的非課税団体が含まれている場合の取扱い

生徒 固定資産税を「貸与している場合」と「貸与された場合」とは……。

講師 国、都道府県等などの人的非課税団体に対しては、たとえ有償で貸与していても固定資産税を課することができません。なぜなら、絶対的非課税を意味する人的非課税だからです。

しかし、その反対に人的非課税団体が、固定資産を貸与された場合は、地法348条２項ただし書の規定により、企業等が「無料で」貸し付けている場合には、その固定資産は非課税となりますが、「有料で」貸し付けている場合にあっては、たとえ公用又は公共の用に供している場合であっても、貸主に対しては固定資産税が課されるのです。

例えば、県が建設用機械をダム建設用に「貸与した場合」と「貸与された場合」で具体的に考えてみてください。

実務提要 **〈県所有の建設用機械をダム建設用に貸与している場合について〉**

問　Ａ村は現在B川ダムを建設中であるが、この工事はC建設の手において工事がなされている。この工事に使用している機械機具はほとんど県において購入し県の所有物をC建設に貸しているがこの場合法第348条第２項第１号により県の所有する固定資産に対して固定資産税を課することができると解されるがどうか。

なお、この場合県よりC建設に貸与している契約が工事費より差引きして請負契約をしている場合は有料として貸与していると断定してよいか。

答　質問の償却資産については、法第348条第１項の規定により課税することはできない。

実務提要 **〈建設用機械をダム建設用に県に貸し付けている場合について〉**

問　私は、ある土木建設用機械を、Ａ県に有料で貸し付けているが、国あるいは県などが公共の用に供している固定資産については、その所有者が誰であれ、固定資産税は課されないと聞いたが、私が貸し付けている土木建設用機械について、非課税となるのか。

答　都道府県等の非課税団体が公用又は公共の用に供する固定資産であっても、その固定資産を有料で借り受けた場合においては、その固定資産の所有者に固定資産税を課することができる、とされる（法第348条第２項ただし書）。したがって、公用又は公共の用に供するために、固定資産を「無料で」県に貸し付けている場合には、その固定資産は非課税となるが、質問のように「有料で」Ａ県に土木建設用機械を貸し付けている場合にあっては、たとえＡ県がその土木用建設機械を公用又は公共の用に供している場合であっても、法第348条第２項ただし書の規定により、固定資産税が課されることとなる。

生徒 では、例えば、国や県市町村などの自治体の所有する土地に、送電施設の用に供する固定資産がある場合がありますね。このような場合は、どう考えるのでしょうか。

講師 ３番目の事例ですね。確かに、国並びに都道府県、市町村、特別区、これらの組合及び財産区に対しては、固定資産税を課することができないものとされています。

しかし、国及びこれらの地方公共団体（財産区を除く。）はその所有する固定資産で他の者が使用しているもの、国有林野及び発電所、変電所又は送電施設の用に供する固定資産等については、国有資産等所在市町村交付金法の定めるところによって、固定資産税に準ずるものとして、当該固定資産所在の市町村に対して交付金を交付するものとされているのです。

生徒 なるほど、では、４番目の「固定資産の共有者中に人的非課税団体が含まれている場合」の取扱いを教えてください。この場合は、全てが非課税になってしまうのでしょうか。

講師 共有物に対する固定資産税は、原則、共有者全員を一の所有者としてみなして、固定資産税を賦課し、地方税法10条の２の規定により、徴収されます。そこで、共有者中に人的非課税者が含まれるときは、その者の持分に対応する税額については減免で処理するのが一般的だと考えられています。

〈参考〉

〈連帯納税義務〉

地方税法第10条の２

1　共有物、共同使用物、共同事業、共同事業により生じた物件又は共同行為に対する地方団体の徴収金は、納税者が連帯して納付する義務を負う。

実務提要 **〈土地の共有名義に非課税団体が入っている場合の固定資産税の課税方法について〉**

問　共有名義人６人で土地を所有していたが、その１人が非課税団体に持分を売買した場合の課税は、次のいずれになるのか。

1　全部が非課税になる。

2　非課税団体以外の持分に課税される。

3　全部が課税される。

答　3　共有物に対する固定資産税は、共有者全員を一の所有者とみなしてこれを賦課し、地方税法第10条の２の規定により徴収することとなるが、共有者中に人的非課税者があるときは、その者の持分に対応する税額については減免するのが一般的である。

＊　＊　＊　＊　＊　＊

〈**Answer**〉

「3　町村の所有している資産は、「人的非課税」になる。」

6-3　用途非課税　その1

Q

次のうちで、正しいのはどれか。

1　用途非課税（地法348②）は、有料で借り受けた者が使用している場合は、当該固定資産の所有者に固定資産税を課することができる。

2　用途非課税（地法348②）は、各号に定められている用途以外に使用されている場合に、非課税となる。

3　用途非課税（地法348②）は、社会政策や経済政策等の見地から重要基礎産業や各種公害防止施設等を対象にしている。

生徒「用途非課税」の意義から、教えてください。

講師用途非課税とは、主として、当該固定資産の性格や、具体的な用途の性質にかんがみて非課税としています。それは、墓地、公共の用に供する道路など地方税法348条２項、４項から９項及び地方税法附則14条の規定の適用を受ける場合には、課税することができないものと定められています。

生徒お寺の境内地や駐車場などが、その例と思っているのですが。

講師固定資産の地法348条２項の用途非課税のものであっても、当該固定資産を有料で借り受けた者が使用している場合は、当該固定資産の所有者に固定資産税を課することができると地方税法348条２項本文ただし書には示しています。

ここでいう「有料で借り受けた」とは、賃貸借契約の形式をとらないで他の名目で支払がなされている場合でも、また、金額が極めて低額である場合でも、貸借と一定の金額の支払との間に牽連性が認められるときには、その金額の多寡に関係なく、地方税法348条２項ただし書の「有料で借り受けた」に該当します。

なお、この条項は、「法348条２項」にのみ当てはまります。協同組合等の倉庫（地法348④）は、使用料を徴収していても２項ではないので、非課税となる場合があります。

【裁判例】

・「固定資産を有料で借り受けた」とは、通常の取引上固定資産の貸借の対価に相当する額に至らないとしても、その固定資産の使用に対する代償として金員が支払われているときには、これに当たるものというべきである。」（平成６年12月20日最高裁判決平成５年（行ツ）第15号）

・「本件規定は固定資産の使用の代償として支払われる金員が社会通念上無視しうる程度に少額でない限り、その額のいかんを問わず固定資産税を課税することにしたものと解さざるを得ず、本件規定における「有料」を被告の主張するような「固定資産税より高額の賃料を支払う場合」とか、「民法上の有償契約による場合」という意味に限定して解することはできないというべきである。」（平成７年10月19日東京地裁判決平成６年（行ウ）第15号）

生徒　「用途非課税」の判断に重要なポイントなのですね。

講師　また、地方税法348条３項では、地方税法348条２項各号に列挙する固定資産が、それぞれ各号に定められている用途以外に使用されている場合には、非課税とはならないとされています。

事例で挙げた、お寺の境内地や駐車場など「用途非課税」の適用にあたっては、単なる名目や形式ではなく、その使用の実態によるものなのです。

実務提要 **〈宗教法人が境内地に設置する有料駐車場に対して課する固定資産税について〉**

問　寺院の境内地の一部が有料駐車場とされている場合、当該有料駐車場部分の土地に係る固定資産税の取扱いはどうなるか教示願いたい。

答　有料駐車場の形態として、月極めの場合及び時間単位の場合等が考えられ、また、利用者の利用形態として、参拝のため及びその他の目的のためが考えられるが、いずれにせよ駐車料を徴収しているのであれば、当該部分については、宗教法人が専らその本来の用に供するものとはいえず、課税して差し支えないものと考えられる。

生徒 地方税法は、前後の条文、項目など、あわせて読みこなすことが必要ですね。

講師 そうなのです。地方税法348条は、〈固定資産税の非課税の範囲〉の条文ですが、２項以外も、非課税の適用範囲が示されているので注意して読んでください。例えば、地方税法348条６項「市町村は、非課税独立行政法人が所有する固定資産、国立大学法人等が所有する固定資産及び日本年金機構が所有する固定資産に対しては、固定資産税を課することができない。」としています。

では、この「非課税独立行政法人」の定義は、どこに明記されているかなのですが、地方税法の前のほうにある25条１項１号（個人以外の者の道府県民税の非課税の範囲）の中、そのかっこ内で定義されているのです。「以下同じ」で、そのあとはその定義によるのです。

法律を読むときは、一つひとつの言葉を、確実に把握しながら読まなければわからないのです。

〈参考〉

地方税法第25条　道府県は、次に掲げる者に対しては、道府県民税の均等割を課することができない。ただし、第二号に掲げる者が収益事業を行う場合は、この限りでない。

一　国、非課税独立行政法人（独立行政法人のうちその資本金の額若しくは出資金の額の全部が国により出資されることが法律において定められているもの又はこれに類するものであつて、その実施している業務の全てが国から引き継がれたものとして総務大臣が指定したものをいう。以下同じ。）

＊　＊　＊　＊　＊　＊

〈**Answer**〉

「1　用途非課税（地法348②）は、有料で借り受けた者が使用している場合は、当該固定資産の所有者に固定資産税を課することができる。」

6-4　用途非課税　その２

Q

次のうちで、正しいものはどれか。

1　用途非課税には、所有者及び用途の両者が特定されている場合がある。

2　用途非課税は、用途に着目して所有者は常に特定されていない。

3　所有者が特定されている用途非課税を人的非課税という。

生徒 用途非課税は主として、その固定資産の性格及びその固定資産が供されている用途にかんがみ、固定資産税が非課税とされているものであるということは分かりました。そして、地方税法348条２項、４項から９項及び地方税法附則14条の規定を、前後の条文、項も含めて、全体を読みこまなければならないということもわかりました。

その他にも、法令の読み方で、注意するべきことはあるのでしょうか。

講師 用途非課税は、法令を読むときの注意点なのですが、所有者と用途の関係は、必ず確認しながら読んでください。「誰に」「何について」

です。

具体的には、「所有者が特定されていない用途非課税」「所有者が特定されている用途非課税」及び「所有者及び用途の両者が特定されている用途非課税」があることは、常に意識しながら読んでください。また、「業務の用に供する」「施設の用に供する」「固定資産」「家屋」「政令で定めるもの」、これらも意識をして法令を読んでください。

生徒 どういうことですか。

講師 例えば、「所有者が、特定されていない用途非課税」の例を考えてみましょう。「宗教法人が専らその本来の用に供する宗教法人法第３条に規定する境内建物及び境内地（旧宗教法人令の規定による宗教法人のこれに相当する建物、工作物及び土地を含む。）（地法348②三）」とされています。

ここには所有者（この場合、所有者が宗教法人であること）の要件は付されていません。資産を借り受けた場合などで、地方税法348条２項ただし書の有料の有無が非課税に該当するか否かについては、関係してきます。

生徒 なるほど、「宗教法人が専らその本来の用に供する宗教法人法第３条に規定する境内建物及び境内地」とありますね。

講師 この所有者と用途の関係は、「所有者が特定されている用途非課税」の例と比較すると、さらにわかりやすいと思います。

「市町村は、非課税独立行政法人が所有する固定資産（当該固定資産を所有する非課税独立行政法人以外の者が使用しているものその他の政令で定めるものを除く。）、国立大学法人等が所有する固定資産（当該固定資産を所有する国立大学法人等以外の者が使用しているものを除く。）及び日本年金機構が所有する固定資産（日本年金機構以外の者が使用しているものを除く。）に対しては、固定資産税を課することができない。」（地法348⑥）

この項では、非課税独立行政法人、国立大学法人等、日本年金機構が所有する固定資産としています。

法律の文の中で、所有者を特定しています。

生徒 なるほど、ここでは、所有者が特定されていますね。さらに、除くものとしては「当該固定資産を所有する国立大学法人等以外の者が使用しているもの」と、今度は使用者を特定しています。

講師 では、今度は「所有者及び用途の両者が特定されている用途非課税」の例を確認してみてください。

「健康保険組合等が所有し、かつ、経営する病院及び診療所において直接その用に供する固定資産で政令で定めるもの並びに健康保険組合等が所有し、かつ、経営する政令で定める保健施設において直接その用に供する固定資産」（法348②十一の四、令50の３）

この場合、「健康保険組合等」が所有者であること。そして、「かつ経営する病院及び診療所において直接その用に供する固定資産」が特定されています。

ここでは「直接その用に供する固定資産」とありますが、この他にも、「事業の用に供する固定資産」「業務の用に供する固定資産で政令で定めるもの」「業務の用に供する家屋で政令で定めるもの」「施設の用に供する固定資産で政令で定めるもの」「直接その研究の用に供する固定資産で政令で定めるもの」などの定義があります。資産も全てではなく、「政令」で定める資産は何かなど、非課税要件の確認が必要になってくるわけです。

〈参考〉

実務提要 **〈非課税規定の適用について〉**

問　法第348条第４項は、「……が所有し、かつ、使用する事務所及び倉庫」と規定しているが、県信用農協連が所有する家屋を、消費生活協同組合法に基づく生活協同組合が事務所として使用している場合においても、非課税と解してよろしいか。その場合、当該事務所内に設置した複写機についてはどうか。

答　設問の非課税規定は、所有と使用とが同一人格に属する場合を規定したものであるが、それぞれ人格が異なる場合でも、その所有者及び使用者がともに同条同項の法人であるときには、非課税として取り扱っても差し支えないものである。

後段の複写機については、同項の「事務所及び倉庫」とは、その建物のことであり、原則としてその敷地及び附属する償却資産は、当該事務所及び倉庫に通常設備される備品等の償却資産として非課税の範囲に含めるのを適当とするものを除き、この範囲に含まれないものとされているから、非課税と解すべきではない。

＊　＊　＊　＊　＊　＊

〈**Answer**〉

「1　用途非課税には、所有者及び用途の両者が特定されている場合がある。」

6-5　課税標準の特例

Q

次のうちで、償却資産の考えで正しいものはどれか。

1　「課税標準の特例」は、原則的には、国並びに都道府県、市町村などが所有者である。

2　「課税標準の特例」は、公害防止施設など経済政策的又は社会政策的要請に基づいている。

3　「課税標準の特例」は、申請に基づき、1年以内の期間を限り、その徴収を猶予することができることである。

生徒 償却資産に対して課する固定資産税の課税標準は、賦課期日における当該償却資産の価格で償却資産課税台帳に登録されたものとするのが原則（地法349の2）であるが、社会政策や経済政策等の見地から例外として課税標準の特例措置を設けている。そのように「課税標準の特例」を理解しました。

講師 「課税標準の特例」は、経済政策的又は社会政策的要請に基づいて設けられています。

公共料金の抑制、企業体質の改善、公害対策の充実等の観点から、固定資産税の負担が大きな障害とならないように重要基礎産業や各種公害防止施設等を対象にしています。

「課税標準の特例」（地法349の３及び地法附則15ほか）に規定される一定の要件を満たす償却資産については、同規定により、決定された価格から一定の軽減率を乗じたものが課税標準額となるということです。

この特例措置は、当初昭和29年の地方税法の一部改正によって、発送変電施設、鉄軌道施設、合理化機械設備等、重要物産製造用機械設備等、船舶及び航空機に対する軽減措置として設けられましたが、それまでは、発電所、変電所、外航船舶及び航空機（日本航空のもののみ）に対する税率を標準税率（1.6%）の２分の１（0.8%）あるいは４分の１（0.4%）とする特例が設けられていました。その後の税制改正によって、対象となる資産の範囲は創設、拡充、見直し、延長などがされています。

生徒 注意すべきところは、どこでしょうか。

講師 特例の適用を受けようとする者は、多くの自治体が、課税標準特例該当資産届出書などとともに、関係官庁の許認可書の写しなど、添付書類を求めています。特例を適用する際の有力な判断材料になります。

申出すれば、全て「課税標準の特例」になるわけではありません。行政実務を行うには、法令の読み方をきちんと理解しているかはとても重要ですが、「課税標準の特例」を理解するには、特に、それが問われることになるのです。

まず、法令の読み方の基本から確認していきます。法令は本則と附則で構成されています。本則と同様、附則も条又は項の形式で定められています。附則は、本則を補うためにつけ加えた規則で、末尾に付けて施行期日・経過措置などを規定するものです。

地方税法は毎年改正されますが、これを行うのが「地方税法等の一部を改正する法律」（以下、「改正法」という。）です。改正法の本則では、対象となる地方税法条文の一部を「削る」「加える」「改める」という方法で改正します。改正法の附則では、改正対象となった旧条文の適用を新年度以後も認める経過措置を定めます。改正法が施行されると、地方税法が改正法本則に従って改正され、改正法附則が残ります。この改正が毎年繰り返されるので、各年の改正法附則が今も残っています。本法附則と改正法附則はそれぞれ別個の法律で、市販の法令集では本法本則、本法附則、改正法附則の順で掲載されることが多くなっています。

生徒 日本の法律は、溶け込み方式だと聞いています。

講師 「改め文」による一部改正方式は、一部改正法の規定が元の法律の規定に溶け込むことによって初めて新しい規範としての意味を持つことになるので「溶け込み方式」とも呼ばれています。この方式は、元の法律と対照して読まない限り改正の内容を正確に理解することはできません。

そして「本則」と「附則」です。固定資産税「課税標準の特例」の地法349の３の定めは、本法「本則」です。「法附15、15の２及び15の３ほか」の定めは本法「附則」です。「附則」は時限特例措置で、これが、本則と附則の大きな違いです。

固定資産税の「本則」は地方税法349条の３の規定で33項目に及んでいます。そして「附則」15条、15条の２及び15条の３では、40項目以上を含んでいるのです。

この「附則」は時限特例措置です。ゆえに、年度によって創設、拡充、見直し、延長など、つまり、特例が延長や廃止されたり、特例率が変更されたり、新たな特例が生まれたりするのです。

そのため、同じ地方税法附則15条でも、年度により、同様の特例に項番号のずれが発生しています。法令を読むときは、年度を確認しながら、条、項番号を読み解かなければならないのです。

固定資産税の「課税標準の特例」を正しく適用するためには、法令の読み方が特に影響してくるのです。

生徒 私も、なかなか目的の特例の法律にたどりつけませんでした。

講師 地方税法附則15条は「固定資産税の課税標準額の特例」です。

しかし、この15条以外の条文にも、「固定資産税の課税標準額の特例」が本法附則の中で定められているのです。例えば「東日本大震災に係る被災住宅用地等に対する固定資産税及び都市計画税の特例」は本法附則56条になります。「新型コロナウイルス感染症等に係る中小事業者等の家屋及び償却資産に対する固定資産税及び都市計画税の課税標準の特例」は本法附則61条、「新型コロナウイルス感染症等に係る先端設備等に該当する家屋及び構築物に対する固定資産税の課税標準の特例」は本法附則62条となっています。

生徒 条文は、どの法律で定められるのですか。

講師 これらは「地方税法等の一部を改正する法律」で定められるのですが、「地方税法等の一部を改正する法律」が、１年間に１度限り定められるということではありません。

令和２年度税制改正については「地方税法等の一部を改正する法律（令和２年法律第５号）」でした。そして、新型コロナウイルス感染症に関するものについては、「地方税法等の一部を改正する法律（令和２年法律第26号）」なので、同じ年度に追加されています。

生徒 調べるのに、分かりやすい方法はあるのでしょうか。

講師 総務省のホームページ（https://www.soumu.go.jp/index.html）で確認していくのが、最も良い方法です。「総務省トップ〉政策〉地方行財政〉地方税制度〉税制改正（地方税）」の順に検索をしていきます。税制改正（地方税）には、年度ごとのブロックで「法律概要」「法律要綱」「法律新旧対照条文」「法律参照条文」、また、関連した政令なども示されています。

これらを読むのですが、まずは概要で、特例措置の創設、拡充、見直し、延長などの全体像を把握します。「法律新旧対照条文」では、上下の二段で新旧対照条文が記載されています。線を引いてあるところが、見直しなどの変更の箇所です。上下対象になっていますので、二段の空白では、創設や削除を把握します。

このホームページには、過去の税制改正も年度ごとに同じようにまとめられています。

そして、「税制改正」とともに「税制改正に向けて」が別ブロックでまとめられています。特に、「地方税制改正・地方税務行政の運営に当たっての留意事項等について」には、具体的な例を示していますので、必ず確認しておくようにしてください。

〈**参考**〉総務省ＨＰ

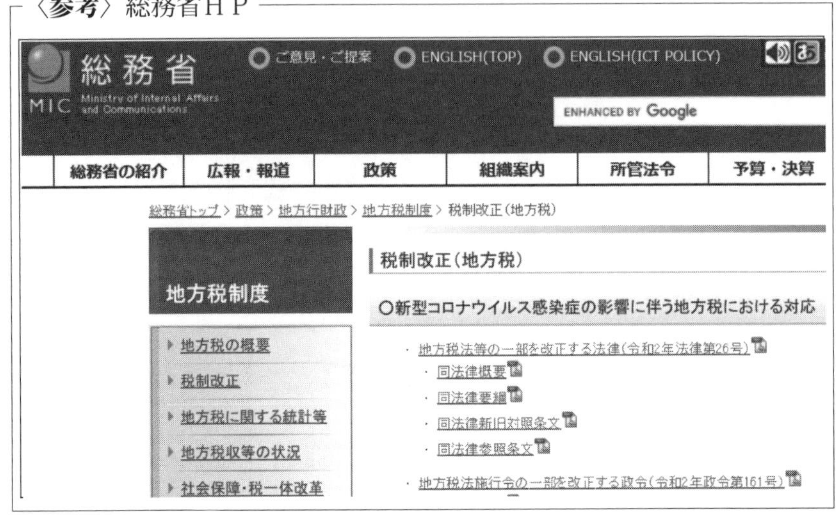

生徒 今は、インターネットで情報を得る時代ですね。

講師 インターネットでは、電子政府の総合窓口の「イーガブ」検索があります。ここでは、自宅や職場のパソコンから行政機関に対する申請・届出等の手続ができる「e-Gov電子申請」や、各府省のパブリックコメントの募集状況や意見提出方法、結果を確認できる「パブリックコメント」とともに、現行施行されている法令（憲法、法律、政令、勅令、府令、省令、規則）を検索できる「e-Gov法令検索」があり、とても便利なツールがあります。

ただし、「附則」は時限特例措置のため、過去の地方税法がすべて、ここで見ることはできません。書籍版の「地方税法（法律篇）」「地方税法（令規通知篇）」は、過年度も必ず保管していなければなりません。償却資産の場合、耐用年数が20年、30年の構築物などがあります。それが実地調査の資産漏れで発見されたとき、公害対策の「特例」「非課税」に取得年月日で該当することがあります。現年度の地方税法では、過去の年度すべての「改正法附則」の確認はできません。省略されています。

その資産の取得日の前後でその年度の地方税法を確認することが求められるのです。

この他にも、書籍では、行政実例、国の通達などをまとめた「実務提要」を確認しなければ、「固定資産税の課税標準額の特例」の判断ができないことがあります。年度ごとの地方税法、国の通達文、行政実例をまとめた第１次情報を記した「実務提要」などの書籍、そして、固定資産税について裁判判例集などは、固定資産税に関係する人には保存することが求められています。

生徒 いくら便利な時代になっても、インターネットでの情報だけでは限界があるということなのですね。

〈**参考**〉　イーガブ　「地方税法」

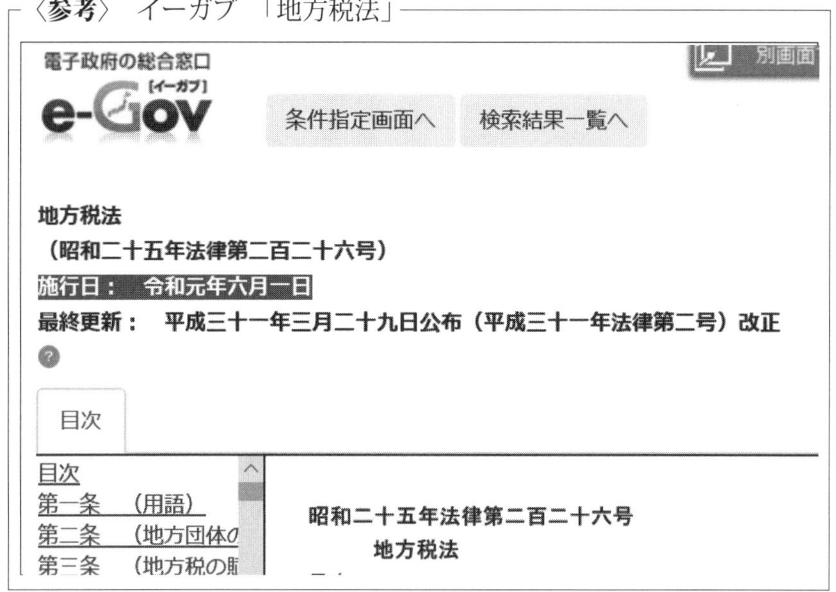

＊　＊　＊　＊　＊　＊

〈**Answer**〉

「2　「課税標準の特例」は、公害防止施設など、経済政策的又は社会政策的要請に基づいている。」

6-6　公益等による課税免除及び不均一課税

Q

次のうちで、正しいものはどれか。

1　公益等による課税免除とは、公益上その他の事由により課税を不適当とする場合においては、課税をしないことである。

2　公益等による課税免除とは、条例の定めるところにより、税の納期限を延長することができることである。

3　公益等による課税免除とは、個々の納税者の担税力の減少や、その他納税義務者個人の事情に着目して、課税をしないことである。

生徒　「課税免除」「不均一課税」は、他の非課税、課税標準額の特例などに比べ、個人事業者には馴染みがないため、その意義もよく知らないのですが……。

講師　「公益等に因る課税免除及び不均一課税」は、地方税法の６条で定められています。「地方団体は、公益上その他の事由により課税を不適当とする場合においては、課税をしないことができる」としている。これが「課税免除」です。そして、２項で「地方団体は、公益上その他の事由により必要がある場合においては、不均一の課税をすることができる」としていること。これが「不均一課税」です。

ここでいう「公益上の事由」とは、課税に対し課税しないことが直接公益（広く社会一般の利益）を増進し、又は課税することが直接公益を阻害することをいいます。そして、「その他の事由」とは、公益に準ずる事由をいうものと解されています。すなわち、不均一課税は、広く住民一般の利益を増進すると認められる場合に限って行われることです。

地方税法６条は、地方税法１章総則、１節通則の条文です。その定義は、固定資産税だけに限定されているものではありません。

生徒 それで、個人事業者には馴染みがないのですね。

講師 地方税法は、各税目について、それぞれ非課税の範囲を定めています。これらの非課税措置は、所有者の公的な面、あるいは課税客体の公益的な用途に着目しています。そして、全国画一的に課税の対象とすべきでないものが適用になります。その限りにおいて、地方団体の課税権を制限しているものであるとも「非課税」について説明しました。

これに対して、地方税法６条１項の規定による「課税免除」は、個々の地方団体が公益上その他の事由があるときはその独自の判断により、一定の範囲のものに対し課税しないことができることを認めているものなのです。

このことは、地方団体がその地域社会における社会経済生活の特殊事情を考慮して、その自主性に基づいて、課税免除をすることが認められていることになります。地方団体の意思によって課税しないという意味が強調されることになります。

生徒 不均一課税の意義についても教えてください。

講師 地方税法では、課税免除の場合と同様の趣旨により、個々の地方団体に対し、不均一課税を行うことが認められています。

不均一課税は、特定の場合において、ある一定の範囲の納税者に限って、条例により一般の税率と異なる税率で課税することです。地方団体は、公益上その他の事由を考慮して、課税免除をするほどの事由はないけれども、若干の特例措置を講ずる必要があると判断した場合には、それに応じて、適当な不均一課税を行うことができるとしています。

この不均一課税をする場合における税率についてですが、個々の地方団体がその独自の判断に基づいて定めるべきものであるが、実質的には、課税免除と同様な結果となるような税率を定めることはできないものと解されています。

生徒「課税免除」は、地方団体による「非課税」、「不均一課税」は地方公共団体による「課税標準の特例」のようですね。工場誘致の手法などで、いたずらに適用できてしまうのでないでしょうか。

講師国も、通達を出しています。昭和26年地方財政委員会事務局税務部長通達では、地方自治体の住民の一般的な公益を増進するものであること、一部のものの利益のために課税を免除することは地方税法６条の規定に反するものであること、永久的又は長時間の課税免除は適当でないこと、つまり、不均一課税の取扱いは、なるべく短い一定期間に限られるべきものとしています。そして、公益上の理由が消滅した場合には直ちに課税免除の取扱いを取り消すこと、課税免除の取扱いが政治的取引の手段とならないことなど、具体的な指導をしています（昭和26年４月16日地財委税第823号の２各都道府県総務部長あて通達）。

また、昭和51年通達では、「固定資産税について不均一な課税方法を採用し、特定の固定資産に対して他の固定資産と異なる税負担を求めていることは例外的に認められているが、固定資産税の基本的性格及びこれを前提として組み立てられた法制度の建前に即し、いやしくもこれを逸脱するような運用は許されないもの」（昭和51年５月26日自治固第48号東京都総務・主税局長、道府県総務部長あて自治省税務局長通達）としています。

このことから、先の質問のような企業誘致策として固定資産税を「課税免除」「不均一課税」とすることについては、違法とまでは言えないが、例外的・時限的な措置であり、住民の一般的な公益を増進するものである場合に限り、許されるものと理解されています。

生徒そのような理解なのですね。

講師また、地方税法では、次の７条で６条とは反対に「受益による不均一課税及び一部課税」を定義しています。

「地方団体は、その一部に対して特に利益がある事件に関しては、不均一の課税をし、又はその一部に課税をすることができる。」としているのです。つまり、公益上その他の事由により必要がある場合には、条例により、非課税（課税免除）や税負担軽減（不均一課税）が可能であり、特に利益がある場合には、税負担増も可能であるということになっているのです。

総務省ＨＰの「パブリックコメント」などで、「課税免除」「不均一課税」が違憲とすることがあるので、「非課税」「固定資産税の課税標準額の特例」ほど身近ではないかもしれませんが、その意義を知ることは必要になると思います。

＊　＊　＊　＊　＊　＊

〈**Answer**〉

「1　公益等による課税免除とは、公益上その他の事由により課税を不適当とする場合においては、課税をしないことである。」

6-7 減　免

Q

次のうちで、正しいものはどれか。

1 「減免」は、課税権を行使していない。

2 「減免」は、貧困により生活のため公私の扶助を受ける者は対象にしていない。

3 「減免」は、全部だけでなく、一部を免除することがある。

生徒 「減免」とは、税額の軽減、免除の意味で、課税権を行使したものについて、災害等特別の事情がある場合には、条例により、固定資産税を免除することができるとするものでした。

講師 条例による減免はいったん納税義務が発生した税額を減免するものです。そもそも税額が生じない非課税や税負担軽減とは法的な効果が異なっています。

そもそも、固定資産税とは、財産税の一面もあり、固定資産の所有者に対して、固定資産そのものの価値に着目して課税されるものといわれています。しかし、そうであれば、同一価値の固定資産について、所有者によって異なる税負担を求めることは適当ではないはずです。

しかし、地方税では条例によって、個々の納税者の担税力の減少や、その他納税義務者個人の事情に着目して、地方団体がいったん課税権を行使したものについても、固定資産税・都市計画税についてはその税額の全部又は一部を免除する方途を講じています。

市町村は、納税者が減免を申請する場合、納期限前に減免申請書に必要書類を添付して税務担当へ提出すること、減免する税額は減免申請を受け付けた日以降の未到来納期限分であることなどの確認を求めてきます。

生徒 固定資産税等の減免は、どのような場合に適用されるのでしょうか。

講師 地方税法367条では、市町村長は、「天災その他特別の事情がある場合において固定資産税の減免を必要とすると認める者」「貧困により生活のため公私の扶助を受ける者」「その他特別の事情がある者」を、当該市町村の条例の定めるところにより、固定資産税を減免することができる範囲としています。具体的には、「天災その他特別の事情がある場合において固定資産税の減免を必要とすると認める者」とは、震災、風水害、火災その他のこれに類する災害があった場合、その財産に甚大な損失を被った場合などを指しています。市町村では、全部又は一部を免除する判断として、被災割合を確認するために、被災証明書などを根拠として提出を求めていることが多いのです。

なお、災害が発生すると、財産の損傷と納税資力の低下が起こりますが、災害に伴う市税の緩和措置には、「減免」の他にも、「徴収猶予」(地法15)、「納期限の延長」(地法20の５の２)があります。

「貧困により生活のため公私の扶助を受ける者」とは、生活保護法の規定による保護等の公的扶助を受けているもの、また、社会事業団体による扶助のような、公的扶助に準じて考えられるような扶助を受けている者等をいいます。

最後の「その他特別の事情がある者」とは、前記の二つ以外の扶助になりますが、客観的に見て、担税力を喪失した者等を指していますが、その減免を可能とするためには、条例上の明確な根拠が求められます。

生徒 「減免」については、どのような注意点などがあるのでしょうか。

講師 具体的事例を挙げると、「賦課年度の３月に遭難し行方不明となっている漁船の本年度分の固定資産税について、船主より減免の申請があった。どのように処理すべきか」ということについては、「船を失ったことにより直ちに減免されるものではない。船主のその他の資産、営業等の状況を調査して総体的な担税力から判断し、当該市町村の長が必要があると認めるものについては、当該市町村の条例の規定により減免できるものである。」としています。

また、担税力については、台風災害による固定資産税の減免措置について「ゴルフ場を経営する法人においては担税力があるものと解して減免対象にしなくてよいか」という問に、「担税力の有無については、当該納税義務者の所得、資産、その他の状況を総合的に勘案して判断すべきものであって、単にゴルフ場を経営するものと解することは適当でない。」（昭和42年１月16日自治固第２号自治省固定資産税課長通達）としています。

このように、「減免」適用の有無には、周辺を含む状況を総合的に勘案して判断すべきものとなるため、減免対象の資料を持って地方自治体の担当者に相談をするということになると思います。

今回で、このＱ＆Ａ形式の解説は終了としますが、「減免」は条例により自治体での判断基準は異なっています。「非課税」「課税標準額の特例」は、「地方税法等の一部を改正する法律」で毎年、追加、削除、変更が加えられています。土地、家屋は3年に一度評価替えがあり、申告漏れの多い家屋と償却資産の区分も、家屋評価基準の見直しによって、年度により償却資産申告対象の資産が異なる場合も起こります。償却資産は、関連法令等の「以外」「除く」規定が多く、関連法令等の判断に、とても影響を受ける税目です。そのため、広範な知識が必要になるため、この解説は、実務を行う時の基本解釈の一側面と考え、常に知識のアップデートをしてください。そして、実地調査では勘定科目の資産名と異なる事例も多く見てきましたので、必ず資産の現況確認をしてください。

長い解説となりましたが、少しでも実務の助けになれば幸いです。ありがとうございました。

＊　＊　＊　＊　＊　＊

〈Answer〉

「3 「減免」は、全部だけでなく、一部を免除することがある。」

〈参考〉

地方税法

（徴収猶予の要件等）

第15条　地方団体の長は、次の各号のいずれかに該当する事実がある場合において、その該当する事実に基づき、納税者又は特別徴収義務者が当該地方団体に係る地方団体の徴収金を一時に納付し、又は納入することができないと認められるときは、その納付し、又は納入することができないと認められる金額を限度として、その者の申請に基づき、１年以内の期間を限り、その徴収を猶予することができる。

一　納税者又は特別徴収義務者がその財産につき、震災、風水害、火災その他の災害を受け、又は盗難にかかつたとき。

二　納税者若しくは特別徴収義務者又はこれらの者と生計を一にする親族が病気にかかり、又は負傷したとき。

三　納税者又は特別徴収義務者がその事業を廃止し、又は休止したとき。

四　納税者又は特別徴収義務者がその事業につき著しい損失を受けたとき。

五　前各号のいずれかに該当する事実に類する事実があつたとき。

（災害等による期限の延長）

第20条の５の２　地方団体の長は、災害その他やむを得ない理由により、この法律又はこれに基づく条例に定める申告、申請、請求その他書類の提出（審査請求に関するものを除く。）又は納付若しくは納入に関する期限までに、これらの行為をすることができないと認めるときは、次項の規定の適用がある場合を除き、当該地方団体の条例の定めるところにより、当該期限を延長することができる。

あとがき

「私たちは、別に税金をごまかすつもりではない。しかし、償却資産について、詳しく説明された本がどこにもないではないか。」

企業へ償却資産の税務調査を行った後、ある大きな企業の経理担当者からそんな言葉を漏らされた。数千万円に及ぶ追徴課税が発生していた。

「きちんとした仕事をしたいのだが、現場では、知識を得る時間も、学ぶための本を買う予算もない。どうすればいいのですか。」

自治体で税務研修を終えた後、講師の私に小さな市町村の税務職員が近づいてきて内談された。人員削減、予算削減、増える事務の多さと煩雑さ、どこの自治体にも抗うことのできない波が押し寄せていた。

私は、現役の税務職員時代、数百社に及ぶ企業へ償却資産の調査に入っていった。固定資産税専任職という専門家ポジションにいたため、全国で研修講師をする機会もあった。私は退職して現役を退いたが、この言葉は澱のように残って消えることはなかった。

「おまえは、市民のために公平公正な税の仕事をしたのか」「おまえは、自治体の職員に何を伝えたのだ」「おまえは、悔いのない仕事をしたのか」。私は自分を納得させる意味で、ブログとしてまとめていった。まるで残された者へ何かを伝える遺書を書くつもりだった。

このささやかな本の誕生は、このときに書いたブログをベースに、大幅に加筆・修正したものをまとめたものである。税理士、企業経理担当者、自治体税務職員などの関係者に、どうすればわかりやすく伝えられるかということを意識して、このようなＱ＆Ａや講義形式の構成になっている。

本として世に出していただいた㈱ぎょうせいには、心から感謝しております。そして、この企画を実現するべく動いていただいた㈱総合鑑定調査の青芳功二さん、同じく校正をしていただいた三浦拓也さん、法令等の内容を確認していただいた横浜市財政局償却資産センター専任職ＯＢ及び現役の坂本佳政さん、友利美由喜さん、前園尚理さんにもたいへん感謝しております。

皆様の協力なしにこの本の完成はなかったと思います。そして最後に、この本が少しでも読者の方々の助けになればと心から願っております。

令和２年８月

著　　者

〈著者紹介〉

笹目　孝夫（ささめ・たかお）

株式会社 総合鑑定調査 主席研究員

1979年横浜市入庁、財政局主税部及び区役所にて、土地、家屋の担当を経て固定資産税部門（償却資産）の専任職となる。在職中より、全国の自治体にて、固定資産税（償却資産）の実地調査の研修や全国版の研修教材の作成に携わる。2015年横浜市財政局主税部税務課償却資産センター退職。その後、総務省主宰「償却資産の実地調査研究委員会」委員、現在、㈱総合鑑定調査 主席研究員、（一財）資産評価システム研究センター特任講師として、全国で研修活動や償却資産評価事務取扱要領の作成支援を行っている。

元税務職員が調査事例からアドバイス
償却資産の固定資産税申告Q＆A

令和2年9月30日　第1刷発行
令和5年7月28日　第3刷発行

著　者　笹目　孝夫

発　行　株式会社ぎょうせい

〒136-8575　東京都江東区新木場1-18-11
URL：https://gyosei.jp

フリーコール　0120-953-431
ぎょうせい　お問い合わせ　検索　https://gyosei.jp/inquiry/

〈検印省略〉

印刷　ぎょうせいデジタル株式会社

ISBN978-4-324-10873-4
（5108635-00-000）
〔略号：アドバイス償却資産〕